KB049091

서점은 죽지 ― 않는다

이시바시 다케후미 지음 · 백원근 옮김

本屋は死なない

서점은 죽지 ─── 않는다

○ 종이책의 미래를 짊어진 서점 장인들의 분투기

시대의창

종이책의 미래를 짊어진 서점 장인들의 분투기

서점은 죽지 않는다

초판 1쇄 2013년 4월 23일 발행
초판 2쇄 2013년 6월 3일 발행
개정판 1쇄 2017년 9월 25일 발행

지은이 이시바시 다케후미
옮긴이 백원근
펴낸이 김성실
표지 디자인 채은아
제작처 한영문화사

펴낸곳 시대의창   **등록** 제10-1756호(1999. 5. 11)
주소 03985 서울시 마포구 연희로 19-1
전화 02)335-6121   **팩스** 02)325-5607
전자우편 sidaebooks@daum.net
페이스북 www.facebook.com/sidaebooks
트위터 @sidaebooks

ISBN 978-89-5940-653-1 (03300)

이 도서의 국립중앙도서관 출판시도서목록(CIP)은
서지정보유통지원시스템 홈페이지(http://seoji.nl.go.kr)와
국가자료공동목록시스템(http://www.nl.go.kr/kolisnet)에서 이용하실 수 있습니다.
(CIP제어번호: CIP2017022575)

차례

그녀를 내쫓은 것은
무엇인가?

"그럼, 가까운 시일에 또 만나요."
"네, 편히 쉬세요."

자기 집 쪽으로 걸어가는 하라다 마유미原田眞弓의 작아지는 뒷모습을 잠시 바라보다가, 나는 그녀와는 반대쪽 역으로 발걸음을 옮겼다. 오전 6시가 지난 도쿄東京 이케부쿠로池袋. 이미 태양이 높이 떠올라 빌딩들 사이로 빛나는 햇살에 눈이 부셨다.

결론적으로…… 그녀가 뭐라고 했더라?

머리가 약간 멍해져서, 좀 전까지 주고받았던 이야기가 도무지 생각나지 않았다. 시간에 구애받지 않고, 언젠가 글로 쓰겠다는 계획 없이 그냥 막연하게 이야기를 하고 싶었다. 그 때문인지 확실한 이야기는 하나도 들기 어려웠다. 우선은 이 정도로 좋지 않나, 혼잣말을 했다.

지난밤 하라다 마유미가 서점 문을 닫을 때까지 기다렸다가 근처의 중화요릿집에서 이야기를 시작했다. 중화요릿집이 문을 닫은 다음에는 노래방으로 자리를 옮겨 노래도 부르지 않고 이야기만 계속했다. 아마도 그리 쉽게 대답할 수 없는 질문을 계속한 듯하다.

왜 출판사를 관두고 서점을 열었나?

하라다 마유미는 도쿄 조우시가야雜司ヶ谷에 있는 매장 면적 16.5제곱미터(5평)짜리 책방 '히구라시문고ひぐらし文庫'의 주인이다. 그녀는 본래 파르코북센터パルコブックセンター라는 체인서점의 직원이었다. 파르코북센터가 대형서점인 리브로에 흡수되고 나서는 리브로의 직원이 되었다. 서점원으로서 모두 16년 정도 일한 다음 출판사에 취직했으나 채 1년도 안 되어 관두고, 2010년 1월에 자신의 서점을 개업했다.

개업한 지 1주일쯤 지나 그녀가 보낸 인사장에 있는 약도를 보고 히구라시문고를 찾아갔다. 이미 해는 지고 주변 가게들은 셔터를 내린 다음이었다. 유리창이 있는 작은 방에서 새하얀 불빛이 흘러나와 좁은 도로를 비추고 있었다.

안을 들여다보니, 카운터를 사이에 두고 오른쪽에 하라다 마유미가 서 있고, 맞은편에 남자 두 명이 앉아 있어 들어갈 자리조차 없어 보였다. 그 정도로 작은 공간이었다. 약간 어색한 기분으로 문을 열자, 그녀는 "아!" 하고 약간 놀란 듯 손을 입으로 가져가더니 곧 "어서 오세요" 하며 의자를 권했다.

먼저 온 손님 중 한 명은 낯이 익었는데, 그녀가 일했던 리브로의 한 매장에서 점장으로 있었다. 또 한 사람은 그녀가 파르코북센터에 다니던 시절의 동료로, 역시 도쿄 시내에서 작은 서점을 운영한다고 했다.

대강 인사를 나눈 뒤 자리에서 일어나 세 사람의 이야기를 얼추 들으며 점포를 둘러보았다. 둘러보는 시간은 오래 걸리지 않았다. 책장으로 꾸며진 벽이 한 면뿐인 데다, 책장마다 아직 빈 곳들이 남아 있었다.

고양이 사진을 표지에 쓴 책이 눈에 띄는 곳에 세워져 있었다. 요리책도 있다. 소박한 느낌의 옷을 입고 서 있는 여성의 표지. 잡지《생활의 수첩暮らしの手帖》. 편지지와 봉투가 놓인 진열대도 있다. 가장 안쪽에 논픽션과 픽션 단행본, 문고본 등을 진열한 책장이 있어서 흥미롭게 책등을 눈여겨보았다.

기타야마 고우헤이北山耕平의《구름처럼 리얼하게雲のごとくリアルに》라는 물색의 표지, 오렌지색의 신쵸문고新潮文庫 판 미시마 유키오三島由紀夫, 다카하시 아키코高橋章子의《놀라움은 잊었을 때 찾아온다ビックリは忘れた頃にやってくる》.《퀵 재팬クイック・ジャパン》은 창간준비호와 창간호, 최근의 과월호까지 있었다. 내 책장에도 있는 책이어서 눈에 띄었다. 그렇다고는 해도 최근의《퀵 재팬》표지는 지나치게 눈에 띄어 주변에 있는 다른 책에는 눈길이 가지 않았다.

서가를 살피는 데 집중하지 못하고 다시 세 사람의 대화에 끼게 되었다. 어쨌든 좁다는 것이 가장 인상적이었다. 그런데 나는 이런 작은 서점을 즐기는 데 익숙지 않았다.

그녀가 타준 커피를 입으로 옮기며 "맛있네"라고 나도 모르게 말해버렸다.

"이건, 원두가 좋은 거예요. 메지로다이目白台에 있는 가게에서 샀어요. 고집 센 아저씨처럼 생긴 사람이 커피를 볶아 파는데, 저도 소개받고 간 거예요."

앞의 두 사람도 온 지 얼마 안 되었는지, 각자 앞에 놓인 잔에도 약간의 김이 서린 듯했다. 밑도 끝도 없는 이야기를 나누는 동안, 앞서 온 두 사람도 첫 대면이라는 것을 알게 되었다. 하라다와 공유하는 장소나 시간이 세 명 모두 달라서, 그때 그 사람은 지금 뭐 하는지 등을 그녀가 묻거나 하며 한 사람과 이야기를 시작하면, 나머지 두 사람은 조용히 듣는 모양새가 되었다. 그녀와 같은 직장에서 일한 적이 없는 나는 모인 사람들 중에서 가장 인연이 짧은 사람이었다. 그래서 하라다는 한 가지 이야기가 길어지지 않도록 신경을 썼다.

한동안 애매한 시간이 흐른 다음, 이야기는 모두가 공유할 수 있는 방향으로 나아갔다.

왜 출판사를 관두고 서점을 열었는지 물었다.

그녀는 "사소한 이유로⋯⋯"라고 중얼거리며 말끝을 흐렸다. 그 말이 적절한지 어떤지 머릿속으로 확인하기라도 하는 듯했다. 그러고는 약간 힘을 주어 이야기를 시작했다.

이런 서점이 전국에 1천 곳이 생긴다면

"소액의 퇴직금으로 시작할 수 있는 서점이 있으면 좋지 않을까 생각했어요. 퇴직금이 없는 회사에 다니는 사람은 큰일이겠지만, 10년이고 20년이고 서점에 다닌 사람들이 작은 서점 하나 가질 수 없는 지금의 상황은 바람직하지 않은 것 같아요. 계속해서 서점을 하고 싶은 사람도 있을 테고, 그런 사람들이 시작하는 서점이 만약 전국에 1천 곳 정도 생긴다면 세상이 바뀔 수도 있을 거라는 생각을 했어요. 재미있잖아요. 제가 그런 네트워크를 만들 수는 없겠지만, 스스로 해보지 않으면 바뀌는 게 없지 않을까요?"

"왠지 잘난 체하는 것 같아요. 제가……"라며 하라다는 부끄러운 듯 웃었다. 나는 그녀의 말을 머릿속에서 반추했다.

정열을 버리지 못하고 시작하게 된 작은 책방.
그런 서점이 전국에 1천 곳 생긴다면 세상은 바뀔 수도 있다.
그녀가 말한 이상理想이 기분 좋은 울림을 남겼다.

중화요릿집과 노래방에서 인터뷰를 한 것은, 그 만남으로부터 4개월 뒤였다. 성장 과정부터 들려달라고 부탁을 했지만, 내가 진짜로 알고 싶었던 것은 오로지 한 가지였다.
하라다 마유미가 히구라시문고 개업에 나서도록 한 원동력은 무엇이었을까?
현재 신간 도서를 판매하는 서점 수는 계속 감소하고 있다. 아루미디어 ｱﾙﾒﾃﾞｨｱ라는 조사회사가 파악한 바에 따르면, 1992년에는 2만 2천 개 이상이던 일본의 서점 수는 2010년에 1만 5천 개 정도로 줄었다. 아직 1만 5천 개나 남아 있다고 말할 수도 있다. 일부 지역을 제외하면 이제 대부분의 동네에서는 작은 CD 가게나 문구점을 찾기가 어려워졌다. 어느 업종이든 동네의 재래 업종들은 상점가의 쇠퇴나 붕괴 등으로 다수가 자취를 감추었다. 그런 업종들은 지금 대형 쇼핑센터나 역세권에 자리를 잡고 있고, 아니면 인터넷 쇼핑몰이 대신하고 있다. 하지만 서점만은 아직도 전국 어디에 가든 어렵지 않게 눈에 띈다.

그렇지만 스마트폰이나 전자책 전용 단말기가 등장하면서 책의 전문 소매점으로서 지금껏 담당해온 서점의 역할이 확연하게 계속해서 줄어들고 있다. 서점 수가 계속 줄어든다는 것은 얼마간 확정된 미래다.

그럼에도 불구하고 내가 알고 싶은 것은, 객관적으로 장래가 밝지 않은 서점업에 하라다가 왜 도전하는가, 하는 것만은 아니었다.

그녀가 서점을 열게 된 요인은 무엇일까?

개업을 알리는 엽서를 받았을 때, 나는 그녀가 그럴 수밖에 없을 것이라는 생각이 들었다. 그리고 16.5제곱미터의 작은 공간에서 그녀가 말하는 이상을 들었을 때, 내가 그녀의 행동을 자연스럽게 받아들였던 이유를 제대로 밝혀보고 싶다는 생각이 들었다.

"뭔가 나쁜 짓을 한 것 같은 기분이 들어요"

하라다 마유미와는 알고 지낸 지 10년이 넘었다. 그녀는 서점원이었고, 나는 출판업계 전문지의 기자 신분이었다. 그 당시 그녀는 한 개에 1만 엔이 넘는 세트 상품을 판매하기 위해 기발한 포스터를 서점 매장에 붙였다. 이 세트 상품이란, 애니메이션으로 인기를 모은 만화 캐릭터의 모형 등 관련 상품을 넣은 '기념 세트'로, 그녀는 그 만화의 섹시한 미소녀 캐릭터를 기존의 포스터에서 떼어내 커다란 모조지에 붙인 다음, 가슴과 엉덩이 부분에 솜을 채워넣어 입체감을 살리고 향수까지 뿌렸다. 고객의 관심을 끄는 아이디어였다. 그렇게 일을 즐기며 만들어낸 매장 분위기가 참 좋았다. 실제로 그 세트 상품은 잘 팔렸다.

나는 때때로 하라다 마유미가 일하는 매장에 방문해서, 현재 판매에 주력하는 책이나 서점 현장의 동향에 대해 묻고는 했다. 그녀는 도쿄 시내의 지점을 몇 년 단위로 옮겨 다니며 근무했는데, 옮긴 점포에서 우연히 마주치면 선 채로 한참 이야기를 나누곤 했다. 대형서점은 회사에 따라 직원들을 자주 이동시킨다. 그녀 역시, 그다지 선호하지 않았을 것 같은 비즈니스 도서 코너를 담당한 적이 있었는데, 만날 때마다 언제나 즐거운 듯이 책 이야기를 하고는 했다.

대형서점에는 매일 수많은 신간이 쏟아져 들어온다. 그 한 권 한 권의 책을 매장 어디에 둘지 결정하는 데는, 제대로 읽지 않더라도 내용을 파악할 줄 아는 특수한 능력을 필요로 한다. 오래전에 그녀에게 그 비결을 물은 적이 있는데, 그녀의 답은 다음과 같았다.

제목과 표지 디자인을 본다. 목차를 확인한다. 키워드에 주목하며 선 채로, 또는 걸으면서 30초 정도 본문을 읽는다. 그렇게만 해도 알 수 있다. 알쏭달쏭한 책이라면 상품으로서 약하다고 판단할 수밖에 없다. 예외는 항상 있어서, 30초 만에 알기는 어려워도 뭔가 끌림이 있는 책은 나중에 제대로 읽어본다. 출판사와 미리 교섭해서 내용을 잘 아는 책일 경우에는 매장 어디에 둘지를 사전에 정해두기도 한다. 그렇지만 매일 아침 반드시 하는 일은 그 30초의 반복이다. 자신이 담당한 분야의 신간 상자를 열고 살펴보는 10분, 15분 사이에 그 일을 끝마친다.

"그다지 특별한 것이 아니라, 담당 분야가 있는 서점원이라면 누구나 하는 일인걸요. 그런 풍경, 자주 보지 않나요?"

"음, 확실히 그렇지만, 굉장한 일이네요." 나는 다소 부풀리긴 했지만, 그 집중력을 칭찬했다.

"그렇지만……." 그녀는 중얼거렸다. "그렇게 짧은 시간에 책을 분류하는 것이 자랑할 정도가 되고, 눈 깜짝할 사이에 척척 진열하고 나서 나중에 확인해보아도 틀림없다는 것을 수긍하곤 해요. 하지만 그렇게 해도 좋은 건지 생각하곤 합니다. 뭔가 나쁜 짓을 한 것 같은 기분이 들어요."

─ 누구에게 나쁜 일이죠? 저자에게요? 아니면, 출판사에요?

"글쎄요. 책에 대해서일까요? 단지 책만이 아니라 여러 가지로요."

무언가에 이끌려
'책'을 전하는 역할을 짊어지다

매장을 방문할 때마다 그녀는 담당하는 분야에서 조용히 팔리기 시작한 책이나 자신이 은근히 응원하는 책, 최근 고객들의 경향 등을 말해주곤 했다. 그리고 짧은 시간 동안 서서 이야기한 다음이면 언제나 허무함이 감도는 무언가를 말하는 버릇이 있었다. 예를 들면 "뭔가 나쁜 짓을 한 것 같은 기분이 들어요" 같은 말이다. 그런 말을 듣고 나면, 뭔가 안 좋은 방향으로 가는 것에 가담하고 있는 건 아닌지 생각하게 된다. 그녀의 그런 이야기 스타일을 풋내가 난다거나 비생산적이라고 말하는 사람이 있을지도 모르겠다. 그렇지만 나는 그런 말을 할 줄 아는 서점원이라면 진심으로 신뢰할 수 있을 것 같은 느낌이 들어서, 언제나 '마지막 한마디' 듣는 것을 남모를 즐거움으로 여기곤 했다.

원래부터 그녀와 특별히 친밀했던 것은 아니다. 서가 앞에 서서 이야기하는 것 이외에 그녀를 만나는 일이 있다면, 그건 모두 우연이었다. 서점을 관두었다고 전해 들었을 때는 놀랐을 뿐 자신의 서점을 열리라고는 생각하지 못했다. 그럼에도 불구하고 그녀의 개업 소식을 듣고는 금세 나도 모르게 납득할 수 있었다.

하라다 마유미의 행동에는 서점계 현실에 대한 저항과 허무한 중얼거림을 해왔던 자신을 넘어서고자 하는 염원이 담겨 있다고 생각한다. 그녀는 서점 경영의 어려움에 대해 누구보다 잘 알고 있다. "그런 서점이 전국에 1천 곳 생긴다면 세상은 바뀔 수도 있다"라는 말을 통해, 과거에 얽매인 채 책의 세계에서 살아갈 생각은 없다는 의사 표현임을 알 수 있다.

그녀는 자신의 행동이 미래에 연결된다는 것을 예감하고 있다. 기대가 아니라 예감이라고 할 만한, 하라다를 움직인 좀 더 큰 무언가가 있을 것으로 나는 생각했다. 지역과 소비구조의 변화, 기술혁신 등 시대의 흐름과는 별도로 '책'의 전달자로서의 역할을 담당하고자 하는 사람들의 근원적인 존재 의의 같은 것 말이다.

그것은 하라다만이 아니라, 서점원이나 서점주와 만날 때마다 느끼는 것이기도 하다. 그들은 어쩌면 자신들조차 의식하지 못하는 무언가에 이끌려 '책'을 사람들에게 전하는 역할을 짊어지고 있다고밖에 생각하기 어려운 때가 자주 있었다.

정말 그녀를 움직이게 한 것은 무엇일까?

맞서는 여자

하라다 마유미가 시작한
히구라시문고

"책과 관련된 일,
서점밖에 생각나지 않았어요"

하라다 마유미는 1967년 이바라키茨城 현 이시오카石岡 시에서 태어났
다. 본가는 메이지 시대부터 가업으로 이어온 생선가게로, 배달이나 도매
를 전문으로 했다.

"가격을 매기는 방식이 멋대로였어요. 손님에 따라 값이 달라지는 거
예요. 돈 있는 사람에게는 5천 엔이나 1만 엔을 청구하고, 그다지 돈이 없
어 보이는 사람에게는 250엔 정도에 팔아버리는 거예요. 지역 주민들과
의 관계가 돈독해서, 예를 들어 제가 하굣길에 다른 짓을 하다가 집에 돌
아오면 부모님들이 이미 알고 계시거나 했거든요."

영업 중인 히구라시문고 앞에는 작지만 상당히 호화로운 나무 간판이 걸려 있었다. 불규칙한 형상을 한 갈색 판자에 흰색으로 서점 이름이 써 있는데, 이것은 미술에 조예가 깊은 부친이 선물한 것이라고 했다. 부탁하지도 않았는데 만들어와서 어쩔 수 없이 쓴다는 것이다. 하라다는 부끄러운 듯 그렇게 말했지만, 애정이 넘치는 가정에서 자란 것을 알 수 있었다. 어머니는 하라다가 대학 신입생 때 돌아가셨다.

고향에서 고등학교를 마치고 2년간의 재수 생활을 거쳐 도쿄 도요대학東洋大學에 입학한 하라다는 도쿄에서 혼자 자취 생활을 하게 된다. 대학 시절부터 서점 두 곳에서 아르바이트를 했는데, 그때는 서점원이 되리라고는 생각하지 않았다. 서점에 취직을 하게 된 계기는 대학생 때 이른 결혼을 결심하게 되면서부터였다. 그 당시 남자친구가 대학원에 진학한 상태였는데, 수입도 없이 어떻게 할 거냐며 남자친구 부모가 크게 반대했다.

"분위기 때문인지, 그 사람 학비는 제가 벌어서 댈 테니 문제없습니다, 라고 말해버렸어요. 실은 저도 대학원에 진학하고 싶었지만, 우선은 부모님을 안심시키기 위해 취직해서 3년 정도 일하고 관둘 생각이었지요. 그래도 책과 관련된 일을 하고 싶었는데, 구체적으로 생각해보니 서점밖에 생각나지 않았어요. 출판사는, 당시의 제 생각으로는 보너스도 없고 굶다가 먹다가 하는 가난한 직업으로 여겨졌거든요. 그리고 기치죠지吉祥寺에 있던 파르코북센터의 인상이 참 좋았어요. 제 학창 시절은 1990년 무렵인데, 힘없는 사람들의 우군이랄까, 소수자들에 주목한 책들이 눈길을 끄는 그 서점의 인상에 호감을 갖고 있었어요."

1992년 하라다는 파르코의 서점 사업을 운영하던 주식회사 아크로스ア
クロス에 입사한다. 현재의 파르코는 부동산 개발 등을 하는 모리森 트러스트 산하에 있는데, 2011년부터는 이온Aeon(イオン)도 대주주가 되어 힘이 생겼지만, 당시에는 세존 그룹의 일원이었다. 1969년부터 세이부西武 백화점이 자본을 댄 파르코는 1980년에 서점 사업을 시작했다. 하라다가 호감을 갖고 있었다고 말한, 도쿄 기치죠지의 파르코 안에 개점한 것이 1호점이다. 아크로스는 파르코가 서점 사업을 본격적으로 전개하기 위해 1989년에 설립한 젊은 회사였다. 같은 그룹 내에서 1985년에 세이부 북센터에서 이름을 바꾼 리브로가 주목을 받고 있었다.

파르코북센터는 많아 봐야 14개(직영 13개, 프랜차이즈 1개)로, 전국 체인 서점으로 성장한 리브로에 비해 점포 수가 적었다. 하지만 자본구조상 세존 그룹 산하에 있는 파르코가 '세존 문화'로부터 이탈한 '파르코 문화'라 불리는 특이성을 발휘한 것처럼, 파르코북센터 역시 리브로와는 다른 개성을 지닌 서점이었다. 1994년에 리브로의 모회사가 세존 그룹의 편의점 사업을 '훼밀리마트'로 바꾼 무렵부터 속칭 '세존 문화'라 불렸던 것들도 종언을 고하고, 그 뒤로는 그룹의 해체와 재편성이 진행된다. 1999년에 리브로의 모회사는 파르코로 바뀌고, 다음 해인 2000년에는 서점 사업의 통합 정책으로 파르코북센터는 리브로에 흡수되었다.

세존 그룹의 변천에 대해서는 2010년에《세존 문화는 무엇을 꿈꾸었나 セゾン文化は何を夢みた》(나가에 아키라永江郎),《세존의 좌절과 재생セゾンの 挫折と再生》(유이 츠네히코由井常彦 등 공저)이 출판되는 등 관련서도 여러 권 나왔다. 그 일원이던 리브로에서도 이마이즈미 마사미츠今泉正光, 나카무라 후미타카中村文孝, 다구치 구미코田口久美子 등 업계 안팎에 이름을 알린 서점원들이 나타났다. 그들은 나중에《서점 풍운록書店風雲錄》(다구치田口),《'이마이즈미 서가'와 리브로의 시대'今泉棚'とリブロの時代》(이마이즈미今泉),《리브로가 서점이던 무렵リブロが本屋であったころ》(나카무라中村) 등의 자서전을 펴내 리브로 시대의 경험을 기록했다. 초대 사장인 고故 오가와 미치아키小川道明도《서가의 사상棚の思想》이라는 책을 썼다.

그런데 이런 책을 보아도 파르코북센터라는 이름은 거의 등장하지 않는다. 통합 전의 리브로와 파르코북센터는 같은 그룹 내 서점이지만 밀접한 교류는 그다지 없었던 듯하다. 1호점 개점으로부터 20년 후 리브로에 흡수되고, 이윽고 서점 이름조차 사라진 파르코북센터에 대해 언급한 책이나 그 변천을 정리한 자료는 전무하다.

하라다는 대학 시절에 이른바 세존 문화나 파르코 문화를 접해본 기억이 없다고 했다. 기치죠지의 파르코북센터도 단지 책의 진열이 인상적이었을 뿐이었다. 하라다보다 세 살 아래인 나 역시 마찬가지였다. 고등학생 때는 시부야澁谷, 대학생 때는 이케부쿠로가 가까웠는데, 일용직 아르바이트로 손에 쥔 돈을 파친코 도박으로 잃은 다음 헌책방의 '3권에 100엔' 코너를 들여다보다가 귀가하는 학생 입장에서는, 브랜드 양복 할인점 앞을 지나쳐가듯이 난해한 말들이 늘어선 '패션화된 지식의 세계'(서점) 역시 그냥 스쳐 지나가는 대상일 뿐이었다. 그런 나에 비한다면 하라다는 달랐다.

"전공은 인도철학인데, 그걸 전공하기 위해 도요대학에 들어갔어요. 유식론唯識論에 대해서는 상당한 문헌을 모았지요. 산스크리트어를 연구한 적도 있었고요. 제일 많이 다닌 곳은 대형서점의 학술서 코너예요. 그래서 오히려 기치죠지의 파르코가 신선하게 느껴졌는지도 모르겠어요. 대형서점에도 원서를 냈어요. 산세이도三省書店와 마루젠丸善에요. 마루젠 면접에 갔을 때, 입사하게 되면 서가를 담당하고 싶다고 했더니 '책은 돈벌이가 안 돼요'라며 웃더라고요. 4년제 대학 졸업자는 부동산사업부에 배속될 거라고 해서, 이 사람들 본업을 잊고 있구면 하고 생각했어요.(웃음) 면접관들이 어쩌다 그런 사람이 걸린 건지는 모르겠지만, 기분이 상해서 2차 면접에는 아예 가지도 않았어요."

아크로스에 입사한 하라다는 처음에는 파르코북센터 오이즈미大泉점 (도쿄 네리마練馬 구)으로 배속되어 4년을 지냈다. 신입사원 대부분은 우선 시부야나 기치죠지 등 주요 점포에 배속되어 여러 선배들로부터 기본을 배운다. 그런데 어찌 된 일인지 하라다는 직원 수도 적고 실전 능력이 요구되는 점포로 배치되었다. 그리고 2년째에 다른 사업부에서 점장으로 부임한 사토 신야佐藤愼哉를 만나 큰 영향을 받게 된다.

"그분은 어쨌든 엄했어요. 만화 제목이 줄줄이 있는 목록을 주면서 전부 주문하라고 명령하거나, 예산표를 매일 제출해서 경비와 매출 균형을 맞추게 하거나 했어요. 저만이 아니라 모두가 고생이 많았지요. 직원이 적었기 때문에 문학, 실용서, 문고본, 신서 등을 동시에 담당할 때도 있었어요. 아르바이트생의 출퇴근을 관리하거나, 점장이 되기 위해서 일을 하는 듯한 상황에 처했어요. 부하가 곤란한 경우에 일손을 도와주는 상냥한 상사도 있잖아요? 그런 일은 일절 하지 않는 차가운 사람이었어요. 그 후 여러 유형의 점장 밑에서 일을 해보니 납득이 가더라고요. 현장 일을 도와주는 유형의 상사는 부하 직원을 어떻게 이끌지 생각하지 않는 경우가 많아요. 그는 한 사람 한 사람의 성숙도를 보고 너는 이걸 해라, 이쪽으로 가라 하고 지시했지요. 다른 사람들은 어떻게 생각했는지 잘 모르겠지만, 저는 그 사람 밑에서 일해서 그런지 서점이 움직이는 방향에 의문은 없었어요."

"하지만, 아무튼 싫은 사람이었어요. 만화를 담당하고 있을 때 한 권 한 권 포장하는 비닐을 잘못해서 2개월분을 발주한 적이 있었어요. 1개월분을 더 주문했으니 그다음 달에 발주하지 않으면 되겠지, 정도로만 생각했어요. 그런데 저를 불러서는 먼저 지난달 만화 매출 부수를 말해주고는, 이렇게 주문한 것은 어찌 된 일이냐, 매출과 경비에 둔감한 직원은 쓸데가 없다며 질책하고 장시간 설교를 계속했어요. 일단 해방된 다음에는 다시 불러가서, '지금 업자에게 전화해 반품하겠다고 했으니 네가 편의점에 가서 네 돈으로 반품하고 오라'는 거예요. 모두 내 잘못이라고. 언제나 그런 식으로 사디스트처럼 혼을 내니 정말 상처를 많이 받았어요. 하지만 무엇보다도 초보 시절이어서 어쩔 수 없었어요. 그 사람과는 그 후에도 오랜 기간 상사와 부하로 지냈는데, 언제나 그런 식이었어요. 밖에서 칭찬 좀 들은 것 갖고 자만하지 말라고, 네가 아니라 매장이 칭찬받은 거니까, 라고요. 서점이 있기 때문에 네가 일을 할 수 있는 거라면서 할 일이나 묵묵히 잘하라고, 실력을 키우는 일에만 신경 쓰라고요. 제가 좀 기어오르는 편이라서 의도적으로 말한 것인지도 모르겠습니다만⋯⋯."

그런 이야기들은 하라다가 서점원으로서 일찍부터 능력을 발휘한 것을 보여주는 것이리라. 입사 3년차에는 요리책의 대량 판매에 기여한 성과를 인정받아 출판사인 분카슛판교쿠文化出版局로부터 '세일즈 특별상'을 받기도 했다.

"지금이야 여러 출판사에서 많이 출간하고 있습니다만, 젊은 층을 대상으로 한 화려한 요리책이 당시에는 거의 없었거든요. 그래서 출판사 영업사원이 오면 '여자아이들이 예쁘다고 말하며 구매할 만한 요리책을 출판해주세요' 하고 질리도록 말했어요. 제가 원해서 나오게 된 책이었으니까 저는 그 책이 나왔을 때 정말 열심히 판매했고요. 그 상을 받았을 때 처음으로 사토 씨가 칭찬해주더라고요. '너 대단한데. 장하다 장해'라고요. 그건 평소의 가르침과는 달랐어요. 어찌 된 일인지 몸 상태가 안 좋아져서 그날 밤은 열이 많이 났어요."

특별상 수상은 입사 3년차인 하라다에게 커다란 자신감을 심어주었음이 분명하다. 출판사에 기획 제안까지 하여 이뤄낸 성취로 큰 보람을 느꼈을 것이다. 자신이 동년배 서점원들보다 우수하다고 느낀 순간은 있었을까?

이렇게 진열하면 5퍼센트 더 팔리겠지?

"저는 요령이 없었어요. 예를 들어, 처음에 담당했던 실용서에 대해서는 그때까지 별 관심이 없었거든요. 요리책 같은 것은 단 한 권도 사본 적이 없었고요. 스파게티를 사면 조리법이 봉지에 다 써 있지 않나요? 도대체 왜 이런 책이 필요한 것일까부터 시작해서, 일을 일로 이해하는 데 시간이 걸렸어요. 그래서 사토 씨에게 자주 혼나기도 했던 것 같아요. 그런데 어느 날 서가 책장 전체가 보이는 순간이 있었어요. 필요한 책의 배치, 진열법 같은 것이 한꺼번에 말이에요. 역시 상을 받은 3년째였던 것 같아요."

— '필요한 진열법'이라면, 그 서가의 매출 향상에 직결되는 진열법을 말하는 것인가요?

"저에게는 그것이 전부였어요. 매출을 올리는 것이 모든 것의 기본이니까요."

— 그렇군요.

"입으로는 뭐라고 해도 숫자가 따라주지 않는 사람도 있잖아요…….
그 뒤로 새로운 분야를 맡았을 때 서가를 잘 살펴보면 어떻게 해야 할지
를 터득하게 된 것 같아요. '이렇게 하면 앞으로 5퍼센트 더 팔리겠지'라
는 식으로요."

— 새로운 분야를 맡고 어느 정도 지나면 그런 생각이 드나요?

"1개월 정도라고 생각해요. 물론 그 후에도 지속성이 없으면 의미가 없
겠지만요. 그 '서가를 보는 감각'이 생기면 확실히 그 전보다는 자신감이
붙거든요."

— '앞으로 5퍼센트'라는 감각은, 예를 들어 '그 책이 없는데, 들여다놓
으면 한 달에 몇 권 정도 팔리고 얼마큼 매출이 나올 것'이라는 식의 계산
을 말하는 건가요?

"그런 측면도 있어요. 그리고 카테고리의 배치도 중요해요. 이를테면
프랑스 요리, 이탈리아 요리 등을 진열해놓았는데, 과자 만들기에 관한
책이 좀 떨어진 곳에 있다면, 이건 아니잖아 하는 생각이 들어요. 고객들
이 서점 입구에서부터 그 서가에까지 왔을 때 어디부터 볼 것인가 하는
시선의 흐름이 중요하지요. 책장 앞에 책을 쌓아놓은 평대를 포함해서 말
이죠. 매우 단순히 말하자면 일본 요리 책장 앞의 평대에 프랑스 요리책
을 쌓아놓으면 고객의 눈길이 분산되거든요. 어떤 책이든 한 권 사갖고
돌아가고 싶은 마음이 모르는 사이에 사라지고 말아요. 고객은 그대로 나
가버리고 말죠."

— 책장이 죽어버린 것이네요.

"그렇죠. 프랑스 요리가 실제로는 수요가 별로 없는데도 보기에 멋진
신간이 많다는 점을 강조해 줄줄이 진열해놓으면, 계산대로 가져오는 책

이 별로 없는 책장이 되고 말아요. 그것보다는 차라리 일본 요리 관련 스테디셀러를 제대로 진열하는 편이 좋아요. 물론 구체적으로는 서점의 입지, 고객층, 시기에 따라 제각각이겠지요. 또 한 가지 말하자면, 그 책은 왜 여기에 두면 안 되는가, 왜 저 책이 아니고 이 책을 여기에 두어야 하는지를 표현할 수 있는가 없는가도 저에게는 중요했어요. 서점원들 중에는 장인 기질을 가진 사람이 많아서, 머리로 생각하거나 입으로 말하기 전에 손이 먼저 움직이는 경우가 많아요. 제 경우에는 요령이 없는 것이 오히려 좋은 쪽으로 작용했다고 봐요. 언제나 스스로 납득하지 못하면 움직이지 않는 편인데, 저 나름의 표현 방법을 찾게 된 것이 다행스러웠어요. 그렇게 하면 다른 매장으로 옮겨가서도 써먹을 수 있으니까요."

— 그런 식의 방법을 가르쳐준 사람이 있나요?

"역시 사토 씨라고 생각해요. 그는 서점 경험이 없던 상태에서 점장으로 배속되어 현장의 베테랑들과 수도 없이 논쟁했어요. 더구나 2년 뒤 본부에 가기로 정해져 있었기 때문에, 제한된 기간 안에 실적을 내지 않으면 안 되었던 거예요. 그런 상황에서 부하들에게 명령하려면 왜 그게 아닌지, 왜 좋은지 등을 확실히 설명해야만 했어요. 그런 점을 많이 생각했지요."

— 서가에 꽂은 한 권 한 권을 반품하거나 보충하고, 마지막 한 권이 팔리면 품절 상태로 둘 것인지의 여부 등에 대한 판단도 논리적으로 생각했나요?

"그럼요. 무엇보다 반품에 대한 판단이 중요해요. 서점의 서가는 채우는 것보다 빼는 일이 더 중요하거든요. 지금처럼 상품 양이 많은 시대의 발상이지만요."

— 어쩌다가 그대로 둔 책이 많은 서가는 판매 측면에서도 약한가요?

"팔리지 않는 책인데 분명한 이유도 없이 남겨진 책이 있으면 점점 쓸모없는 공간이 되는 셈이지요. 그런데 일부러 안 팔리는 책을 놓는 경우도 있어요. 예를 들어, 일본 요리 조리법을 알고 싶어서 서점에 온 사람이라면 몇 권의 책을 비교해서 사가는 법이지요."

— 팔고 싶은 책을 돋보이게 하려고, 그 주변에 안 팔리는 책을 놓는다는 것인가요?

"이건 좀 말하기 어려운데요. 출판사 입장에서는 자사의 책이 그런 식으로 취급당하는 것이 참기 어려울 거예요. 그런데 실제로는 있는 일이에요. 저도 그렇게 했고, 그렇게 하는 서점원들이 많이 있을 거라고 생각해요."

고객이 주체적인 선택을 한 듯한 기분이 들도록 유도하는 진열은 많은 소매서점들의 상투적인 수법이다. 서점에서는 한 권 한 권의 책이 어쩌다가 옆에 있게 된 것이 아니라, 연계된 하나의 집합체로 존재한다. 물론 가장 팔고 싶은 책 옆에 좀 떨어지는 책을 놓는 것과 같은 조합만이 아니라, 이것저것 모두 사고 싶게끔 진열하는 방법도 있을 것이다. 효과적인 진열법은 서점에 따라 다르다. 역 구내서점처럼 산만한 분위기의 매장에서는 살 책을 즉각 알 수 있도록 진열할 필요가 있을 테고, 단골손님을 늘리고 싶은 서점이라면 '마음에 드는 책이 다양하게 있으니 다시 또 오자'는 마음이 들도록 궁리를 한다.

그렇지만 최근에는 그와 같은 서가 연출법이 그다지 눈에 띄지 않게 되었다. 근년 들어 서점원들이 손으로 써붙이는 책 광고판POP이 증가한 것은 이와 관련이 있다. 그 책이 얼마나 감동적인지를 서점 직원들이 평대의 소형 안내판에 써서 붙이고, 그렇게 재미있는 책이라면 한번 읽어볼까 하고 독자의 호기심을 자극하는 수법이다. 이는 서점의 대형화로 한 권 한 권의 존재감이 약해진 점, 책이 너무 많아져서 사는 쪽이나 파는 쪽 모두 선택이 어려워진 점, 아마존을 비롯한 인터넷서점에 대한 대응, 이 책만큼은 묻히게 하고 싶지 않다는 서점원의 생각 등을 배경으로 증가했다. 서점 쪽의 주장이 지나치게 강조되면 안 된다는 입장에서 오히려 책 광고판을 치워버리거나 가급적 제한하는 서점도 있다. 어떻든 서가의 진열에 집중해서 매장을 꾸미지 않거나 일부러 그렇게 하지 않는 서점이 늘고 있고, 서가를 주체적으로 즐기지 않는 고객이 증가하는 것은 확실하다.

— 그런 관점에서 서가를 꾸밀 때, 경우에 따라서는 서점 체인의 본부나 출판사, 유통업체 등에서 전국적인 판매 데이터를 근거로 판매 순위가 상위권인 책을 우선시한 진열을 요구하면 힘들 텐데요. 팔리지 않는 책을 이용해 서가를 구성하고 있으니까요.

"판매량 상위권 책들이 입고되고, 그것을 팔라고 하는 것은 상관없어요. 문제는 그 책들을 그대로 진열하면 무조건 잘 팔린다는 전제로 매출 예산을 잡는 거예요. 그런 식으로 현장에 대해 너무나 모르는 지시는 싫었어요. 전국적인 데이터로 상위 20위권 요리책들을 늘어놓는다고 해서 데이터처럼 팔리지 않거든요."

— 집계된 데이터는 어디까지나 개별 서점의 판매 결과를 합산한 것에 불과하다는 것이 고려되지 않은 거군요.

"전국적으로 팔리는 책은 이것이라는 정보는 물론 참고가 되지요. 하지만 극단적으로 말하면, 전국 순위의 판매량과 해당 서점의 판매량은 같을 수가 없는 것 아닌가요?"

정년까지 근무할 수 있는
서점원을 키우고 싶다

판매 순위가 상위권인 책을 판매한다. 하라다 마유미는 그것을 부정하는 것이 아니라, 그런 책들이 전국 합계 데이터와 동일하게 팔릴 만큼 개별 서점의 서가는 고정되어 있지 않다, 저마다 특유의 성질을 가지고 있다는 점을 말하려는 것이다.

도쿄 진보쵸神保町에 있는 이와나미북센터岩波ブックセンター의 사장인 시바타 신柴田信의 말이 생각난다. 서점 현장의 목소리를 들려주는 데 진력해온 그는 80세를 넘긴 요즘에도 서점의 존재감을 지키기 위해 적극적인 발언으로 노익장을 과시하고 있다. 또한 업계지에서 전국지에 이르기까지 크고 작은 미디어를 움직여서 자신의 활동 범위인 진보쵸를 알리는 데 힘써온 강건한 분이기도 하다.

그런 시바타가 어느 날 "상품지식이란 것도, 이미 개별적이고 파편화된 형태로밖에 쓰이지 않는 시대가 되었다"는 말을 한 적이 있다.

"책에 대해 많이 안다? 그것만으로는 이미 아마존의 검색을 당해낼 수 없어요. 누구든 잡아끌 수가 있어요. 제아무리 서점원이 책에 대해 많이 안다고 한들 의미가 없어요. 그 책 옆에 무엇을 둘 것인지에 대해서도 원리 원칙을 말한들 이미 소용이 없어진 거예요. 사고 싶은 책들을 단번에 아마존에서 사버리면 그만이니까요. 그 나머지는 개별적인 거예요. 내가 운영하는 이 서점에 무엇이 없으면 안 되는 걸까? 내 서점에서는 그걸 어떻게 진열해야 할까? 그것만 남은 거지요. 그와 같은 개별적인 상품지식, 서가의 구성 능력이 불가결한 시대가 되었어요. 그래서 서점원들이 5년이나 10년 하다가 그만두면 곤란해지는 거지요. 경영자는 정년까지 자기 점포에서 일할 수 있는 인재를 육성하지 않으면 안 되는 겁니다. 그게 필수적입니다."

경영에 부담이 되는 인건비를 줄이기 위해서 계약사원이나 아르바이트생으로 현장을 채우려는 경향이 최근 10년 사이에 완전히 정착되었다. 어느 체인서점의 신규 점장은 입사한 지 3개월이 된 20대 초반의 계약사원이라는 말을 듣고 찾아가본 적이 있다. 그것이 어떤 의도를 가진 전략적인 발탁이라면 무조건 부정부터 할 일은 아닐지 모른다. 그렇지만 그 신규점에는 그렇게 생각해줄 만한 풍경은 없었다. 하라다나 시바타가 말하는 것과 같은 '서가'는 물론 없었다. 그 체인서점은 생각 없이 점포 수를 늘려가더니, 확대 노선이 한계에 직면하자 이번에는 허둥대며 점포와 사원들을 줄였다. 이와 같은 경영을 하는 서점이 여러 곳이다.

정년까지 근무할 수 있는 서점원을 키우고 싶다는 시바타의 이상은, 그와 같은 경영의 반대편에 서 있다. 물론 그런 서점들이 살아남는다고 장담하기는 어렵겠지만 말이다.

"사소한 것들에 서점원으로 일하는 기쁨이 있는 것 같아요. 아마 다른 사람들도 같은 생각일 거라고 여겨지지만……." 하라다는 말한다.

"좋은 서가가 만들어졌네, 이렇게 하면 고객들이 꽤 좋아하겠지, 하고 속으로 생각하는 날들을 좋아해요. 그것에 집중할 수 있었던 시절이 가장 즐거웠어요."

'좋은 서가'를 만들 줄 아는 사람과 만들지 못하는 사람의 차이가 어디에 있다고 생각하는지를 묻자, 하라다는 한참 말을 돌리다가 "한마디로 말하기는 어려워요. 결국에는 매출 결과가 모든 것을 보여주기 때문에……"라고 매출의 중요성을 강조하고 나서 이야기했다.

"한 가지 생각해볼 수 있는 것은, 서점원의 서가 만드는 법은 '완벽한 스타일'과 '버리는 스타일'로 나뉜다고 생각해요. 예를 들어 일본소설 서가를 담당한다면, 서가에 비치해야 할 작가의 이름순으로 진열하는 기본을 제대로 지키는 것이 전자예요. 이사카 고타로伊坂幸太郎의 책이라면 이것과 저것은 둘 수 없다는 식으로 작가별로 판단해서 팔린 다음에 보충합니다. '버리는 스타일'의 경우에는, 지금은 이사카 고타로를 밀 때라고 판단되면 모든 책을 비치합니다. 다른 서점이 그다지 밀지 않는 작품일수록 앞에 두기도 합니다. 그 대신 좀 더 실적이 좋은 작가의 책이라도 비치하지 않을 때가 있어요. 공간이 부족해서 책을 뺐다고 점장에게 혼나기도 하지요. 후자의 경우는 모난 성격의 사람도 많아서, 실패하면 매출이 하락하지만 시대의 흐름과 맞아떨어지면 정말 존재감 있는 서가가 되지요. 전자는 맡겨진 일을 하는 유형의 점원들에게 많고, 후자의 경우는 어디서 무엇을 하든 자기 나름의 테마를 발견해서 자기 서가에서 뭔가 일을 저질러요. 다만 주변 사람들이 그것을 이해해줄지가 문제지요. 그래서 제대로 하지 못하고 중단하는 경우가 많아요."

이것은 하라다가 실제로 속해 있던 서점, 특히 파르코북센터가 흡수되어 리브로 소속으로 바뀐 2000년 이후의 경험에서 나온 말일 것이다. 세존 그룹 내에서 모회사가 계속 바뀌면서 1999년 12월에 파르코의 자회사가 된 리브로는, 그 후 파르코가 모리 트러스트 산하가 되면서 세존 그룹에서 분리되었다. 이후 파르코도 전문소매업의 분리를 추진하여 2003년에 리브로의 주식을 대형 출판도매회사이자 리브로의 주요 거래처이던 닛판日販(일본출판판매)에 매각했다. 차례로 모회사가 바뀌는 불안정한 상황은 서점 현장에도 많은 영향을 미쳤을 것이다.

　하라다 자신은, 리브로는 자신을 키우고 비약할 수 있게 해준 회사라고 말한다. 파르코북센터의 직원이던 8년간 그녀는 앞에 소개한 요리책 이외에도 몇 권의 책에서 매우 돌출적인 판매 실적을 올렸고, 무명작가 발굴에도 노력했다. 출판사 영업 담당자 등으로부터 평판을 얻게 된 것은 리브로 소속이던 후반 8년간이었다고 한다.

　리브로의 사원이 된 하라다는 이케부쿠로 파르코점, 이케부쿠로 본점, 시부야점 그리고 그 외 주요 점포에 배속되었다. 시부야점에 근무하던 시절에는 무가지의 서평 코너를 맡아 글을 쓰는 등 이름이 알려질 기회가 늘었다. 하라다는 만날 때마다 자신이 공을 들여 판매하는 책이 무엇인지, 소개하고 싶은 재미있는 책은 무엇인지 말하곤 했다. 그녀는 듣는 사람이 흥미를 갖도록 만드는 화술이 있어서, 그런 의뢰가 늘어나는 것도 당연하다고 여겨졌다.

　하지만 본인은 이에 대해, 자신이 미디어에 적극적으로 협조한 것은 서점 이름을 팔기 위해서였다고 말했다. 자신이 군이 '광고탑'이 된 것은 그 이유 때문이지, 원래 자기 자신은 밖으로 나서는 타입은 아니라고 했다. 왠지 위화감이 느껴졌다. 나에게는 하라다 마유미가 눈에 띄는 것을 싫어하는 성격으로는 보이지 않았기 때문이다. 어째서 그렇게까지 웅숭깊게 보이려 하는 것일까? 과거 그녀의 상사였던 사토의 가르침 탓일까, 아니면 단순한 수줍음 탓일까?

　이것은 그녀와 비슷하거나 그 이상으로 미디어 노출 기회가 많은 서점원들이 지닌 공통적인 일면이다. 그들은 주변에서 상상하는 이상으로 딜레마에 빠져 있으리라. 경영자나 동료들에게 냉담한 시선을 받기도 하고,

또 모르는 사람에게 비방을 받는 경우도 있다. 출판사가 강조하고 싶은 '기대되는 신간' 홍보에 이용되는 사람도 있다. 능력이 뛰어난 서점원을 가리키는 '카리스마 서점원'이라는 말이 남용되던 시기에는 그런 말들이 얼마든지 있었고, 지금도 그렇다.

전에 센다이仙台에 있는 대형서점에서 속상한 일을 본 적이 있다. 대형 출판사의 '문고 페어'(특별 전시·판매 행사)를 개최 중이었는데 '전국 카리스마 서점원이 권하는 한 권'이라는 간판이 붙어 있었다. 열 명 정도의 서점원 얼굴 사진이 붙어 있고, 각자가 그 출판사의 문고 시리즈 중에서 한 권을 지목해 해설하는 식이었다. 그런 식으로 억지로 규정된 틀 안에 그들을 끌어들이지 말라고 말하고 싶어졌다. 서점원을 활용할 요량이라면, 좀 더 자유롭게 책을 선택하고 권하도록 하는 연출이 필요하다는 것이 내 생각이었다. 간판 속의 서점원들은 그 문고 시리즈 가운데 어느 하나라도 선택해야만 했다. 출판사가 주도하는 매장 판매 행사 가운데 최악이라고 생각하지 않을 수 없었다. 그 후 '문고 페어'가 여러 곳으로 확대되지 않은 것으로 보아 평가가 좋지 않았던 것으로 여겨진다.

하라다는 많은 '카리스마 서점원'들이 그녀와 마찬가지로 스스로 원해서거나 기분 좋게 미디어에 등장하는 것은 아니라는 말을 하고 싶었을 텐데, 이런 사실을 잘 모르는 사람도 많을 것이다. 미디어에 몇 번 등장하는 정도의 일로 기분이 들뜰 만큼 서점원의 근로환경이나 급여는 좋지 않기 때문이다.

나는 안이한 '카리스마 서점원' 취급은 싫지만 책을 매개로 사물의 도리를 말하는 직업을 가진 사람으로서, 서점원들이 좀 더 자신의 목소리를 내주기 바란다. 지역에서 존경받는 의사나 교사와 같은 존재에, 지역서점

주인이나 서점원이 포함되어도 좋지 않을까 생각한다. 그런 기본적인 역할이 과거에 있었고, 앞으로도 가능하다고 믿는다.

내가 그와 같은 지론을 말하자, 하라다는 "그렇네요"라고 약간 애매한 반응을 보인 뒤, "고객을 서점에 모으기 위해서는 먼저 이름이나 매력을 알릴 필요가 있잖아요. 저는 서점 이름을 노출시키는 것을 절대 조건으로 삼고 있어요. 조금이라도 고객을 끌어들이고 싶고, 그렇게 하려면 알려질수록 좋잖아요"라고 말했다. 그 말에도 역시 위화감을 느꼈지만, 그녀는 어디까지나 '판매' 목적으로 미디어에 노출되었던 것에 대해 말하는데, 내 이야기는 어느새 '서점원이란 무엇인가'를 묻는 방향으로 흘러가고 있음을 깨달았다.

본래 확인하고 싶었던 것이 달라졌다. 미디어에 자주 등장하여 이름이 알려진 것이 하라다 마유미가 독립해서 개업하는 계기를 만든 것일까?

— 리브로에 근무하던 시절에, 내가 하고 싶은 것은 달리 있다, 독립해서 한번 해보자는 생각이 싹텄을 것으로 보입니다만…….

"아니에요. 리브로를 관둘 때는 상상도 하지 못했어요. 말하자면 그건 경영 아니겠어요? 제가 경영한다는 것은 불가능하다고 처음부터 생각하고 있었거든요."

— 리브로를 관두고 나서 출판사에 근무한 것은 어떤 이유에서였나요?

"그때는 리브로에서 할 일이 없어져서 어떻게 할까, 출판사에 한번 가볼까 하는 생각이 들었을 뿐이에요. 결과적으로는 준비 기간처럼 되었지만, 처음에는 10개월 만에 관둘 생각은 전혀 없었거든요."

— 다른 서점으로 옮길 생각도 하지 않았다, 리브로를 관둔다기보다는

16년간 해왔던 서점원을 관두기로 했다는 것이네요.

"오래 근무하던 회사를 관두는 사람이라면 누구나 그렇겠지만, 여러 가지가 쌓이고 쌓여서 떠나게 되는 것이죠. 회사에 대해 고마움도 있지만 불만이 없었다고도 말하기 어렵고요. 리브로에서 8년간 저는 파르코 시절을 재탕한다는 듯한 느낌이 쭉 있었어요. 서가 구성하는 요령, 잘 팔리는 책을 스스로 만들어내는 기획 등은 기본적으로 파르코 시절에 하던 것들을 답습해서 했어요. 그건 그것대로 재미없지는 않았어요……. 다만 그것도 제대로 하기 어려운 상황이 된 이유가 컸어요. 확실히 그 무렵부터라고 말할 수 있을 것 같아요. 리브로가 닛판의 자회사가 되고, 전체 체인점의 주문 수량이나 재고를 닛판이 파악하게 되면서부터요."

이번에는 500만 엔어치 반품시켜!

2000년대 들어 닛판과 도한トーハン(옛 도쿄출판판매주식회사) 등의 출판 유통업체(도매상)는 거래처인 서점과 재고·판매 데이터를 공유하는 시스템을 강화해왔다. 서점용 POS(판매시점정보) 시스템을 개발해서 제공한 다음 그 업데이트를 반복해왔다. 불필요한 공급을 줄이고 반품을 억제한다는, 출판유통의 오랜 숙원을 본격적으로 해결하기 위한 것이었다. 이를 위해서는 먼저 서점의 판매 데이터를 신속하고 정확하게 파악하는 체제를 구축해야만 했다.

출판물의 유통은 '서점은 팔리지 않은 책을 반품할 수 있다'는 위탁판매 규약과 관습에 따라, 대다수를 차지하는 '팔릴지 어떨지 진열해 판매해보지 않으면 알기 어려운 책'과 '그다지 많이 팔리지 않는 소량 부수의 책'까지 전국 서점에서 선보일 수 있었다. 이것은 책이라는 상품의 특성으로 볼 때 좋은 관습이었지만, 반면에 그 관습은 악용되기도 했다.

이를테면 출판사는 명목상의 매출을 확보하기 위해 책을 마구 만들어 서점으로 공급하기도 했다. 공급된 책은 어쨌든 그 달의 매출로 계상된다. 이윽고 그 책들이 팔리지 않고 출판사에 반품되어 돌아온다. 도매상의 입금액은 출판사가 도매상에 출하(공급)한 금액에서 반품된 금액을 뺀 나머지이므로, 출판사는 그 산식에서 적자가 나지 않도록 더 많은 책을 공급한다. 수요를 무시한 공급과 그 때문에 커지는 반품이 다람쥐 쳇바퀴 돌듯 반복됨으로써 쉼 없이 페달을 밟아야 하는 자전거 조업처럼 불안한 경영을 유지하게 된 것이다.

서점 입장에서는 출판사와는 역방향에서 이 관습을 이용했다. 도매상의 결제액은 공급받은 금액에서 반품 분을 뺀 금액이므로, 지불할 금액을 가급적 줄일 목적으로 적극적으로 반품하게 된다. '이 책과 저 책은 더 이상 팔리지 않으므로 반품한다'가 아니라 '이번에는 500만 엔어치 반품시켜!'라고 사장이 점원에게 지시하는 장면을 내가 직접 목격한 적도 있다. 그것은 어찌 보면 당연한 일처럼 보이기도 했다.

한편 출판사와 서점 사이에서 책과 돈의 거래를 결산하는 도매상 입장에서는, 그런 일들이 횡행하면 헛된 거래비용만 증가한다. 팔릴 것으로 기대하기 어려운 많은 양의 책을 출판사에서 받아 서점에 보내고, 예상대로 많은 반품이 발생하여 출판사에 되돌려 보낸다. 신간 시장이 성장하던 시대에는 전체 매출액 증가가 이러한 소모적 물류비용을 얼마큼은 흡수해주었다. 그러나 1990년대 들어 출판시장이 내리막길을 걷기 시작했을 때도 규약과 관습이 지속되면서 공급과 반품 작업에 드는 비용은 도매상의 경영을 파탄에 빠뜨릴 만큼 증가했다. 출판과학연구소의 조사에 따르면, 도매상이 1년간 유통시키는 신간 발행 종수는 1982년에 3만 종을 돌파했고, 1995년에는 6만 종을 뛰어넘었다. 현재는 7만 종에서 8만 종에 이른다. 그 사이 도매상은 책을 보관·유통시키기 위해 물류창고를 차례로 증설하여 신간의 홍수 사태에 대응해왔다. 창고를 확장해서 취급 물량을 늘리면 그만큼 관리비용 등 각종 비용도 커지게 마련이다.

처음부터 부질없는 일인 줄 알았다면 팔리지 않을 책은 유통 거래를 자제하는 것이 기업으로서 당연한 대응이라고 판단되지만, 광범위한 책의 유통을 사명으로 여겨온 도매상은 그렇게 하지 못했다. 1종당 매입(사입)하는 권수는 줄여왔지만, 내심으로는 '팔리지 않을 것'이라 생각하는 책조차 거래가 있는 출판사의 신간이라면 원칙적으로 모두 받아왔다. 일본의 도매상은 기업으로서의 계산만으로 책을 취급하지 않고 출판문화를 지탱하는 역할을 맡아왔다. 상품이자 문화재이기도 한 책이 지닌 모순을 도매상이 받아들임으로써 일본 출판은 세계적으로 예를 찾기 어려울 정도로 안정적으로 발전할 수 있었다.

POS 시스템을 통해 각 서점의 판매 동향이나 재고를 파악하는 것은, 그와 같은 모순을 더 이상 받아들이기가 어려워졌기 때문이다. 도매상에는 본격적으로 효율화를 추진하지 않으면 출판유통이 정말로 파탄에 빠질 수도 있다는 절박감이 있었다. 생산자, 도매상, 소매점 사이의 데이터 공유는 다른 업종에서도 보편화된 것으로, 오히려 출판업계의 경우 착수가 뒤처져 있었다.

이렇게 도입된 시스템이야말로 서점 일을 하기가 어려워진 최대의 원인이라고 하라다는 말한다. 그렇게 말하는 것은 그녀만이 아니었다. 그래서 도매상과 POS 시스템이 연결되는 것을 거부하는 서점도 있다.

하라다는 자신들이 하는 일이 외부에 알려지는 것 같았다고 설명했다.

"도매상에서는 명확히 말하지 않았어요. 그것이 오히려 기분 나빴어요. 예를 들어 시부야점 같은 경우에 이른바 '유행의 발신지'라고 불리는 입지적 특성도 있어서, 아직 세상에 알려지지 않은 것들을 일부러 기획하는 점포였어요. 지금은 폐점해서 역 지하로 이동한 북퍼스트ブックファースト 시부야점도 그런 기능이 강했어요. 제가 담당하는 코너 역시 그런 시도를 얼마나 할 것인지가 중요했는데, 이것은 시간이 걸리는 일이거든요. 어떤 책의 재미가 세상에 알려지지 않아서 처음에는 그다지 팔리지 않아요. 책을 두는 곳이나 보여주는 방식을 바꿔가면서 조금씩 판매를 늘려, 겨우 팔리기 시작하면 좀 더 확대해보자는 식으로 키워나가요. 하지만 닛판에 주문 수량이나 재고 수량을 보이게 된 이후에는 발굴한 책을 키워가는 도중에 순식간에 퍼져나갔어요. 경쟁 업체라고도 볼 수 있는 츠타야 TSUTAYA(판매·대여업체)라든가 다른 지역서점들도 모두가 기획판매를 하게 되는 거예요. 기획판매하도록 가르쳐주는 사람은 전국을 순회하는 출판사 영업 직원이고, 서점 당사자들은 누구도 제대로 말해주지 않아요. 하지만 기획판매를 하는 서점은 닛판과 POS가 연계된 곳이었어요."

순식간에
붐을 만들어내는 닛판 시스템

— 하라다 씨가 그런 책들을 눈에 띌 만큼 팔면 그 숫자가 닛판을 거쳐 거래서점들과 공유되는 거군요. 즉 어느 서점에서 이 책이 팔리고 있으니까 여러분도 판매하라는 식이 되는 거네요. 어렵게 발굴해서 키워내려는 판에 정보가 새어나가면 재미없어지는 것 아닌가요?

"재미없어진다……라는 개인적인 감정도 있지요. 확실히 저는 사람 놀래주기를 좋아했던 것 같아요. '어째서 그 책이 잘 팔리는 거야?'라거나, '어떻게 그렇게 많이 팔려?'라는 질문을 받을 때 기뻤어요. 그렇지만 그것은 제 개인적인 욕구에 지나지 않는 것이고, 그 책을 만든 건 저자나 출판 사이므로 제가 독점하는 것은 어리석은 일이지요. 원래 독점 상태대로라면 언제까지나 세상에 퍼지지 않을 테니까요. 문제는 그렇게 해서 순식간에 퍼져버리면 토대가 충실한 강한 장르로 성장하기 전에 그 에너지가 모두 소진되어버린다는 점이에요."

— 확실히, 그 책에 어떻게 불을 붙일 것인가(어떻게 팔리는 책으로 만들 것인가) 부심해왔던 사람과, 그 책이 잘 팔리기 때문에 비치하라는 서점과는 판매방식도 다를 수밖에 없겠지요?

"최근에는 '모리森 걸' 붐(숲 속에 있는 소녀 이미지로 2008년 무렵부터 화제가 된 SNS 커뮤니티 명칭으로, 관련 잡지가 다수 발행되었다-옮긴이)이 그에 해당한다고 생각해요. 숲 속에 있는 이미지의 여자아이와 그 패션 말이에요. 시각을 달리하면 옛날부터 있던 것인데, 사람들은 왜 이것이 뜨는지 잘 모르잖아요.(웃음) 처음에는 그런 시점에서 책을 만든 출판사가 있어서,

이것 참 재미있겠다고 생각했어요. 매력이 뿌리내리려면 시간을 두고 천천히 퍼져가는 편이 좋거든요. 그런데 순식간에 퍼져버려요. 전국의 츠타야 체인점까지도요. 지금은 판매 데이터라는 것이 출판사에도 제공되잖아요. 그 결과 갑자기 여러 회사에서 '모리 걸' 책을 만들기 시작했어요. '어째서 저 출판사가?' 하고 의문이 드는 곳들까지도요. 순간적으로 소비되고, 기반이 만들어지기도 전에 사라져버려요. 천천히 했다면, 시부야의 패션 숍 등과 함께 이벤트를 기획해서 여러 일이 가능했을 텐데……."

하라다의 기억으로는 이른바 '카페 책' 붐(카페 창업, 지역 카페 정보 등 각종 카페 관련서-옮긴이)은 3년 정도 걸려서 천천히 키운 것이다. 그런데 매거진하우스에서 펴내는 잡지 《쿠넬ku:nel》 같은 생활지가 3개월 만에 정착될 때는 너무 빠르다고 느꼈다. '모리 걸'에 이르러서는 키울 필요도 없이 끝나고 말았다. 확실히 천천히 키우는 편이, 그 분야에서 오랫동안 기억될지도 모르겠다.

근래에는 도매상 쪽에서 서점의 판매 데이터나 고객의 구매 데이터를 바탕으로 출판사에 출판 기획을 제안하고, 그 상품에 대해서는 도매상이 책임지고 처음부터 대량으로 책을 매입하여 서점에 배본하는 경우가 늘고 있다. 서점에는 반품이 적으면 보상금을 지불하고, 반품이 많으면 벌칙을 부과하는 규정도 만들기 시작했다. 소모적인 비용의 절감뿐 아니라 팔리는 책을 만들지 못하는 출판사, 판매력이 약한 서점은 이대로 맡겨두지 않겠다는 움직임이 시작되었다고 할 수 있다. 이런 흐름에 대해, 하부의 세세한 정보를 상부에 제공해 의사결정이 이루어지는 상향식bottom up 관점이 출판의 세계에도 모습을 드러냈다고 평가하는 사람들도 있다.

그러나 그 뒤안길에는, 하라다 마유미처럼 서점에서 일할 동기를 잃어버린 서점원들도 있다. 그녀가 갖게 된 분노와 실망감을 나중에 어느 도매상의 부장에게 이야기했다. 그는 "동종 업계 사람으로서 그만큼의 시스템이 가능한 닛판이 훌륭하다고밖에 할 말이 없다"고 했다.

"그 서점원이 재미를 잃은 것은 이해할 수 있습니다. 어렵게 발굴한 책이 곧바로 소비되어 사라지는 것은 확실히 문제입니다. 그렇지만 이미 그런 이야기를 할 상황은 아닌 것 같습니다. 팔리는 책을 바로바로 찾아서 우선적으로 내보낼 수밖에 없는 것 아닌가요? 도매상의 유통이나 서점 매장이나 모두 무너지기 직전으로, 조금도 미루기 어려운 단계에 와 있습니다. 닛판은 현실을 반영한 올바른 판단을 했다고 생각합니다. 물론 정나미 떨어지는 세상이 되었습니다만……."

유통업자인 도매상이 상품 정책에까지 손을 뻗침으로써 전국 서점에서 똑같은 책의 진열과 판매가 갈수록 가속화되는 것은 아닐까? 책의 세계에서 자유는 사라지고 재미가 없어지는 것은 아닐까? 그렇게 생각하는 사람들도 많을 것이다. 하지만 한편으로 대다수 사람들은, 이미 이런 흐름을 멈추기 어려울 것이라고 생각한다. 이대로 두면 출판유통을 지탱하는 기초 기능이 붕괴할 것이라는 위기감이 도매상 개혁의 원동력으로 자리 잡고 있어서, 이 유통 시스템에서 일해온 사람들에게는 반론이 어렵다.

하라다 마유미도, 뿌렸던 씨앗에서 꽃이 피기도 전에 뿌리째 잘려나가는 시스템이 자신의 담당 서가까지 침식하는 현상에 분노를 느끼지만, 출판유통 전체가 이미 자신이 생각하는 것처럼 서점원으로서 일하기 어려운 차원으로 바뀌고 있다는 점을 통감했을 것이다.

도매상은 출판사와 서점 사이에서 출판시장을 발전시키고 유지시켜왔다. 어디에 몇 권의 책을 보낼지, 어느 곳의 책을 줄일지, 돈은 어디에서 받아서 어디로 돌려야 하는지, 총괄하는 입장에서는 중요한 부분일수록 보이지 않게 함으로써 전체를 통제한다. 이 블랙홀은 세상의 필요악과 같은 존재이다. 어딘가에서 누군가가 이익을 보거나 피해를 보기도 하겠지만, 대다수 사람들은 그런 일들 덕분에 도움을 받는다.

권력자 입장에 있는 사람들도, 이제는 그 역할이 투명하게 노출되는 시대이다. 이미 어쩔 수 없는 일인지도 모른다. 그러나 지금껏 일본 출판을 지탱해온 도매상에 동일한 역할을 맡겨서는 안 된다고 생각한다. 할 말은 해야 한다. 도매상들이 자사의 존속을 전제로 하기는 했지만 빈사 상태에 빠진 신간 시장을 합리적으로 바꾸겠다고 나선 것에 경의를 표하기 때문이다. 지금 도매상의 유통 개선 시책과 이를 따르는 출판사 및 서점이 추진하는 방식은 책을 죽이는 것이며, 뜻을 가지고 책을 독자에게 전하고자 하는 사람을 죽일지도 모르는 위험성을 안고 있다. 아니, 지금 죽이고 있다. 지금은 효율화를 추진하는 것만이 아니라 어떻게 하면 책의 세계가 다양성을 확보할 수 있을지, 그를 위해 노력하려는 사람들을 어떻게 지원할 것인지에 힘을 쏟아야 할 때이다.

도매상, 지금대로라면
서점을 망칠 뿐이다

하라다 마유미가 리브로를 퇴직한 직접적인 계기는, 그 2년 전부터 사내의 전 사원을 대상으로 시작된 매년 한 번씩 제출해야 하는 '올해의 포부' 보고 때문이라고 했다. 첫해에는 어떻게든 써서 냈다. 그런데 두 해째에는 쓸 말이 없어졌다. 왜 베테랑 사원에게까지 이런 일을 시키는지 불만도 있었지만, 그것보다는 표현할 만한 목표가 사라진 것을 느꼈기 때문이다.

"적당히 써내고 견딜 수도 있었겠지만, 진심으로 생각해보았어요. 판매로 말하고 실력으로 해보라는 사토 씨의 가르침대로 해왔는데, 회사원이라는 게 그것만으로 다 되는 건 아니잖아요. 본부나 상사의 지시를 무시하면서라도 자신이 좋다고 생각하는 책을 자기 방식대로 팔아보겠다는 생각보다는, 팔리지 않을 줄 알면서도 지시받은 책을 진열하는 편이 서로 입장 나빠지지 않고 지나가는 길이지요. 다르다고 생각하는 것은 윗선에 의견을 제시하지만, 저는 그렇게까지 강한 사람이 아니어서 절충하거나 양보하기 어려우면 마음에 없는 말을 했던 적도 있어요. 그렇지만 그렇게 계속하면 결국은 누구에게도 도움이 되지 않을 거라는 생각을 쭉 했어요. 자신을 위해서나, 회사를 위해서나, 또 고객을 위해서도 사실은 다른 것을 하고 있지는 않은지⋯⋯."

— 고객에게 '뜻 있는 책'을 뜻 있는 모양새로 전달하고 싶다는 건가요?

"어디까지나 저에게는 그렇다는 거예요. '넌 틀렸어, 단순한 자기만족이야!'라고 말하는 사람도 있을 겁니다. 다른 사람 입장에서 보면 그 정도의 일이겠지요. 아마도⋯⋯."

이미 이혼해서 홀몸이기 때문에 일하기 쉬운 측면도 있다고 그녀는 말했다. 여러 일들이 더해져 내린 퇴사 결정이라는 말처럼, 씩씩한 반발심만으로 퇴직을 결심한 것은 아닐 터이다. 아직 젊은 시절이던 파르코북센터에서의 8년은 별도로 하더라도, 리브로에서의 8년 동안에도 하라다 마유미가 정식으로 점장직을 맡은 적은 없었다. 지금도 하라다가 그리워서

48

히구라시문고를 찾는 동료들은 있지만, 회사 차원의 평가는 결코 높지 않았을지도 모른다.

그러나 회사원 하라다 마유미의 평가를 검증하는 것에 나는 별로 관심이 없다. 그것이 올바른 것도 아니다.

서점 매장을 찾을 때마다 나는 '추천하는 책'이나 '아직 화제작은 아니지만 판매에 힘을 쏟는 책'이 무엇인지를 물었고, 그녀가 그런 질문에 대답을 머뭇거린 적은 한 번도 없었다. 이것은 책을 열심히 접하는 서점원과 그렇지 않은 서점원을 나눌 수 있는 가장 명쾌한 차이이다. 그리고 그녀는 자신의 일에 대한 애착이, 출판유통에 새롭게 생기고 있는 풍조와는 다르다는 점을 고민했던 것이다. 새 책을 판매하는 신간서점에 적을 두고 있으면 매일 수많은 새로운 책과 만날 수 있다. 그런 특권을 버려가면서까지, 그녀는 더 이상 자신과 맞지 않는 세계를 떠나기로 마음먹었다. '그만두면 끝이야, 패배야!'라는 말이 주위에서만이 아니라 자신의 내부에서도 들렸을 것이다. 그러나 하라다 마유미가 일을 그만둔 것은 끝이 아니라 시작이었다.

하라다는 2008년에 리브로를 퇴사한 뒤, 마침 직원을 모집 중이던 출판사 마브루토론マーブルトロン에 입사했다. 서점을 담당하는 영업 등의 업무를 했는데, 불과 10개월 만에 퇴사를 결심했다. 서점에서 출판사로 옮긴다고 해서 자신을 옭죄던 시스템으로부터 자유로워질 수는 없었던 것이다.

서점을 해야겠다고 결심한 계기는 갑자기 찾아왔다.

도쿄 센다기千駄木에 있는 오라이도往來堂의 점장 오이리 겐지笈入建志와의 대화가 그 계기였다. 1996년에 개점한 66제곱미터(20평) 규모의 오라이도서점은 초대 점장인 안도 데츠야安藤哲也가 '동네 서점의 복권復權'

을 내걸고 소형서점이기에 가능한 상품 구색과 그 존재감을 알림으로써 주목을 끌었다. 안도가 퇴직한 후 대형서점에서 이적해 뒤를 이은 오이리는 책벌레들을 단골로 만드는 구색과 지역과의 네트워크를 중시하는 등 안도가 내세웠던 특징들을 유지하면서도, 한편으로는 스테디셀러들을 확실히 진열하는 등 서점의 토대를 강화했다. 전국 주요 도시에서 열리는 지역 단위 책 이벤트의 발단이 된 '시노바즈不忍 북스트리트'(개성이 있는 신간서점, 중고서점, 도서관, 카페 등이 늘어선 도쿄 시노바즈 거리는 '책과 산책이 어울리는 거리'를 표방하며 매년 봄에 중고책 장터 등을 열고 있다-옮긴이)에도 근처 중고서점 등과 함께 제1회인 1999년부터 관여해왔다.

"그분과는 어딘가 강습회에서 만난 것 같아요. 그때 제가 도매상에 대해 비판했거든요. 지금 상태로라면 서점을 망칠 뿐이라고요. 그 뒤로 이야기가 어떻게 발전했을까요? 오이리 씨는 '그건 소형서점을 하는 사람의 발상입니다. 차라리 개인 사업으로 서점을 하면 좋지 않아요?'라고 말하더군요. 그 순간, 가능할지도 모르겠다는 생각이 들었어요. 저에게 경영은 무리라고 생각해왔는데, 원시적으로라도 생존할 수만 있으면 되지요. 물론 큰 모험이라는 생각은 들었지만, 리브로를 그만둘 때 받은 퇴직금이 사라지기 전에 시작하기로 했어요."

오이리와 이야기한 그다음 주에 하라다는 사표를 냈다. 2009년 9월에 퇴직하고, 11월에는 지금의 장소로 매장을 정했다. 12월에는 개점 준비하는 모습을 담은 블로그를 개설했다. 리브로를 그만둘 때는 개업을 생각하지 않았다고 하지만, 출판사에 들어갈 무렵에는 '3년 정도 해볼까?' 하며 막연하게 생각했다고 한다. 그 뒤에는 어찌할 셈이었을까? 역시 그녀에게는 자신의 서점을 해야겠다는 생각이 내면에 있었던 것이다.

— 서점 장소를 고를 때 어떤 조건을 두었나요?

"상점가에 연다는 것과 근처에 좋은 헌책방이 있을 것, 그 두 가지였어요. 여러 가게가 있는 곳에서 비슷한 업종의 가게와 역할을 분담하며 해나가는 것이 중요하다고 생각했어요. 물론 과도하지 않은 임대료와 어느 정도 매출을 예상할 수 있는 것도 중요하고요. 또 우체국이 바로 근처에 있었으면 했어요. 통신판매를 해야겠다고 생각했기 때문에, 우편물을 부치러 갈 때 오랜 시간 매장에 사람이 없으면 곤란하잖아요."

— 그럼, 처음부터 혼자서 할 생각이었습니까?

"아, 그건 맨 처음부터 정한 일이에요. 직원 없이 혼자서 시작하기로요. 그래서 16.5제곱미터 크기도 나쁘지 않다고 생각했어요. 이 정도 책을 두면, 또 저 정도는 잡화를 팔고……. 손님은 얼마나 오겠구나 예측한 거죠."

— 예상 매출액은 하루 평균 어느 정도로 보십니까?

"8천 엔 정도입니다. 최악의 경우에는 어떻게 되겠지 하는 마음도 있고요."

히구라시문고는 매주 화요일을 정기 휴무일로 정하고 있으므로 최저 20만 엔 정도의 월매출을 기대하는 셈이다. 다만 상점가에서 정기적으로 여는 주말 이벤트나 축제 때는 책을 좋아하는 고객들이 많이 찾아온다. 다른 곳에서 개최하는 책 관련 이벤트에 출장을 가기도 한다. 처음에 생각했던 통신판매도 시작해, 아마존의 마켓플레이스에도 등록했다. 이것들을 가산해서 매출액이 50퍼센트 증가하리라 예상하고 있다. 하지만 월 매출 30만 엔이라 해도 적자를 볼 가능성이 높다. 임대료는 월 6만 엔으로 저렴한 편이지만, 상품 매입비와 광열비 등의 고정비, 매장에서 걸어서 15분 거리에 있는 살림집의 임대료도 있다.

"실제로는 8천 엔 정도면 어떻게든 되겠지, 하는 확신은 한 번도 들지 않았어요. 그냥 어렵더라도 해보자였죠. 우선은 이렇게 1년간 해보려고요. 그간 일했던 서점 매장 규모와는 다르게 겨우 16.5제곱미터라서 특설 공간을 만들 여지도 없고요. 매출액이란 것이 의미가 없을지도 모르겠어요."

— 서점 이름도 그런 의미에서 지은 건가요?

"네, 그날의 생활이라는 의미로……. 그런 정도에서 시작해보려고 한 거예요."

서점의 한 가지 포인트는 신간과 중고책, 잡화 등을 함께 취급한다는 점이다. 신간만 취급하는 일반 서점의 경우 판매금액에서 매입금액을 뺀 마진율은 정가의 21~23퍼센트 정도인 경우가 대부분이다. 월매출 20만 엔이라면 4만 엔 정도, 30만 엔이라면 6만 엔 정도밖에 실제 수입이 되지 않는다. 부업을 하지 않으면 유지하기 어렵다. 그런데 하라다의 경우는 도매상과 계약하지 않아서 신간은 그때마다 출판사와 직접 거래하여 반품 없이 매절 가격으로 매입하므로 상대에 따라 조건을 교섭한다. 또한 고객에게 구입한 중고책을 몇 배로 되파는 것 등을 병행하여 전체적인 이익 구조는 어느 정도 조절할 수 있다.

그렇지만 무엇보다 바탕이 되는 매출 총액 자체가 너무 적다. 이익률을 궁리한다고 해도 한계가 뚜렷하다. 하라다에게는 우선 1년을 잘 견디고, 그 경험을 살려 2년째 이후를 버텨낼 수 있는 정도의 시야밖에 없는 듯했다.

하라다가 개점 1개월 전부터 개설한 블로그에는 수작업이 많았던 준비 단계의 모습들이 담겨 있어서, 앞으로 서점을 해보고 싶은 사람들에게는 참고가 될 만하다. 개점 이후에 힘을 쏟는 것은 입고한 책과 잡화의 소개이다. 새로 취급하게 된 책의 매력을 제작자와의 대화도 섞어가며 사진을 붙여 전하고 있다. 독특한 방법이지만, 짧은 문장 안에 책 한 권이나 잡화 한 가지의 이야기를 중시하는 의도를 느낄 수 있다.

— 대형서점에 근무하던 시절에 비해 작품과 진중하게 만나고 독자들에게 전달한다는 실감이 더 강한가요?

"맞아요, 전보다는 그래요."

생각했던 것보다는 짧은 응답이 돌아왔다.

한 권 한 권의 책과 진중하게 만나고, 그것을 한 사람 한 사람의 독자들에게 전달하는 서점.

단순해서 오히려 지속하기 어려울 것 같은 이상이, 본인의 말이나 블로그에 쓰인 말들을 통해 드러난다. 그녀는 '꿈이나 이상이 밥 먹여주지 않는다'는 일반론과 마주하지 않으면 안 되는 상황 속으로 자신을 던졌다.

그런데 지금, 하라다와 같은 생각을 하는 사람이 적지 않을 것으로 생각된다. '이상'의 대척점에 있는 '현실'이 이제는 안정을 전혀 보장하기 어렵게 되었다. 자신의 서점을 갖고 싶어서 행동으로 옮긴 사람은 이전부터 있었겠지만, 언젠가 '현실' 역시 우리를 받아주기 어려운 상황이 된다면 '이상'을 향해 나아가는 편이 후회 없을 것이라고 생각하는 사람이 속출한다 해도 이상할 것은 없다. 그러나 이것은 몽상에 지나지 않는다. 하라다 마유미가 앞으로도 서점을 지속하리라는 보장은 어디에도 없다.

서점은 어디로 가는가? 앞으로 서점의 모습은 어떤 것일까? 막연한 나의 질문에 하라다 마유미는 "알고 있다면 할 필요가 없겠죠. 대개는 답을 모르기 때문에 하는 것 아닌가요?"라고 대답한다. 불변의 진리를 말하는 것 같았지만, 충동에 이끌려 작은 배를 띄운 사람이 불안한 마음을 숨기려는 내유외강처럼 보이기도 했다.

하라다 마유미를 개업으로 이끈 것은 무엇인가?

그녀와 헤어져 이른 아침 이케부쿠로를 걸으며, 가장 알고 싶었던 것이 해명되지 않고 거의 그대로 남아 있음을 깨달았다. 하라다 마유미는 원래 일 잘하고 우수한 한 명의 서점원에 지나지 않았다. 이제까지의 경험담을 듣는 일은, 동시에 그녀를 둘러싼 출판유통의 변화를 확인하는 것이기도 했다.

그러한 상황에 맞서려는 의지가 하라다에게는 있었다. 하지만 그것만이 그녀가 히구라시문고를 개업한 이유의 전부가 아니다. '책'을 스스로가 생각하는 방식으로 독자에게 전달하겠다는 그녀의 자세는, 인간의 근원적인 욕망과 관계된 좀 더 커다란 무엇인가에 의해 지탱되는 것은 아닐까.

한 가지, 계속 생각해왔던 것을 재확인할 수는 있었다.

서점이 차례로 사라지고, 얼굴(개성)이 없어지는 지금의 상황에 대해, 그녀처럼 맞서며 '책'을 바람직한 방식으로 전달하고 싶다는 생각 하나로 각자 자기 자리에서 노력하는 사람들이 있다. 나는 그 서점원들을 편들지 않을 수 없다. 당신은 지금 정말 중요한 일을 하고 있다고, 앞으로도 꼭 필요한 사람이라고 말해주고 싶다.

쥰쿠도서점의
후쿠시마 아키라와
전자책 원년

전자책의 동향은 수시로 형세가 바뀌면서 변하기 때문에, 현재의 분위기는 불과 몇 달만 지나도 잊히곤 한다. 검증할 틈도 없이 또 다른 바람이 불어닥쳐서 그때마다 승패를 겨루며 논쟁을 벌이는 사람들이 등장한다. 이 분야의 실무자로 계속 관계를 맺어온 사람으로서 경의를 표하는 바이지만, 여러 사람이 '이쪽이다' 혹은 '저쪽이다' 하며 주장해온 변천의 역사를 보면 그다지 연계성을 찾기 어렵고, 이제 더 이상은 변화 추세를 지켜볼 가치조차 없다고 느껴질 때가 많다.

　하지만 아이패드나 킨들이 등장하면서 '전자책 원년'이라는 키워드가 유포된 2010년은 어떤 분위기였고, 또 어떤 흐름으로 이어지고 있는지 살펴볼 필요가 있다. 무엇보다 서점 현장에 어떤 영향을 끼쳤는지가 관심사이다.

'입보다 손이 먼저 움직이는'
장인 기질의 서점원들

2010년 7월 준쿠도서점ジュンク堂書店 오사카大阪 난바難波 점의 점장 후쿠시마 아키라福嶋聰가 '종이책과 전자책'을 주제로 강연한다는 소식을 듣고 오사카로 갔다.

후쿠시마 아키라는 《서점인의 일書店人のしごと》(1991년), 《서점인의 마음書店人のこころ》(1997년), 《극장으로서의 서점劇場としての書店》(2002년), 《희망의 서점론希望の書店論》(2007년) 등 4권의 저서가 있다. 《희망의 서점론》은 출판사인 짐분쇼인人文書院 홈페이지에 1999년부터 연재해온 칼럼 '책방과 컴퓨터'를 정리한 것이다. 지금도 연재하고 있으므로 이를 중심으로 다음 저작도 언젠가 발행될 것이다. 책을 판매하는 현장에서, 이토록 긴 기간 동안 서점론을 쓴 사람은 찾기 어렵다.

현역 서점원이나 서점주가 '책'이나 '서점'에 대해 쓴 책은 많다. 모두 모으면 커다란 서가 하나로도 부족할 것이다. 다만, 대개는 한 사람이 책 한 권을 썼다. 매력적인 서점을 운영하는 점주나 점장의 능력과 성품에 끌린 누군가가 글을 의뢰하면, 당사자가 자신의 인생과 서점에서의 체험담이나 이론을 쓰는 식이다.

저작이 두 권 이상인 사람, 즉 첫 저작에 대한 평판이 좋아서 계속 집필을 의뢰받는 사람은 제한되어 있다. 예를 들어 《날이 새고 날이 져도 서점의 속마음明けても暮れても本屋のホンネ》(1999년), 《서두르지 않아도 거기에 서점이 있지 않은가いそがなくたって, そこに本屋があるじゃないか》(2004년)의 다카츠 준高津淳(필명), 《서점 풍운록》(2003년), 《서점 번성기書店繁盛記》

(2006년), 《서점원의 고양이 날씨書店員の차コ日和》(2006년)를 쓴 다구치 구미코(현 준쿠도서점) 등이다. 이들은 현역 서점원으로 오랜 기간 일한 체험이 바탕에 있지만, 본래 문장력이 있는 사람들이다. 서점에 대해 쓴다는 범주를 벗어나면, 기노쿠니야紀伊國屋서점 창업자인 다나베 모이치田辺茂一처럼 작가, 에세이스트로서 많은 저작을 남긴 사람도 있다. 어느 범주에 넣는 것이 좋을지 알기 어렵지만, 데쿠네 다츠로出久根達郎처럼 고서점업을 운영하는 작가도 있다. 서점에 적을 두고 문학론 등을 쓰는 연구자도 있다.

후쿠시마 아키라는 그 어떤 그룹과도 다르다. 20년 이상이라는 긴 햇수도 특징이지만, 책의 내용은 체험기와 회고록, 에세이가 아니다. 서점에서 일하며 서점을 연구대상으로 삼아 그 성과를 발표해왔다. '신간서점에서 책을 파는 사람의 서점 연구'라는 독특한 분야를 오랜 기간 여러 저작을 통해 구축한 사람은 현재 달리 찾아볼 수가 없다.

하라다 마유미도 말한 것처럼, 서점원들 중에는 '입보다 손이 먼저 움직이는' 장인 기질을 가진 이들이 많다. 많은 서점 장인들은 경험에 기반한 독자적인 업무론이나 '책'을 둘러싼 유통 및 판매 현황에 대한 나름의 견해도 갖고 있다.

그런데 그들이 일단 입을 열었다 하면, 귀에 거슬리는 고생담이나 자기 자랑, 소견이 좁은 다른 사람에 대한 비난, 현 상황 비판 등이 총동원되는 사태를 나는 자주 겪어왔다. 그 서점은 안 된다거나, 그 서점은 서가 만드는 법을 모른다거나 하면서 동업자를 비판하곤 한다. 물론 그 정도의 자부심을 가질 만하다고는 생각한다. 당신만 하는 업종이 아니고, 그렇게 뽐낼 만한 이야기가 아니라고 나무라고 싶을 때도 있다. 그러나 서점에 근무한 경험이 없는 나로서는 언제나 그 말을 못하고 지나치곤 했다. 귀에 거슬리는 그런 이야기를 꺼내도록 한 것은 나였기 때문이다. 묻지 않는 한 그들은 말 없는 장인으로 지냈을 것이다.

극단적으로 말하면, 서점은 어디서나 같은 책을 판매한다. 서점의 입장이란 저자가 쓰고 출판사가 만든 책을 팔기만 하는 것뿐이다. 원천적으로 고유성이나 독자성을 획득하기 어려운 일이기 때문에, 나는 그 부분은 다르다고 일부러 말하지 않으면 안 된다. 그러한 심리가 표출되는 것을 볼 때마다 나는 복잡한 심경에 빠진다. 그렇지만 후쿠시마 아키라와 이야기할 때는 그런 것을 신경 쓰지 않는다. 그는 책이란 무엇인가, 서점이란 무엇인가, 서점원의 사회적 역할이란 무엇인가를 객관적으로 살피려는 사람이기 때문이다. 내심 질리지 않고 이야기를 들을 수 있다. 그리고 실제로 언제나 새롭게 배우는 부분이 있었다.

전자책이 나와도 서점은 사라지지 않는다

후쿠시마 아키라는 1959년 효고兵庫 현에서 태어났다. 교토대학 문학부 철학과를 졸업하고, 서점원이 되기 전후로 연극 일에 관여했다. 첫 저작인《서점인의 일》은 32세에 펴냈는데, 이미 그때부터 서점에 POS 시스템을 도입할 경우의 출판유통 개선안을 논하고, 서점의 바람직한 모습에 대한 지론을 폈다. 장인들이 모이는 분야에서 경력 10년도 안 된 젊은이가 그것들을 대담하게 논할 정도로 그는 상당히 조숙했던 셈이다. 후쿠시마는 이에 대해, 자기보다 나이가 많은 단카이團塊 세대(제2차 세계대전

직후인 1947년부터 1949년 사이에 출생한 베이비 붐 세대-옮긴이), 전공투全共鬪
세대(1960년대 말 일본의 학생운동 세대-옮긴이)에 대한 저항심 때문이었다
고 말한 적이 있다.

　당시부터 '책'이나 '서점'이 어떠해야 하는지를 주제로 삼은 그의 주장
은 명쾌했다. 예를 들어, 일반 소매업에서 배운 상품 회전율만으로 한 권
의 책이나 매장 전체의 실적을 판단하는(지금도 계속되는) 경향에 대해 후
쿠시마는 비판적이다.

그 책이 서가에 꽂힌 덕분에 다른 책 몇 권이 더 팔렸을까?

고객은 자신이 좋아하는 책을 진열한 서점을 만났을 때 좋은 서점이
라고 생각한다. 그러나 그 책은 이미 갖고 있기 때문에 서점에서 또
사지는 않는다. 그래서 그 책은 팔리지 않겠지만, 고객은 자신이 좋
아하는 책을 비치해둔 그 서점에, 다른 재미난 책도 있을 것으로 기
대하며 몇 번이나 다시 찾아와서는 다른 책을 사간다. 숫자상으로
매출이 제로인 책이 이렇게 매출액 향상에 공헌하는 것을 고려하지
않고 서가를 만들기 시작하면 서점은 매력 없는 공간이 되어버릴 것
이다. (《서점인의 일》, 34쪽)

　그의 책 네 권을 모두 읽어보면, 후쿠시마의 '책'에 대한 기본적인 자세
가 '변절'하지 않았음을 알 수 있다. 연구에만 매몰되지 않고 '책'을 둘러싼
유통이나 판매 현상에 대해 글을 통해 맞서왔던 사람, 나는 후쿠시마 아
키라에 대해 그런 인상을 갖고 있다.

　후쿠시마가 그렇게 일관성을 갖고 오늘에 이른 요인으로는 준쿠도서

점 소속이라는 점이 크게 작용했다고 본다. 효고 현 고베神戸 시가 본거지인 쥰쿠도서점은 지난 20년간 가장 규모를 확대한 서점 체인의 하나이다. 후쿠시마가 과거에 점장이나 부점장을 지냈던 점포를 포함해서, 쥰쿠도의 신규 점포는 항상 유력 대형서점으로서 주목받아왔다. 과도한 서점의 생존경쟁을 조장한 서점이자, 점포가 살아남는 것을 승자라고 본다면 틀림없이 승자의 기록을 이어왔다. 현장이 안정적으로 확보되었다는 점, 그 현장이 서점의 대형화와 전국적인 점포 확대 전쟁 등 다양한 주제를 내포하는 장소였다는 점은 그에게 많은 자극을 주었을 것이다. 쥰쿠도가 베스트셀러를 매장 전면前面에 내세우지 않고, 단순한 판매 부수만으로 진열할 책을 정하지 않는 서점이라는 것도 후쿠시마의 이론과 실천을 일치시켰다.

쥰쿠도서점은 2009년에 대일본인쇄의 자회사가 됨으로써, 과거 서점업계에서 실적 1위였던 마루젠과 경영을 통합했다. 여기에다 가나가와神奈川를 거점으로 한 대형서점 체인인 분쿄도文教堂까지 더해져 대일본인쇄 산하의 서점 그룹은 일본 최대 규모가 되었다. 앞으로 쥰쿠도라는 체인서점이 어떻게 될지는 내 관심 밖의 일이다. 당장의 미래상은 더욱 강대한 서점이 되어 시장 점유율을 높이려 하든지, 그 지위를 빼앗으려는 새로운 존재와 싸우든지 하는 정도밖에 없을 것이기 때문이다.

그렇지만 나는 현장에 있는 사람들의 미래에는 관심이 많다. 쥰쿠도나 마루젠, 분쿄도에는 열정적으로 일하는 서점원들이 많다. 그들은 향후 어떻게 될 것인가? 어떻게 하면 '뜻'을 가진 그 손으로 '책'을 계속 다룰 수 있을 것인가? 거기에는 저명한 서점원이면서도 한 명의 회사원에 지나지 않는 후쿠시마 아키라도 포함된다.

《서점원의 일》에는 투병 생활을 거쳐 자동차 회사의 임원을 그만둔 뒤 고베 시에 28제곱미터(8.5평) 규모의 작은 서점을 열어, 사망하기까지 거의 10년 동안 소형서점의 주인으로 살다간 후쿠시마의 아버지 이야기가 실려 있다. 물론 그는, 자신은 대형서점에서 일하지만 동네 소형서점과 마음을 함께하는 사람이다, 식으로는 말하지 않는다. 다만 부친이 지역의 고객 한 명 한 명에게 말을 걸고 한 권 한 권을 정중하게 판매했던 서점주였다는 사실을, 마치 자신에게 들려주기라도 하는 것처럼 담담하게 기록하고 있다.

> 원래 내가 영역 설정을 싫어하는 사람이기 때문인지도 모른다. '우리 집에는 없어요', '우리 집에서는 취급하지 않습니다'라고 답변하는 태도가 참을 수 없을 만큼 싫었다.(《극장으로서의 서점》, 173쪽)

그 이후의 저작에 보이는 이런 문장에서 일본 유수의 대형서점이라는 폐쇄적 장소에 시각을 제한시키고 싶지 않다는 후쿠시마의 자세가 엿보인다. 많은 사람들이 자신이 평소에 서 있는 위치에서 사리를 판단한다. 내가 서점원들의 말이 귀에 거슬릴 때는, 대개 자신이 속한 서점에만 시각이 고정되어 있는 경우이다. 후쿠시마의 문장에도 준쿠도 사람이기 때문에 하는 이야기라고 여겨지는 장면이 있는데, 그런 것들이 조금씩 늘어나는 인상도 있다. 그러나 나는 그가 쓴 문장을 볼 때마다 '책'을 사고파는 서점이라는 공간이 있기에 나타날 수 있는 사람이 있다는 사실을 재미있게 생각한다.

그 후쿠시마 아키라가, 국내외 각사에서 새로운 전자책 전용 단말기가 나오고 전자책이 본격적으로 확장될 가능성이 점쳐지던 2010년에, 새삼스럽게 종이책의 우위성을 생각한다는 원점 회귀의 자세를 취한 것에 대해 나는 흥미를 느꼈다. 새삼스럽다는 것은, 그가 《서점인의 마음》을 펴낸 1997년 전후부터 CD-ROM 등의 멀티미디어 상품이나 인터넷의 등장과 '책'의 관계에 대해 활발히 언급했기 때문이다.

컴퓨터나 스마트폰을 포함해 전자매체가 증가하기 시작한 2000년대 전반에는 "뭐라 해도 종이책의 효용이 크다"고 말하는 수구파가 대세였다. 2010년의 '전자책 원년'은 시대 변화의 파도에 늦게 올라타면 안 된다며, 전자책을 새로운 독서 형태로 보고 적극 대응하는 쪽으로 방침을 전환하는 분위기였다. 그러나 전자책이 경제적으로 존립 가능한지에 대해 입증된 것은 아니다. 개척자 정신에 투철한 사업가라면 하겠다고 나설 테지만, 뒤따르며 눈치 보는 쪽에서는 물러나도 지옥이고 전진해도 지옥이라는 막다른 골목에 처한 느낌일 것이다.

후쿠시마가 몇 년 전으로 되돌아간 논의라고 오해받을 것을 알면서도 '종이책의 우위성'을 말하고자 하는 근저에 전자책에 대한 혐오나 진화를 부정하는 마음은 없다. 지금까지와 마찬가지로 '서점이란 무엇인가'를 생각하는 재료로 삼고자 한 것이다. 후쿠시마 입장에서는 자신의 직장이자 연구대상이기도 한 '서점'이 전자책이 나오기 전부터 위기를 맞고 있었고, 전자책이 본격적으로 등장함으로써 그 존재 의의를 더 깊이 묻게 된 것이다.

그래도 서점의 존재 이유는 있다……. 어디에?

후쿠시마의 논의는 지금까지의 20년을 토대로 어떤 집대성이 될 것이라는 기대가 있었다.

전자책, 출판사가 독점한 '출판'을 개인이 한다

후쿠시마 아키라의 강연은 간사이關西 지역의 출판업계 관계자들이 모이는 게이한카이勁版會 주최로 신오사카 역 근처의 한 빌딩 회의실에서 열렸다. 참가자는 20명 정도로, 대부분은 이 강습회의 단골 멤버인 출판사와 서점 종사자들이었다.

후쿠시마는 왜 종이책의 우위성을 주장하게 되었는지를 시작으로, 그 계기 중 하나로 2010년 4월에 발행된 사사키 도시나오佐夕木俊尙가 쓴 《전자책의 충격電子書籍の衝撃》을 들었다. 함께 근무하는 준쿠도서점의 청년 및 중견 사원 여럿이 그 책을 보고 아연실색했다는 말을 듣고, 이대로는 안 되겠다고 생각했다는 것이다. 후배들이 왜 아연실색했는지에 대해 그는 자세히 말하지 않았다. 굳이 말하지 않아도 아는 사람들을 앞에 두고 무슨 말을 하겠는가.

나는 다시 생각해보았다. 준쿠도서점의 청년, 중견 서점원들은 왜 그 책을 보고 아연실색한 것일까?

《전자책의 충격》은 '일본 출판문화는 왜 무너졌는가'라고 제목을 붙인 제4장에서, 기존의 출판유통과 판매 시스템이 얼마나 '책'을 소홀히 다루었는지를 살피고, 그 때문에 지금처럼 붕괴를 초래한 역사적 경위를 설명하고 있다. 그리고 새로운 출판문화를 만드는 역할을 전자책이 할 것이라고 주장한다. 논리적으로 큰 틀에서 반론이 없다라기보다 본래 그 책의 발매 시점에 이미 그의 주장은 새로운 견해가 아니었다. 소프트뱅크의 손정의처럼, 종이책이 모두 없어진다는 논조로 극단적으로 주장하면 오히려 흥미가 생길지 모르지만, 그 책은 종이책도 서점도 사라지지는 않는다고 신중하게 접근했다.

그러나 그 책에서 저자가 지적한 출판유통 문제는, 그때까지 이미 여기저기에 쓰여 있던 이야기들을 덧붙인 것에 불과한 데다, 사실의 오인이나 설명에서 잘못된 부분이 적지 않게 보였다.

예를 들어 '자가출판(셀프 퍼블리싱) 시대로'라고 제목을 붙인 제3장에서 "지금까지 출판은 출판사가 독점"했고 아마추어인 개인이 할 수 있는 영역이 아니었지만, 그에 비해 전자책은 셀프 퍼블리싱을 지원하는 것이라는 논리가 전개되어 있다.

그리고 "종이책 시대에 개인은 시장에 진출하기 어려웠지만 전자책은 오히려 그것을 장려한다"는 주장을 강화하기 위해, 종이책 분야에는 자비출판이란 것이 있지만 아마추어를 노리는 얄팍한 상술에 지나지 않는다는 말까지 나온다.

> 덧붙이면, 이것은 "자비출판이 아니라 공동출판을 하면 가능합니다. 우리 출판사에서 함께 책을 내면 서점 서가에 진열할 수 있습니다"라며 아마추어 저자에게 자비출판의 환상을 심어주고 떼돈을 번 곳이 2008년에 도산한 신푸샤新風舍였습니다. 그러나 신푸샤는 저자로부터 수백만 엔의 거금을 받아 가로채고 실제로는 특정 서점의 작은 코너에만 책들을 진열했으며, '이건 아마추어를 먹잇감으로 삼는 얄팍한 상술이 아닌가'라는 비판이 많아서 결국에는 파탄한 것입니다. (133쪽)

사실 신푸샤의 상술은 사기성이 농후하다는 비판이 줄곧 있었다. 저자들이 소송을 제기한 일도 있고, 불만이 있어도 울며 참은 저자들도 있다. 그러나 신푸샤의 경영이 어려워진 요인은 얄팍한 상술이라는 비판에 따라 고객이 이탈했기 때문이 아니라 동종 업계 타사와의 덤핑 경쟁으로 수익 균형을 잃고 아슬아슬한 자전거 조업(계속 페달을 밟아야 하는 불안한 사업)에 빠졌기 때문이다. "수백만 엔의 거금을 받아 가로채고"라고 기술되어 있지만, 글과 얼마간의 사진을 싣는 일반적인 자비출판 책이라면 백만 엔을 조금 넘는 금액이거나 경우에 따라서는 그 이하의 가격으로 하청받는 경우가 많았던 것이 도산 시점까지 수년간 신푸샤가 처한 실정이었다. 이 신푸샤와 아울러 헤키텐샤碧天舍(신푸샤보다 먼저 도산), 분게이샤文藝社가 자비출판업계의 3대 출판사였는데, 유일하게 살아남은 분게이샤는 당시에 이런 덤핑 경쟁에서 중도하차하여 출판 비용이 아니라 서비스를 저자들에게 어필하는 방침으로 변경했다. 즉 신푸샤의 도산은 단순한 경영 전략이나 전술의 실책이라고 보는 것이 자연스럽다.

저자가 이런 사실을 잘 알지 못하고 쓴 것인지, 아니면 알면서도 간략히 쓰는 바람에 이렇게 된 것인지는 글만으로 파악하기 어렵다. 그러나 적어도 그 책을 읽은 독자가 명확한 실정을 알기는 어려운 문장임에 분명하다. 그리고 하찮은 일까지 트집 잡는 것일지 모르겠지만, 그 책에서 쓴 '공동출판'이라는 말도 오해를 부를 것 같다. 신푸샤가 했던 '공동출판'이란 다수의 저자와 공동으로 서점의 서가에 진열한다는 의미가 아니라, 저자와 출판사가 출판 비용을 공동으로 부담한다는 뜻이다. 저자가 모든 출판 비용을 부담하는 방식보다는 자신의 글이 인정받았다는 인식을 갖도록 하여 출판 의욕을 키우겠다는 전략이었다. 부담금의 많고 적음의 문제가 아니라, 바로 이 부분이야말로 신푸샤의 상술이 사기 수법인지 아닌지를 살피는 핵심이 될 것이다.

이렇게 잘못을 지적하려는 것은 신푸샤의 사례를 "그래서 종이책 시대에 개인이 출판으로 세상에 나가는 것은 무리였다. 그에 비해 전자책은 개인 출판의 시대를 여는 자유롭고 가능성이 많은 세계이다"라고 낙인을 찍는 재료로 사용했기 때문이다.

확실히 전자출판은 종이책보다 저렴하고, 신속하게 자신의 의견을 세상에 물을 수 있게 한다. 그렇지만 종이책 시대에도 개인이 책을 만들어 판매할 수 있었다. 출판사 → 도매상 → 서점이라는 유통 경로를 거치지 않는다고 해서 '책'의 가능성이 닫혀 있었던 것은 아니다. 기노쿠니야서점이 항시 수백 명의 개인 출판물을 매입하여 다른 서점과의 차별화를 시도한 것을 비롯해, 각 대형서점도 개인이 만든 책이라 해서 취급을 거절하는 일은 없다. 대형서점 이외에도 자비출판물을 전문적으로 취급하는 서점이 있고, 일반 서점에서도 도매상에서 보내주는 책 이외에 다른 책들을 취급한다. 또한 지방서점에서는 지역의 저자들이 직접 가져온 자비출판물을 진열하는 곳이 많다.

물론 그런 책의 제작, 판매만으로 충분한 수입을 얻을 만큼 비즈니스 궤도에 오른 사람은 극소수일 것이다. 그렇다고 좋은 사례가 전혀 없는 것은 아니다. 기노쿠니야서점이 직접 매입한 개인 출판물 가운데 전국 매장에서 연간 수천 부를 판매한 경우도 있다. 1~3인 정도 규모로 출판물을 꾸준히 펴내는 영세 출판사도 적지 않다. 그러나 비즈니스로서 성공하는 사람이 제한적이라는 것은 전자책의 경우에도 마찬가지라고 본다.

대출 권수가 늘었으니
젊은이들은 책을 많이 읽는 것이다

앞으로 전자책의 가능성이 어떻게 현실화될지 나로서는 알기 어렵다. 여기서는 다만 종이책도 개인이 펴낼 수 있는지의 여부는 그 사람의 열정과 능력에 달려 있다고 이야기하고 싶다. 확실히, 대형서점에 "내 책을 팔고 싶습니다"라고 말해도 좋을 분위기는 아니었던 것이 사실이다. 이에 비해 디지털(전자책) 세계에서는 개인에게 문호가 열려 있다는 것을 열심히 홍보한다. 그렇지만 이것은 시장을 확대하고 싶은 분야에 있는 사람들이 취해온 상투적인 수법이 아니었던가.

《전자책의 충격》을 펴낸 '디스커버21'이야말로 도매상을 거치지 않고 서점과 직접 거래하는 방식을 적극적으로 취해온 출판사였다. 원래 이 출판사가 개인 사업에 가까운 규모로 일을 시작했을 때 이 출판사의 책을 적극적으로 판매한 서점들이 많이 있었다는 것을 창업자들은 기억할 것이다. 마치 《전자책의 충격》의 논리에 모순이 있음을 증명하기라도 하는 듯한 출판사이다.

또한 이 책은 출판업계 사람들이 책이 팔리지 않는 이유를 "젊은이들이 책을 읽지 않아서"라고 한탄하는 것을 비판하고, 문부과학성이 정리한 독서조사에 따르면 초등학생의 도서관 대출 권수가 1995년부터 2007년까지 큰 폭으로 늘어났다는 데이터를 인용하면서 오늘날의 어린이들은 책을 많이 읽고 있다고 반론한다.

그렇지만 어린이들이 책을 빌리는 권수가 늘어난 배경에는 '출판업계'를 대표하는 도매상인 도한이 깃발을 내걸고 적극 실시해온 전국 초·

중·고교의 '아침 독서' 운동 등 여러 독서 권장 활동에 의한 영향이 큰 것으로 알려져 있다. 데이터에서 '어린이들이 책을 많이 빌리기 시작한' 시기와 '아침 독서' 실시 학교의 증가 시기가 동일하므로, 신빙성 또한 높다고 나는 생각한다.

이렇게 서술함으로써 새로운 오해가 생겨날지도 모르겠다. 본래 도서관의 이용 횟수나 책의 대출 권수가 증가한 것만 가지고 "어떻든 명확히 말할 수 있는 것은 이런 것입니다. 오늘날의 젊은이들은 엄청나게 책을 읽고 있습니다"(204쪽)라고 확신해도 좋을지 의문이 아닐 수 없다.

그렇게 단순하게 볼 문제는 아닐 것이다. 인터넷, 게임, 텔레비전 등 어린이들에게 재미있고 감각적이며 자극성이 높은 매체가 넘쳐나는 시대에, 어떤 방식으로든 어른들의 노력조차 없이 예전보다 어린이들이 책을 더 읽게 되었다고 주장하는 것은 어딘가 부자연스럽다. 직접적인 영향 관계를 증명할 방법은 없지만, 적어도 그런 노력에 '출판업계'는 크게 관련되어 있다는 점이다. 즉 '젊은이들이 책을 읽지 않는 탓에 책이 팔리지 않는다고 한탄하는 사람'과 '어린이들의 도서관 대출 권수 증가에 기여하는 사람'은 동일할 가능성이 있다. 저자의 글을 보면 그 사정을 헤아린 흔적이 없고, 만약 알고 있었다면 '기존 출판업계'를 나쁘게 취급하려는 논리가 지나치다.

책의 마지막 장인 '책의 미래'에서, 문맥(컨텍스트)에 따른 연결을 보다 풍부하게 할 수 있다는 점에서 전자책은 유효하다고 제안한 부분은 흥미롭다. 그렇지만 전체적으로 내용의 오류가 눈에 띄는 책이다.

《전자책의 충격》이 독자에게 끼친 오해를 상세히 지적하고, 비판하려는 것이 아니다. 쥰쿠도서점의 청년 및 중견 사원들은 왜 그 책을 읽고 아연실색했을까? 그 심정을 헤아리려는 것에 나는 관심이 있을 뿐이다.

《전자책의 충격》은 아이패드나 킨들의 일본 발매를 계기로 전자책이 화제가 된 2010년 봄에 출판된 뒤 한동안 신서판新書版 베스트셀러 상위 권에 머물렀다. 이와 같은 관심을 뒷받침한 것은 그 책을 매장에서 대량 으로 쌓아놓고 판매한 전국의 기존 서점들, 즉 저자가 부정하는 '일본 출 판업계'가 만든 판매의 최전선이었다.

'이처럼 모순적이고 말이 안 되는 일이 있을 수 있을까'라고 나는 생각 하지만, 많은 책이 만들어지고 사라지는 것을 지켜본 베테랑 서점원들이 라면 '뭐 그럴 수 있지'라며 쓴웃음을 지었을 것이다. 그들은 자신의 경험 칙으로부터 일시적인 붐으로 끝날 책이 어떤 것인지 알고 있다. 서점이란 그런 책까지도 시대의 산물로 매장에 진열하며 좋든 싫든 어른스럽게 대 처하는 곳이다.

아마도 후쿠시마 역시 '어른'으로서 그 책을 다루고자 했을 것이다. 그 렇지만 같은 직장의 젊은 사원들이 그 책의 판매량이나, 그런 현상을 통 해 부각된 서점의 본질적인 위기로 인해 고개를 떨군 모습에 충격을 받았 다. 사원들 중에는 그 책의 내용에 감화를 받은 사람도 있었다. 서점 현장 에 있었던 '책'에 대한 면역력이 어느새 위기감에 휩싸이게 된 까닭은 무 엇 때문일까?

어찌 되었든 이 정도의 일로 서점인들의 맥이 빠지는 것은 좋지 않다. 뭔가 메시지를 보내지 않으면 안 되겠다고 후쿠시마는 생각한 것이리라.

'팔리는 책과 좋은 책은 다르다' vs.
'천만의 말씀, 팔리는 책이 좋은 책이다'

내가 이런 생각을 하는 사이에도 강연은 계속 이어지고 있었다. 전자책이 등장해도 종이책이 계속 존재하는 의의를 설명하는 대목이었다. 후쿠시마는 당시 연재하던 〈서점과 컴퓨터〉의 칼럼을 통해서도 이 주제에 집중했는데, 이미 썼던 것들과 중복된 이야기도 있었다. 그날 후쿠시마의 강연에서 가장 인상적인 것은 역시 책을 판매하는 현장과 관련해서 발언할 때였다.

"우리 업계에서 '출판 목록'은 모두가 고생해 만든 것입니다. 제가 목록 작성에 참여했던 것으로는 《인문도서 목록》이 있습니다. 그것은 장르를 세부적으로 분류해 새로운 책이 나오는 대로 장르 어딘가에 입력해야 하는데, 점점 어느 한 장르에 포함시키기 곤란한 분야의 책들이 나오게 마련이지요. 예를 들어, '비평'이란 장르가 만들어진 것은 그렇게 오래된 이야기가 아닌데, 거기에도 해당하지 않는 책들이 계속 나오는 겁니다. 그런 책을 서가 어디에 꽂을지, 또는 새로운 세부 장르를 어떻게 만들지 항상 고민이었어요. 이 수고로움을 누가 알아줄까 하면 바로 서점 사람들이에요.

반면, 그렇기 때문에 항상 새롭고 재미있습니다. 책이란 물건은 그런 것이라고 생각합니다. 서점에 있는 사람이 느끼기에 책을 분류하는 것이 그리 간단한 일은 아닙니다. 그래서 구글은 페이지랭크Page Rank라는 분류법을 채용한 것 아닙니까. 서점으로 치자면, 서가 분류 같은 일은 어려워서 하기 곤란하므로 베스트셀러 순위로 진열하자는 것과 같아요. 준쿠도서점 일반서 베스트셀러, 준쿠도 경제경영서 베스트셀러 같은 서가를 만든다면 간단한 일이에요.

바꿔 말하자면, 구글의 방법이 다가 아니라는 것입니다. 수많은 방법 중 하나일 뿐이에요. 서점의 베스트셀러 서가와 마찬가지이니까요. 그것은 '팔리는 책과 좋은 책은 다르다'는 말과 '천만의 말씀, 팔리는 책이 좋은 책이다'는 말이 겨루는 것이에요.

서점이 좋은 책이라고 생각하는 책들로만 서가를 꾸민다고 해서 책이 잘 팔린다는 보장은 없습니다. '지난주 베스트셀러' 서가 쪽이 더 잘 팔릴지도 모릅니다. 이와나미쇼텐岩波書店에서 출판한《구글 문제의 핵심 Google問題の核心》에서, 저자는 구글의 페이지 구현 방식은 미인 투표와 같다면서, 그것이 결코 좋은 것만은 아니라고 말합니다. 모두가 읽는 책이 좋은 책이라고 할 수만은 없다는 것입니다.

이런 말들은 어떻든 주관적이지요. 저는 4,620제곱미터(1,400평) 규모의 커다란 서점을 맡고 있습니다만, 그 가운데 극히 일부분에다 한 달에 한 권만 팔려도 좋으니 스스로 읽어보고 재미있었던 책을 추천하고 싶은 생각이 들었어요. 그래서 이름 하여 '점장의 진심 강추(강력 추천)' 코너를 만들어보았습니다만, 책이 정말 안 나가는 거예요.(웃음) 현실을 통감했습니다. 그래도 계속해야 한다고 생각했습니다.

잘난 체하는 것인지 모르겠습니다만, 사실은 서점 현장에서 모두가 하고 있는 일입니다. 그렇지만 작더라도 현실 타개를 위한 각자의 행동이 필요하다고 생각합니다. 그런 의미에서 옹고집이나 여유 같은 것이 없으면 안 된다고 봅니다. 그걸 해야 서점이라고 봅니다.

제가 그렇게 하고 싶다고 계속 말하면, 언젠가 누군가에게 전해질 테지요. 서점이란 그런 곳이라고 언제나 느끼는 바입니다."

안 팔릴 줄 알면서도 어떻게 팔지 생각한다

어느 서가에도 꽂지 못할 책이 새로운 책으로 나오기 때문에 재미있다고, 후쿠시마는 20년 전부터 확신한 것처럼 이렇게 말했다.

> 신진기예의 작가, 학자가 등장한다. 그의 첫 책이 서가 어디엔가(기존 카테고리의 어딘가에 분류되어) 진열된다. 그 책은 서가 안에서 이질적이다(전혀 이질적이지 않다면, 그 저자는 신진도 기예도 아닐 것이다). 그 후에 두 번째의 책, 세 번째의 책이 옆으로 늘어나면서 언젠가 그의 저서들이 서가 전체의 규칙까지 바꾸게 한다.(《서점인의 일》, 12~13쪽)

구입한 책들을 옆구리에 끼고 점포를 걷다가, 이윽고 어떤 서가 앞에 멈춰 서서, 오른손에 쥔 책을 허공에 든 채로 어디에 꽂으면 좋을지 몇 초 동안 생각한다.

서점에서 자주 보게 되는 서점원들의 이 모습이 나는 정말 좋다. 저 책을 서가의 어디에 놓고, 그 대신에 어떤 책을 빼서 어디로 옮길까? 그 오른손의 움직임 하나가 어쩌면 책 한 권의 운명을 바꿀지도 모른다. 실로 신성하면서도 잔혹한 장면이다.

후쿠시마 아키라가 마음을 굽히지 않고 '책'과 만나는 태도를 지속적으로 표명해온 것은, 사실 하나의 작은 기적일지도 모른다. 대형 출판사나 도매상들이 지정한 주력 상품들을 우선시하는 서점이었다면, 그가 지금까지도 그런 소신에 찬 말을 계속할 수 있었을까? 그렇지 않다면 그는 이미 서점을 떠났을까?

많은 서점들이 후쿠시마가 말하는 '여유'를 유지하기 어려운 상황에 처해 있다. 1년에 한 권도 팔리지 않는 책 또한 다른 책들의 판매를 위해 중요하다는 후쿠시마의 생각은 지난 20년간 서점계에서 주류가 아니었다. 그러나 주류가 아니었기 때문에 20년에 걸쳐 자기주장을 지속적으로 발표해왔는지도 모른다. 어떤 책이 주류가 아니라는 존재를 인정하고 비치하는 것이 '책'과 서점 세계에서는 정말로 중요하다. 후쿠시마 아키라는 스스로 그것을 보여주었다고 할 수 있다.

마지막 순서인 질의응답 시간에 마이크를 쥔 한 청중이 말했다.

"오늘 주제는 종이책의 유효성에 대한 것이었습니다. 출판사 입장에서는 종이책을 물론 많이 팔고 싶지만 동시에 전자책도…… 하지 않으면 안 되는 상황이 아닌가 생각됩니다만……."

몇 년 전까지 출판사의 영업 담당자들이 "전자책이다 뭐다 해도, 역시 우리는 서점이 생명이라고 봅니다"고 말하는 장면을 여러 차례 목격했다. 서점을 추켜세우려는 것도 있었겠지만, 절반 정도는 본심이었을 것이다.

그런데 2010년에 접어들면서 그런 말들은 거의 사라졌다. '전자책 원년'이라는 말이 여기저기서 범람하는 가운데, 서점을 위로하려는 듯한 그런 말들은 안 해도 된다는 암묵적 양해가 이루어졌다.

어느 날 나는 출판사나 서점 사람들의 모임에서 인상적인 장면을 목격했다. 사이타마埼玉 현의 서점 점장 그리고 출판사의 영업자와 편집자 한 명이 있는 자리에 내가 끼게 되었다. 출판사의 두 사람은 전날 점장의 점포를 방문했다. 그 서점이 영업하고 있는 지역을 무대로 한 소설이 출간되어 홍보차 방문했던 것이다. 그런 연유로 그날 모임에도 참석하도록 권유한 듯했다.

"그 책은 아마 안 팔릴 것으로 보입니다."

점장이 격하게 말하는데도 출판사의 두 사람은 얌전하게 경청했다. 점장은 전날 받은 견본 책을 곧바로 읽은 다음 솔직한 감상을 말하고자 했던 듯싶다.

— 왜 팔리지 않을까요?

나는 고개를 내밀었다.

"좋은 걸 썼다고 봅니다. 개인적으로는 좋아요. 그런데 스토리가 너무 평범해요. 좀 어중간하다고나 할까. 소설이란 말이죠, '이건 재미있다'는 평판이 확 퍼지지 않으면 어지간해서는 잘 안 팔리거든요."

점장은 앞으로도 지역 소재의 책을 펴낼 건지 두 사람에게 물었다. 그럴 예정이라고 두 사람이 대답하자, 지역에 지나치게 매달리지 않는 것이 좋지 않겠느냐, 다른 지역 사람들에게 '우리와는 관계없다'는 생각이 들지 않도록 하는 편이 좋겠다고 조언했다.

나는 다시 입을 열었다.

— 그래서 몇 권 주문했습니까?

"우선 20부 주문했어요."

— 안 팔릴 거라고 하면서도 꽤 많은 부수네요.

"아니 글쎄, 우리가 팔지 않으면 어쩌겠어요. 이 저자는 앞으로도 쭉 쓸 사람 아니에요?"

우리가 만난 곳은 노래방 기기가 있는 술집이었다. 점장이 마이크를 잡고 비위 좋게 노래를 시작하자, 험한 말로 한 방 먹은 출판사 영업 담당자와 둘이서 말할 기회가 생겼다. 어쩌다 화제가 전자책으로 바뀌자 그의 표정이 활기를 띠었다.

"우리 출판사의 경우는 종이책이나 전자책 모두 상당히 좋은 위치에 있다고 판단합니다. 말하자면 양쪽 모두 잘할 수 있을 것 같아요. 종이책과 전자책 모두 각기 독자적으로 사업이 가능할 것 같다는 이야기를 사내에서도 하고 있거든요."

그렇습니까, 라고 말하며 마이크를 쥔 점장의 옆얼굴을 좀 허망한 기분으로 바라봤다. 이런 말을 하는 출판사 사람을 책망할 기분은 물론 아니다. 그러나 서점과 출판사 사이에 생긴 결정적인 간극을 본 것처럼 여겨졌다.

'이런 책은 안 팔릴 것'이라고 말하면서도, 서점인은 머릿속으로 그 책을 어떻게 하면 매장에서 팔 것인지를 생각한다. 서점에는 그와 같은 장인들이 많다. '최근 《주간○○》의 내용이 너무하다', '편집의 질이 떨어졌다' 등 불만을 말하면서도 진열 위치를 바꾸거나 하며 변함없는 애정을 유지한다. 팔리는 책만이 아니라 팔리지 않는 책도 아끼며 함께해온 곳이 서점이다. 반면에 출판사는 '팔아주세요'라고 머리를 숙이면서도 곁눈으로 전자책을 노린다. 서점이 불쌍하다고 말하려는 게 아니다. 서점은 좀 더 강해지지 않으면 안 된다. 그렇지만 이 점장이 성질 사나운 남자였다면 안 팔릴 듯한 한 편의 소설을 그처럼 진지하게 다뤄줄까?

그 뒤 얼마 지나지 않아 점장은 '1개월 뒤 지점을 닫는다'는 본사의 통고를 갑자기 받았고, 해고 통지도 보너스로 받았다. 그는 얼마간의 무직 기간을 거쳐 다른 서점에 채용되었다. 현재도 서점 일을 하고 있다.

우선 팔고 보자며 무슨 책이든 만드는 출판사

강연회에서 후쿠시마 아키라는 전자책에 비해 종이책이 얼마나 강한
지를 명확히 보여주지 않았다. 논리적으로 설명하기는 어렵지만 자신만
큼은 있다고 말했을 뿐이다.

종이책인가 전자책인가. 이때까지는 그러한 양자 선택의 논란이 길게
이어질 것 같은 분위기가 남아 있었다. 그렇지만 2010년 후반의 반년 사
이에 사태는 점점 바뀌어갔다. 보고 들은 이야기들이나 발행되는 책들이,
내 눈에는 모두 하나의 선으로 연결되어 있는 것처럼 보였다.

그 선의 출발점은 2001년 《누가 책을 죽이는가だれが本を殺すのか》를 펴
낸 논픽션 작가 사노 신이치佐野眞一의 발언이었다. 후쿠시마의 오사카
강연과 같은 시기에 열린 도쿄국제도서전 기조강연 연단에 선 사노 신이
치는 "디지털화라는 기술적 편리성이 진화하는 지금이야말로 선인들의
지혜를 잊지 말라"고 호소했다. 진화한다는 현상에만 눈을 빼앗기지 말
고, 그에 연관된 살아 있는 사람을 쳐다보라는 사노의 말이 나에게는 마
치 유언처럼 들렸다.

그해 가을에는 '책'에 관한 인상적인 책 3종이 간행되었다. 하나는 사사
키 아타루佐々木中의 《빼앗아라, 저 기도하는 손을切りとれ, あの祈る手を》이
다. 저자는 책에서 그 어떤 새로운 기술이나 방법도 중요하지 않다, 혁명
은 '읽는 것'으로 시작되고 '쓰는 것'으로밖에 얻을 수 없으므로 그것에 집
중하라고, 사색하고 집필하는 입장에서 말했다. 이 책이 서점의 인문서
담당자들로부터 적지 않은 지지를 얻어 매장 전면에 배치됨으로써 조용
한 변화가 생겨났다고 본다.

이어서, 일본의 전자책 사업 역사에서 본격적인 출발점을 만든 보이저ボイジャー의 하기노 마사아키萩野正昭가《전자책 분투기電子書籍奮鬪記》를 펴냈다. 저자는 권력이나 재력이 없는 개인이 자신의 생각을 자유롭게 발표할 수 있다는 것이 전자책의 세계로 뛰어든 최대의 동기였다고 말하고, 전자책의 보급을 위해 악전고투해왔던 지금까지의 상황을 회고하며, 향후 전망을 논했다. 그런데 전자책에 대해 말하는 그의 말 한 마디 한 마디가 왠지 종이책의 입장에 선 사람들에게 용기를 주는 것이었다. '종이책 대 전자책' 논쟁을 무모한 것으로 생각하게 만드는 묘한 박력이 있는 책이다.

츠노 가이타로津野海太郎의《전자책을 경시하지 마라―책의 역사와 제3의 혁명電子本をバカにするなかれ―書物史の第三の革命》을 읽었을 때는 '종이책 대 전자책' 논쟁은 이제 접어야 하는 것이 아닌가 하는 생각까지 들었다.

저자는 점토판에서 시작되어 파피루스, 양피지, 종이 등 물질로서의 책의 진화와 물질이 아닌 전자책은 다른 물건이라고 말한다. 물질로서의 정착성을 지닌 종이책은 앞으로도 그 의의를 계속 가질 것이고, 물질이 아닌 전자책이라는 새로운 읽기 방식도 진화를 거듭할 것이다. 종이책의 공급이 20세기의 지나친 자본주의, 성장지상주의에 의해 포화 상태에 빠진 것은 확실하며, 앞으로 종이책의 발행 종수와 서점 수는 줄어들 것이다. 하지만 전자책의 진화는 지금까지의 '책'과 단절되지 않는다. 기술의 진화는 반드시 인류가 과거에 영위한 것을 발굴할 것이다.

《전자책을 경시하지 마라》는 그렇게 말하고 있다. 후쿠시마가 짐분쇼인 홈페이지 연재를 '서점과 컴퓨터'라 이름 붙인 것은 츠노 가이타로가

1993년에 쓴 《책과 컴퓨터本とコンピューター》 그리고 그 후 창간된 잡지 《책과 컴퓨터》에 감명 받았기 때문이라고 한다.

'종이와 전자'를 주제로 계속된 후쿠시마의 연재는 앞의 책들이 나온 지 얼마 되지 않은 2011년 2월 집필분부터 다양한 주제를 다루는 이전 형태로 되돌아갔다. 후쿠시마의 '종이와 전자'론도 종결된 것은 아니지만 일단 결말이 지어진 것인지 모르겠다.

어떻든 후쿠시마가 아연실색한 후배들에게 《전자책을 경시하지 마라》를 권하면 좋지 않을까 하는 생각이 들었다. 그래서 나는 문뜩 생각이 나서 《전자책의 충격》을 다시 읽었다. 두 책은 글을 풀어내는 논조는 다르지만 실질적인 논지는 비슷하다. 공통적으로 종이책이 살아남을 것으로 보며, '책'의 세계가 한층 풍부해지기를 기대한다. 그렇다고 해도 《전자책의 충격》을 읽은 후의 느낌은 달라지지 않았다.

대체로 나는 무엇을 기준으로 좋은 책과 나쁜 책을 정하는가. 《전자책의 충격》에도 소개되어 있는 모리 센조森銑三와 시바타 쇼쿄쿠柴田宵曲의 《책書物》(이와나미문고)에 '양서란 무엇인가'라는 제목을 붙인 모리 센조의 문장이 있다.

> 양서란 저자의 성실한 마음으로부터 생겨나, 그 의도한 부분이 충분하고 적확하게 내적으로 표현된 것 그리고 완전히 저자 자체가 되어 버린 것이라고 말해도 좋지 않을까.(29쪽)

1944년에 발행되어 종전을 거쳐 1948년에 개정판이 나온 《책》은, 우선 팔고 보자는 상혼으로 무슨 책이든 펴내는 '출판업자'가 너무 많으므로,

그런 곳들과는 다른 곳에서 책을 펴내는 새로운 방식이 필요하다는 취지의 이야기를 반복한다. 출판이 뜻[志] 없는 비즈니스가 되어버렸다는 논조는 제2차 세계대전 와중에도 비판받을 만큼 성행한 해묵은 문제라는 것을 전해준다. 나는 모리 센조가 내린 '양서'의 정의에 공감한다. 그러나 그것 역시 주관적이라고밖에 말하지 않을 수 없다. 그리고 츠노 가이타로의 책이나 《책》에서도 거의 언급되지 않은 주제가 있다. 즉 책을 전달하는 서점은 앞으로 어떻게 될 것인지에 관한 것이다.

본래 이에 대해서는 당사자인 서점인 이외의 입장에서 논의된 것이 드물다. 서점업의 역사를 거슬러 올라가는 것은 어느 정도까지는 가능하다. 예를 들어 미노와 시게오箕輪成男의 《파피루스가 전한 문명—그리스·로마의 서점들パピルスが伝えた文明 ─ ギリシア·ローマの本屋たち》(출판뉴스사出版=ュース社)이라는 책이 있다. 출판 역사 연구자로 이름 높은 미노와 시게오의 저작은 아주 오랜 옛날의 '책'과 관련된 정경을 재생해 보인다. 이 책은 많은 사료를 바탕으로 기원전후의 '책'의 판매 풍경을 재현한다. 그러나 여기에 등장하는 사람들은 어디까지나 책을 돈벌이 수단으로 삼아 떠돌아다니는 일개 상인으로 묘사되어 있을 뿐이다.

일본의 서점 역사와 관련해서는 에도江戶시대의 출판산업과 독서문화의 융성함을 연구한 것들이 눈에 띈다. 당시는 아직 출판과 판매가 분업화되기 이전이었지만, 예를 들어 《에도시대의 도서유통江戶時代の圖書流通》(나가토모 죠지長友千代治 지음, 시분카쿠思文閣 발행)을 보면 점원과 손님의 거래 등 판매 풍경과 관련된 사료를 많이 보여주며, 해설을 곁들여 재미있다. 고서와 대여, 약 판매까지 겸업하는 곳이 많았던 에도시대의 책방 이야기는 오늘날의 서점에 주는 시사점이 적지 않은 것 같다.

그런데 여기에 등장하는 서점 사람들 역시 어디까지나 상인이었다. 에도시대에 가장 유명한 출판인이자 서점인이었던 츠타야 쥬자부로蔦屋重三郎는 기업가로서 뛰어났을 뿐만 아니라 마을 사람들을 즐겁게 하는 정치풍자 책을 발행하여 금서 처분을 받기도 했다. 그러나 그런 것은 저널리즘 정신을 지닌 출판인으로서의 매력에 속한다. 츠타야 쥬자부로가 매장에 있는 풍경은 남아 있으나, 그가 어떤 식으로 책을 전달했는지는 알기 어렵다.

물론 그와 같은 상인들에 의한 하루하루의 집적을 우리는 '문화'라 부른다. 그들은 확실히 출판문화의 기초를 닦는 역할을 했다. 다만 일부의 책에 묘사된 상인처럼 행동한 선인들의 모습이 지금 시대에 생각해야 할 서점의 미래와는 어떻게 연결될 것인가? 에도시대의 서점에 대한 책을 읽어보아도 그것은 보일 듯 보이지 않았다.

마음에 걸리는 것은 지금까지 내가 만나온 서점원들과 서점주들의 존재이다. 그들이 책을 취급하는 방식, 혼잣말처럼 들려준 말들을 떠올리면 서점인들에 대해 '일개 상인일 뿐 그 이상도 이하도 아니다'라고 말하는 정의를 거부하게 한다. 물론 내가 과도한 환상을 갖고 있는지도 모르겠다.

서점 역사에서 서점의 미래가 보이지 않는 것은 나 스스로가 인터넷 검색과 같은 발상에 빠져 있기 때문이 아닐까? '서점'이라는 키워드에 맞춰가다 보니 '빈틈없는 상인'으로만 여겨지는 것은 아닐까?

이하라 하트숍의
이하라 마미코를 지탱하는 힘

주민이 100명인 시골에서
문화의 등불을 밝힌 명랑한 여성 서점주

후쿠시마 아키라의 강연을 들은 다음 날, 차를 몰고 와카야마和歌山 현으로 향했다. 마을 주민이 100명 정도에 불과한 농촌에 있는 서점 '이하라하트숍'을 방문하기 위해서였다. 달리 갈 곳도 있어 잠시 망설였지만 한 번 정도는 가보자 싶어, 서점주에게 인사만 하고 바로 돌아서 나올 요량이었다.

그런데 오사카 시를 벗어나 한와미치阪和道를 달리면서 몇 번씩이나 액셀러레이터를 밟는 힘이 약해졌다. 한 번 가본 적이 있다는 알리바이를 만들 목적으로 만나러 간다는 느낌을 지우기 어려웠기 때문이다. 오사카

행을 준비할 때부터 확실히 마음을 결정하지 못한 채로 그날을 맞이한 것이다. 보고 오는 게 좋다고 전부터 여러 사람에게 추천을 받았지만 기회를 잡지 못하던 차였다.

이하라 하트숍은 '지방에서 분투하는 작은 서점'을 대표하는 서점으로서 여러 매체에 자주 등장했다. 출판업계와 서점을 취재 대상으로 삼아 활약한 나가에 아키라永江朗가 도매상 도한이 발행하는 홍보지《서점 경영書店經營》2003년 1월 호에 소개한 것이 처음인 듯했다. 이 기사에서 나가에는 '마을의 지식과 지혜를 지탱하는 보석상자 같은 책방'이라는 제목을 붙여, 서점의 설립부터 매장 풍경 등을 소개했다. 그 외에도 이하라 하트숍을 소개한 책이나 잡지 특집 등이 있고, 신문 기사로도 서점과 점장 이하라 마미코를 자주 볼 수 있었다. 어느 것을 읽어도 방문자들이 현장에서 분명히 느낀 바가 있다는 점이 전해졌다.

어쩌면 그녀의 매체 노출이 너무 많은지도 모르겠다. 그리고 기사에 나타난 '이하라 하트숍'과 '이하라 마미코'의 이미지는 언제나 같았다. 주민이 적은 시골에서 문화의 등불을 밝힌 명랑한 여성 서점주라는 것이다. 그것은 그것대로 좋다고 생각한다. 그러나 이미 완성된 그림에 내가 한 획을 더 그을 필요는 없지 않을까.

이하라 마미코는《굉장한 책방すごい本屋!》이라는 책도 썼다. 나는 오사카로 출발하기에 앞서, 언제부터인가 갖고 있으면서도 읽지 않은 채 서가에 꽂아두었던 그 책을 꺼냈다. 표지에 '굉장한 책방'이라고 크게 써 있었다. 띠지에는 "이하라 하트숍은 일본 제일의 굉장한 서점입니다.─나가에 아키라"라고 적혀 있고, 그것이 자칭이 아닌 이름난 제삼자의 평가임을 밝혔다. 나가에 아키라의 응원이라고 봐야 할지, 아니면 '일본 제일'

이라는 말을 계측하기 어렵다는 의미로 바꾸어 이해해야 할지 알 수 없었다. 뒤편 띠지에는 '책방의 작은 기적'이란 말도 있었다.

본문을 통독하면 아름다운 판타지를 읽은 듯한 인상이 남는다. 나는 전에 서점이 한 곳도 남지 않은 오키나와의 외딴섬에서 열린 책 전시·판매 행사에 가본 적이 있다. 체육관에 긴 책상들을 상당히 많이 갖다놓고 오키나와 본도本島에서 출장 판매를 나온 서점원 두 사람이 페리에 싣고 온 책을 진열했다. 아침 9시에 섬의 초등학생과 중학생 들이 모두 찾아왔을 만큼 호응이 대단했다. 아이들은 부모에게 받은 용돈으로 만화나 어린이 책을 사서, 행사장 바깥에서 열심히 읽은 다음 행사장 안으로 다시 달려가기를 반복했다. 1년에 한두 번 정도만 열리는 즉석 서점의 풍경은 안타깝기조차 했다. 섬 안내를 해준 교육위원회 직원은 사탕수수 밭이 펼쳐진 한가로운 풍경과 둘레가 20킬로미터밖에 안 되는 섬에 사는 사람들의 답답함을 숨기지 않았다.

"휴일을 집 안에서 보내는 사람들이 많아요. 저도 그렇고요. 누군가 낮부터 술을 마셨다면 다음 날 섬사람들이 모두 알 정도예요. 좁은 섬이고 새로운 화젯거리도 별로 없어서 답답하지요. 섬 밖으로 나가고 싶어 하는 사람이 많아요."

취재하는 사람은 언제나 비극을 찾는다. 내가 그런 말을 유도한 것인지도 모른다. 그렇다 해도, 그런 심경이 잠재되어 있다는 것만은 사실일 것이다. 인구밀도가 낮은 이른바 '과소過疎' 지역에 가면 그런 이야기가 반드시 나오곤 한다.

《굉장한 책방!》에서는 그런 식의 답답함이 드러나지 않았다. 도시에서는 볼 수 없는 서점의 일상이 책에 담겨 있다. 하지만 저자 스스로 설정한 캐릭터를 연기하는 데 철저한 것처럼 보이기도 했다. 이하라 마미코처럼 자기 서점의 이미지를 알리는 당당함이 대다수 작은 서점들에도 필요하다고 생각한다. 그러나 '당신은 홍보 수완이 참 좋으시네요' 하는 신입견을 갖고 이야기를 들으러 찾아가는 나를 그녀는 어떻게 받아들일까.

선입견에 사로잡혀서는 안 된다고 생각했다. 나는 예전에 이하라 마미코를 본 적이 있다. 수년 전 도쿄에서 출판 관계자 대상으로 열린 꽤 규모 있는 공부 모임에 그녀는 강연자의 한 사람으로 초청되었다. 행사장에 들어선 내 눈에 들어온 것은, 지금도 기억이 또렷한 이하라 마미코뿐이었다. 분명히 다른 강연자들도 있었는데 도무지 기억이 나지 않는다.

큰 도끼를 짊어진 킨타로金太郎(일본의 전설 속 영웅--옮긴이).

행사장 맨 뒤편에서 이하라 마미코를 보면서, 문득 그런 말이 떠올랐다. 단상의 그녀로부터 순수하면서도 강력한 에너지가 발산되면서, 마치 뜨거운 햇볕을 받으며 쑥쑥 자란 채소나, 겨울에도 러닝셔츠와 팬츠만 입고 뛰어다니는 건강한 우량아가 연상되었다. 그녀에게서 풍기는 아우라가 강해서, 무기질의 하얀 벽으로 둘러싸인 행사장과는 어딘지 안 어울릴 정도였다. 모임이 끝나고 눈이 마주친 지인과 이야기를 나누는 사이에 그녀가 행사장을 빠져 나가버려 말을 건넬 기회도 없었다.

차가 기시와다岸和田 시내에 도착했다. 내비게이션에 따르면 앞으로 1시간 정도 달리면 이하라 하트숍에 도착한다. 그리 서두를 것도 없고, 그저 인사 정도 나누면 되겠지 하고 마음을 정했다.

그렇다면 전화를 하고 가는 것이 좋겠지…… 생각하며, 차를 멈췄지만 다시 망설여졌다. 《굉장한 책방!》에는 그때까지 이하라 하트숍을 방문해 그녀를 취재한 사람들에 대해서도 소개되어 있다. 몇 사람은 캐리커처까지 실려 있다. '이런 산골까지 찾아와주신 분들입니다. 고맙습니다……' 이런 식이다. 취재하는 사람들을 차례차례 우군으로 만드는 느낌이 들어서 나는 경계심이 발동했다. 만약 약속도 없이 나타나면 어떻게 대응할까? 근본적으로 취재 거리가 되는지 안 되는지조차 모르는 상태였다. 그냥 인사 정도라면 홀연히 사라져도 이상하지 않을 것 같았다.

그렇지만 결국은 미묘한 죄책감을 이기지 못하고 전화를 걸었다. 어제 오사카에 왔는데, 지금껏 기회가 없어서 못 찾아뵈었지만 근처에 온 김에 한번 들러보겠다고, 지금은 서점인들의 이야기를 들으러 다니는 길인데 어쩌면 취재를 병행하는 방식이 될지도 모르겠다고, 차로 왔는데 지금은 기시와다 시내라고 전했다.

"무슨 일인지 잘 모르겠지만, 어쨌든 찾아주신다니 고맙군요. 조심히 오세요."

이하라 마미코의 목소리는 쾌활했다. 차의 속력을 높여서 인터체인지를 내려가 산길로 내달렸다.

"비디오는 안 돼"

아오타 게이치青田惠一가 쓴 탐방기《책장은 살아 있다棚は生きている》(야시오숫판샤八潮出版社)에 따르면, 전철을 타고 가는 길은 무척 어려운 듯했다. 오사카에서 와카야마 현의 JR(일본철도) 고보御坊 역까지 특급 전철로 1시간 30분, 거기서 다시 버스로 1시간 이상 가야 한다. 게다가 환승해 버

스를 기다리는 시간까지 고려해야 한다.

> 버스는 문자 그대로 '마을을 지나 강을 건너고 들판을 지나' 드디어
> 산길로 들어섰다. 가도 가도 서점이 나올 듯한 느낌은 전혀 들지 않
> 았다. 어디 서점뿐이겠는가. 가게 같은 것도 보이지 않았다. 버스에
> 서 흔들리며 가는 사이에 나타난 가게라고는 마을의 슈퍼마켓 한 곳
> 이 전부였다. (중략) 드디어 도착한 버스 정류장은 아직 오후 5시인
> 데도 심야처럼 깜깜했다. 이름이 '언덕 위의 가게'라고 들었다. 올라
> 가 보니 불빛이 희미하게 보였고, 가게가 거기 확실히 있었다. (《책장
> 은 살아 있다》, 224쪽)

그렇지만 오사카에서 고속도로로 가면 이하라 하트숍이 있는 와카야
마 현 히다카日高 군 히다카가와쵸日高川町(옛 미야마무라美山村)는 그렇게
멀지 않다. 주행거리는 약 130킬로미터. 좁은 산길도 있어 도중에 속도가
떨어지지만 쉬지 않고 달리면 2시간도 걸리지 않을 것이다. JR 고보 역부
터는 버스 노선과 다르지만, 인터체인지를 나와 몇 분 만에 상점 하나 없
는 풍경이 나온 것은 탐방기와 같았다. 산과 강과 밭, 여기저기 흩어진 집
들이 시야에 들어왔다. 때때로 차를 세우고 강을 보거나, 진귀한 새소리
를 들으며 차를 몰았다. 이윽고 이하라 하트숍의 오렌지색 차양이 보였
다. 역시나 주변에는 다른 가게가 하나도 없었다. 아직 오후가 시작된 지
얼마 안 되었는데 태양은 높고, 무척 더웠다. 기온이 40도 가까운 듯했다.
　가게 앞의 공터에 차를 세우고 안으로 들어서자 "오오, 정말 왔네요. 어
서 오세요!" 하며 이하라 마미코가 큰 목소리로 맞아주었다. 첫 대면의 어

색함이 전혀 느껴지지 않는 개방적인 분위기였다.

　인사를 주고받으며 가게 안을 둘러봤다. 입구에서 볼 때 왼쪽의 절반이 책, 오른쪽 나머지 절반이 식료품 겸 생활용품 매대였다. 책 매장 쪽이 공간은 크지만, 처음에 눈에 띈 것은 책이 아니라 각종 컵라면의 둥근 뚜껑이었다. 그 앞에 과자가 있고 설탕과 소금, 반투명 쓰레기봉투가 있었다. 안쪽에는 주스가 들어찬 냉장고, 아이스크림을 넣은 박스 등이 있었다. 입구의 좌측에는 작은 나무 탁자 한 개와 의자 두 개가 놓여 있고, 좌측의 벽면에는 많은 그림책이 표지가 보이도록 진열되어 있었다.

　60대와 30대로 보이는, 엄마와 딸로 짐작되는 두 명의 여성 손님이 있었다. "다나베田辺 시에서 오신 분들이에요" 하며 두 사람을 소개한 이하라는, "이 사람은 글쎄 도쿄에서 왔어요"라고 나를 손님들에게 인사시켰다. 두 사람은 여기서 수십 킬로미터 거리에 있는 온천에 여행 왔다가, 이하라 하트숍을 신문기사에서 읽은 적이 있어 한번 들러보고 싶었노라고 이야기했다. 나이 든 여성이 그림책을 한 권 사고 싶다고 이하라에게 말하자, "여러 가지가 있는데 어느 것이 좋을까요?" 하며 그림책들이 진열된 서가 앞에서 한 권을 빼내 손에 쥐었다.

　나는 일단 세 사람에게서 떨어져, 조수석에 둔 비디오카메라를 가지러 갔다. 어제까지 듣던 오사카 사투리와는 약간 다른 어미語尾가 긴 느긋한 어조의 대화가 듣기 좋았고 손님의 그림책 선택을 돕는 이하라의 모습을 만약을 위해 영상으로 담아두고 싶은 생각이 들어서였다. 매장으로 돌아와 그림책을 손에 들고 웃고 있는 이하라에게 가까이 다가가 "비디오를 찍어도 좋습니까?"라고 물었다. 이하라는 웃는 얼굴로 잠깐 침묵했다. 그러고는 내 쪽을 잠시 쳐다보며, "개굴개굴" 작은 소리를 냈다. 갑작스러운 일이라 알아듣지 못하고, "예?" 하고 되물었다.

"개굴개굴."

이하라는 이번에는 좀 큰 소리로 말했다.

적어도 허락한다는 의미는 아닌 듯했다. 추천하는 그림책을 알려달라고 했던 손님은 언젠가부터 맘에 드는 그림책에 빠져 열심히 읽고 있었다. 그것을 이하라는 즐거운 듯이 들으며, "아아, 그럼" 하며 다른 그림책을 골라 보여주었다. 나는 이하라에게 방해되지 않도록 거리를 두고, 더 경계를 풀 수 있도록 비디오카메라 쥔 손을 뒤쪽으로 돌렸다. 전원은 들어와 있으므로 버튼만 누르면 녹화할 수 있었다. 이윽고 두 사람이 몇 권의 책을 고르자 이하라는 계산대로 향하며, "비디오는 안 돼"라고 노래하는 듯한 어조로 말했다. 나는 뒤에서 손을 풀어 비디오카메라의 전원을 껐다. 계산대 주위에는 엄청나게 많은 사진이 붙어 있는데, 모두 인물의 얼굴이었다.

다나베 시에서 왔다는 모녀가 나간 다음 이하라와 둘이 남게 되자 "피곤하시죠?" 하며 의자를 권해주었다. 나는 처음부터 무례하게 카메라로 찍으려 했던 것을 사과하면서도, 왜 못 찍게 하는지 물었다. 취재에 익숙해졌을 법한 이하라가 카메라를 싫어하는 것이 좀 의외였기 때문이다. 내 손에는 아직도 비디오카메라가 쥐어져 있었다.

"가게에 있는 서가나 책 등을 카메라로 찍는 것은 좋지만……. 비디오는 사진과는 사실성의 차원이 다르잖아요. 그리고 손님이 찍히지 않도록 하기 위해서예요……." 이하라가 설명했다.

"많은 사람이 취재 와서 저희 가게를 소개해주는 것은 기쁜 일이지요, 당연히. 그렇지만 예전에……. 텔레비전 방송국에서 갑자기 찾아와 촬영하겠다고 해서 그러자고 했는데, 마침 근처 사는 할머니가 찾아오셨어요. 작업 바지 차림으로, 위에는 티셔츠에 밀짚모자를 쓰고 말이지요. 보통 차림새지 뭐. 방송국 사람들이 볼 때는 딱이었나봐요. 정말 시골스러운 가게 모습이니까. 할머니도 그때 그다지 신경 쓰는 분위기가 아니었고. 언제나처럼 물건을 샀어요. 그런데 그날 할머니가 가게에 다시 찾아왔어요. 그때는 깔끔하게 블라우스를 입고 나타났어요. 할머니 나름대로는 그렇게 하고 싶었던 거지. 아아, 역시 의식하고 있었던 거예요. 그때 저는, 그건 아니라고 생각했어요. 근처에 사는 분들이 보통 차림새로 오지 못하는 가게라면 잘못된 거지요."

이하라는 책장에 붙인 종이를 가리켰다. "오늘의 인연을 소중히 하고자 하오니 가게 안에서의 촬영은 삼가 주세요"라고 써 있었다. 사실은 이런 것까지 붙이고 싶지는 않다는 말을 덧붙였다.

텔레비전, 신문, 잡지에 소개되자 멀리서 일부러 이하라 하트숍을 찾는 손님도 늘었다. 그중에는 휴대전화기나 디지털 카메라로 허락 없이 가게를 촬영하는 사람들이 있어 이하라는 불편했다고 한다.

"언제든 촬영을 거절하면 좋겠지만 어려운 일이지요. 전에 젊은 남자가 왔어요. 가게 사진을 찍고 싶다고, 자기 블로그에 올리고 싶다고, 작은 서점을 응원하고 싶다는 거예요. 그래? 기특한 마음이 들기도 해서 찍으라고 했더니, 그다음이 감감무소식이라. 작은 서점을 응원하고 싶다고 했는데 실제로는 어떤지 알 수 없었어요. 그러고 나서는 언젠가 어떤 사람이 우리 가게가 인터넷에 소개되어 있더라고 알려줬어요. 아마 그 젊은 남자가 관리하는 블로그 같았는데, 우리 집 사진이 나왔어요. 이런 곳에서 재미난 가게 발견! 뭐 그런 식이었어요. 그 정도라면 좋겠지만, '할머니의 한 건' 같이 손님들 찍는 것만큼은 하지 못하게 하고 있거든요."

지역과의 관계도 의식하게 되었다고 한다. 신문이나 잡지에 이하라 하트숍이 소개되고 이하라 마미코의 사진이 실린다. '산골에서 생기 넘치게 일하는 책방 주인'이라며 만면에 가득한 미소는 실제 지역 분위기와 똑같은 것이 아니다. 하트숍의 존재가 지역 활성화와 연결되면 좋겠지만, 지역 주민이 절대적으로 적은 지역이어서 마을 발전 계획을 세울 만큼의 움직임이 특별히 활발한 것도 아니다.

"활기 넘치는 만면의 미소로만 소개되는 것에 대해서도 생각할 부분이 있다는 생각이 들어서……"라고 이하라가 말하는 것을 들으며 《굉장한 책방!》에서 카메라맨이자 작가인 츠즈키 교이치都築響一가 취재하러 왔을 때 나중에 게재할 사진을 츠즈키에게 부탁해 바꾼 이야기가 그대로 쓰인 것이 생각났다. 책에는 자세히 써 있지 않아 오해했는데, 이하라가 신경 쓴 것은 사진이 마음에 들지 않는다는 수준의 이야기가 아니라, 쾌활하게 웃는 그녀의 모습이 지역 사람들에게 미치는 인상이었다.

"그 잡지는 이른바 대중지여서 전문지와 달리 누가 볼지 알 수도 없고……"

주변에 미치는 영향을 이하라는 강하게 의식하고 있었다. 자기 책 속의 사진을 바꾼 에피소드를 이야기한 것은, 그런 이하라의 심정을 알아차린 츠즈키와 교류한 기록에 지나지 않을지도 모르겠다.

'주민 100명의 마을'이란 이하라 하트숍이 있는 타이라平 마을을 가리킨다. 산으로 둘러싸인 작은 마을에 사는 사람들의 심경을, 멀리서 찾아오는 손님들이나 미디어 관계자들에게 이해시키는 것은 쉽지 않다. 책에서 소개한 취재진들은 그런 이하라의 마음을 이해해준 사람들, 또는 그에 가깝게 공유된 사람들이라는 의미 같았다.

지금까지 취재차 가게를 찾은 사람들에 대해, 이하라는 즐거운 듯 기억을 반추했다. 한편으로는 배려하지 않는 취재 행위에 대해서 화를 내기도 했다.

"책 보았습니다, 기사 봤습니다, 라면서 많은 사람이 멀리서 찾아오시는 거야 기쁜 일이지요. 그렇더라도 당연히 가장 중요한 사람은 지역 분들이거든요. 물론 지역 분들한테도 책 잘 읽었다, 몰랐다, 당신 대단하네 등등의 말을 들어요. 책이 나온 덕분에 지역 사람들이 나에 대해 다시 보는 것도 사실이라서, 그건 정말 고마운 일이지요."

나는 가게에서 나와 손에 들었던 비디오카메라를 다시 차에 두었다. 그러고 나서 바로 집을 수 있도록 청바지 벨트에 붙여둔 디지털 카메라 뚜껑을 열었다. 셔츠 주머니에 넣어둔 녹음기는 닫았다. 가게에 도착하고 나서 2시간 가까이 지나 있었다.

다나베 시에서 온 두 사람이 돌아간 다음에는 1시간에 두세 명 정도씩 지역 주민이 찾아왔다. 입구의 문이 열릴 때 손님과 이하라가 주고받는 첫마디는 언제나 거의 같았다.

"어이, 어서 와요."

"아이고 더워라."

"그렇지—."

아이스크림도 팔고
연애상담도 해주는 동네 서점

《남프레》('넘버 플레이'의 약칭, 숫자 퍼즐 잡지) 다음 호 들어왔어?" 하며 퍼즐 잡지 최신호를 찾는 사람도 있지만, 입구에서 책이 있는 왼쪽으로 곧바로 향하는 고객은 드물다. 거의 대부분이 우선 오른쪽에 있는 아이스박스나 냉장고로 가 아이스크림을 한두 개 고른다. "못 참겠네, 몸이 다 녹겠어……." 주머니에서 잔돈을 꺼내며 이하라와 말을 주고받으면서 가게를 나간다.

사라지는 손님들에게 이하라는 잘 가라고 인사했다. 나는 중간중간에 이하라와 이야기를 나누며 서가의 책들을 천천히 훑었다. 주로 어린이 책이 많고, 큰 서가 한 개를 가득 채운 농업 관련서 코너에도 제법 책이 팔린 흔적이 남아 있었다. 나가에 아키라, 아오타 게이치, 츠즈키 교이치 그리고 고바야시 기세이小林紀晴 등 지금까지 이곳을 찾은 저자나 출판, 서점, 미디어론을 주제로 한 책들도 있었다. 가장 흥미를 끈 것은 픽션, 논픽션 등을 취급하는 방법이었다. 왜 이 책이 여기에 있을까 싶은 생각이 들 만큼 맥락도 없이 가게 이곳저곳에 한 권씩 놓여 있었던 것이다.

몇 년 전 베스트셀러를 가장 앞쪽에 쌓아놓는 식으로, 지방의 작은 서점에서 자주 볼 수 있는 진열이 아니라는 점에 솔직히 마음이 놓였다. 그렇다고 이 정도를 가지고 '굉장한 서점!'이라 부르기는 어렵다. 전체가 66제곱미터(20평) 정도이고, 서가는 그 절반 정도를 차지하므로 제한된 공간에 무엇을 둘지 잡지를 포함해 이하라가 정중하게 고른 구색이란 것을 알 수 있다. 문고 서가에는 이와나미문고가 두 칸을 차지하는데, 이 책들은 오래도록 팔리지 않았는지 표지가 변색되어 있었다. 이하라도 "이건(이와나미문고) 이제 시한이 다 됐나 보다 생각해요"라고 말했다.

밖에 나가보니 맞은편 체육관에서 아이들 소리가 들렸다. 배구 연습을 하는 듯했다. 매미 울음소리가 음의 혼령처럼 주위 일대를 감싸고 있었다. 거기다가 귀에 익지 않은 새소리까지 여기저기에서 섞여 들려왔다. 멀리서 금속 방망이가 연신 볼을 때리는 소리도 들렸다. 하지만 조용한 느낌이 들었다. 내 숨소리까지 들렸다.

다시 가게 안으로 들어가 의자에 앉아 이하라와 이야기를 나누었다. 취재인지 단순히 보러 가서 인사만 할 것인지를 갈등했던 방문 전의 고민은 이미 사라져버렸다. 그냥 여기에 잘 찾아왔다는 느낌이 들었다. 배구 연습이 끝난 듯 여자아이들이 줄줄이 가게에 들이닥쳤다. 각자 과자, 주스, 아이스크림을 사서 돌아갔다.

"할머니, 운동했더니 피곤해요. 요즘엔 금방 지쳐요."

"더우니까 그렇지. 시합이 언제더라? 이번 주 일요일인가?"

"다음 주예요. 다음 주 일요일. 어차피 질 건데 뭐……."

키가 커서 중학생일 거라 생각했는데 초등학생들이라고 했다. 여자아이들이 나간 다음 작업복을 입은 젊은이가 찾아왔다. 역시 마찬가지로 "어이구 더워!" 하며 들어와서는 아이스크림을 샀는데, 그다음이 좀 달랐다. 아이스크림을 집어든 손님은 당연히 녹기 전에 먹으려고 머뭇거리지 않고 가게를 나간다. 그런데 그는 한참이나 가게 안을 기웃거리다가 이윽고 책 한 권을 골라 구입했다. 그다음에도 그는 가게에서 나가지 않고 이하라에게 말을 걸었다.

눈에 익지 않은 외지 사람인 내 존재가 방해되지 않을까 염려되었다.

그래서 그 남자로부터 되도록 멀리 떨어져 있으려 했다. 가게의 가장 안쪽에서 책을 뽑아 선 채로 읽었다.

남자는 좀 심각한 연애 고민을 하고 있는 듯했다. 사귀 밖으로 나가야 하나 말아야 하나 망설였지만, 이제 와서 그렇게 하기에도 부자연스러운 듯했다. 솔직히 말하자면, 궁금증이 발동해서 눈치채지 않도록 신경 쓰면서 서서 계속 책을 읽었다. 이하라는 상대방 여성에 대해서도 알고 있는 듯했다. 이하라는 그래도 당신이 남자니까 직접 물어보라고 조언했다.

이윽고 남자가 사라졌다. "가끔 이런 일도 있어요" 하며 이하라는 조용히 웃은 다음 진지한 표정으로 "잘됐어. 말이 좀 지나쳤나?"라고 혼잣말로 중얼거렸다. 손님들의 발길이 뜸해지자 우리 두 사람은 의자에 앉아 개인적인 이야기며 출판업계 이야기를 화제로 삼았다.

계산대 주위에 붙여놓은 많은 사진은 가게와 관련된 사람이거나 취재기자 등 지금껏 이 가게를 다녀간 사람들을 기념으로 찍은 것이었다. 이 사람은 어땠고 저 사람은 어땠다고, 이하라는 그때 그 사람과 나눈 말이며 동작까지 상세히 기억하고 있었다. 이런 가게는 그렇게 자주 올 수 있는 장소가 아니다. 어떤 사람은 한 번이 끝인 경우도 있을 것이다. 멀리서 찾아온 손님들에 대해서도 이하라는 속 깊은 마음으로 헤아리려는 듯이 보였다.

이윽고 해가 지자 밖은 완전히 깜깜해졌다. "오늘 매출 알려주지 않을 거예요." 이하라가 장난스럽게 웃었다. "그렇게 몇 시간 지켜봤으니, 매출이 얼마나 될지 알겠죠?"

이하라 하트숍은 1995년에 이하라 마미코의 큰아버지가 경영하던 서점 '이케모토서점イケモト書店 미야마美山 지점'을 물려받아 명칭을 바꾸고

시작한 가게였다. 이하라의 큰아버지는 교직에서 물러난 뒤 오사카 히라카타枚方 시에 이케모토서점을 창업하고, 마을마다 서점 하나씩은 있어야 한다는 지역민들의 요망에 따라 1986년에 미야마 지점을 열었다. 나중에는 히라카타 본점을 폐업하고 미야마 지점의 경영에만 집중했다. 하지만 고령의 나이 때문에 영업을 계속할 것인지 고민에 빠졌다.

가게는 한번 문 닫으면 재개하기 어렵다고 생각한 조카딸 이하라 마미코가 큰아버지로부터 서점을 물려받기로 한다. 사장은 이하라 마미코가 아니라 자동차 수리와 도장塗裝 등을 하는 '이하라 보디숍'의 경영자이자 그녀의 남편인 이하라 가즈요시井原和義였다.

자동차 보디숍은 자동차 수리와 도장뿐 아니라, 자동차에 관한 것이라면 지역 사람들의 다양한 상담과 요망에 응해준다고 한다. 서점 이름은 남편이 경영하는 '보디'숍에 호응하도록 책방이니까 '하트'가 좋겠다고 해서 정했다. 이 이야기는 《굉장한 책방!》에 기록되어 있다.

그녀는 태어나고 자란 곳에서 서점을 운영한다는 일념으로 지금껏 서점을 유지해왔다. 언제 문을 닫아도 이상하지 않을 지경이 된 것 같다며, 이하라는 말을 이었다.

"언제 관둘까, 문을 닫을까 생각하기도 하는데, 하지만 우선은 눈앞의 목표를 정해놓고 먼저 그것부터 하고 나서 나중에……. 그런 식으로 쭉 해왔던 것이 아닌가 싶어요. 언젠가 큰아버지가 돌아가시면 그만해도 되지 않을까 생각하기도 하고……."

나는 히구라시문고의 하라다 마유미에 대해 이야기했다. 자기 나름의 책 전달 방식을 지키기 위해 대형서점을 관두고 작은 서점을 시작한 사람이 있다고, '책'을 받아 전달하는 역할을 하고 싶어 하는 사람들을 움직이는 힘은 무엇일까, 또한 그 가능성에 대해 생각 중이라고 말했다. 전날 들은 후쿠시마 아키라의 '종이책과 전자책' 강연 이야기도 들려주었다. 후쿠시마와 이하라는 아는 사이였다.

이하라에게도 서점을 개업하고 싶다는 사람이 찾아온 적이 있다고 한다. 그 사람은 실제로 서점을 열었지만 계속하지는 못했다.

"지역과의 관계가 깊지 않으면, 역시나 사람이 적은 데서는 버티기 어렵지요. 거기서 할 수밖에 없는, 뭐랄까 업보 같은 것이랄까, 그런 게 없으면 관둬야 하는 이유가 너무 많아지는 게 아닌가 싶어요. 젊은이가 그렇게라도 해서 새로운 서점을 하는 것은 기쁜 일이지만, 내 경우에는 이상을 가지고 서점 비슷한 것을 하는 게 아니거든요. 차라리 운명이라고나 할까……. 큰아버지에게 물려받기로 스스로 정했지만, 나로서는 피하기 어려운 일이기도 했거든요. 책을 그리 많이 읽으며 살아온 것도 아니고요. 어린이 책은 상당히 공들여 장사했지만, 이것도 많이 읽지는 못했어요. 집에 가면 아이 셋의 엄마 역할을 하느라 여유가 없었거든요."

"그런데 후쿠시마 씨의 전자책 이야기를 들으면서 생각한 게 있어요. 나는 전자책을 좀 더 빨리 대중화시켰으면 해요. 예를 들어서 서점에 전용 단말기를 설치해놓고 독자가 읽고 싶은 책의 견본을 다운로드해서 처음 5페이지 정도 인쇄해서 주면 좋을 것 같아요. 독자가 그걸 읽어보고 사고 싶다면 종이책으로 주문하면 되고요. 특히 노인들은 컴퓨터를 다루는 것이 쉽지 않으니까 유용할 것 같아요. 무라카미 하루키村上春樹의 《1Q84》 같은 소설도 읽어보고 싶은데 재미있는지 묻는 사람들이 종종 있거든요. 그 책은 세 권짜리라서 비싸기도 하고, 손님이 살지 안 살지 모르면 책을 주문하기도 그렇거든요. 어떤 책이든 버튼 하나로 견본을 인쇄해 읽을 수 있도록 하면 우리 서점 같은 곳들은 참 좋을 텐데요. 전자책이라면 그게 가능하지 않겠어요?"

가게 출입구에서
그림책을 읽어주는 여자

머릿속 한쪽 구석은 세워놓은 당면 목표를 수행하는 데 쓴다는 이하라. 요즘 이하라의 목표는 한 달 앞으로 다가온 '어린이 책 북페어(전시 판매회)'였다.

어린이 책 북페어는 이하라 하트숍과 거래하는 도매상 도한이 어린이책의 판매 촉진과 지역의 독서 진흥을 목적으로 전국 각지를 순회하며 여는 이벤트이다. 함께 개최하는 지역서점들과 더불어 행사 내용을 정하고, 출판사도 책을 보내거나 이벤트에 참가하는 등 협력한다. 그게 옛 미야마무라에서도 열리게 된 것이다. 이틀간 이하라 하트숍과 근처의 가미아타기上阿田木 신사, 온천 숙박 시설인 아이도쿠소愛德莊의 세 곳을 전시장으로 삼아 책 읽어주기, 염색 체험 교실 등을 연다. 중심 행사는 아이도쿠소에서 열리는 북페어인데, 종이 상자 100개 분량의 어린이 책과 그림책을 가져올 예정이다.

행사기간에 발생하는 매출만이 전시회의 성과는 아니겠지만, 가능하면 지역은 물론이고 먼 곳의 고객도 유치해서 좋은 결과를 내고 싶다고 했다.

이하라는 북페어의 홍보를 위해 '혼자서 책 읽어주기 100회 도전'이라는 기획을 세워 추진 중이다. 이벤트 당일까지 지역 곳곳에서 100회 책 읽어주기 행사를 벌임으로써, 되도록 많은 사람들이 북페어에 참가하도록 하겠다는 것이다. 그날도 아침에 두 곳에서 책을 읽어주었는데, 절반인 50회째를 눈앞에 두고 있었다.

선언을 하고 시작한 이상 100회까지는 할 예정이지만, 상당히 어려운 일이라며 웃는 이하라의 말투에는 왠지 자학적인 분위기가 맴돌았다.

"오늘 아침처럼 처음 찾아간 장소에서는 누구도 들어줄 것 같지 않았어요. 어쩔 수 없이 그대로 책 한 권을 읽는 겁니다. 우스꽝스럽지 않아요? 시작하기 전에 사람 모으는 일이 어려워요……. 어떻게 생각해요? 자, 시작합니다! 하고 크게 소리를 지를 수밖에 없을까요? 노래라도 부르면 좋을까요? 내일도 거기서 할 건데, 어떻게 될지……."

다음 날 아침, 이하라 하트숍에서 약 30킬로미터 떨어진 JR 고보 역 근처의 비즈니스호텔을 나와 이하라 하트숍으로 가는 길의 중간쯤에 있는 휴게소의 'Sanpin 나카즈中津'(나카즈 지역 상품 전시 판매소)로 향했다. 일찌감치 도착해 채소 등을 사려는 사람들 사이에 섞여 물건들을 구경하고 있는데, 이하라 마미코가 흰색 경차를 몰고 주차장에 들어왔다.

이하라는 작은 입간판과 접이식 의자, 안내문 종이 뭉치, 그림책이 든 파란색 손가방을 품에 안고 있었다. 그녀는 물건들을 가게 앞에 일단 풀어놓고는 안으로 들어가서 "안녕하세요! 오늘도 잠깐 가게 앞을 빌리겠습니다"라고 큰 소리로 말했다. "네" 하고 직원이 대답했지만, 가게 점원들은 손님을 맞거나 물건 정리에 바빠서 분위기가 어수선했다.

이하라는 가게 앞으로 돌아와 그녀의 무릎보다 약간 높은 정도의 작은 간판을 기둥에 붙였다. 간판에는 여성이 고개 숙여 절하는 귀여운 일러스트가 그려져 있고, 그 밑에 '그림책 읽어주기, 지금 실시합니다. 잘 부탁드립니다'라고 써 있었다. 다음으로 '책 읽어주기 100회 도전 실시 중'이라 쓰인 종이와 다음 달에 개최될 '어린이 책 북페어'를 알리는 안내문을 벽에 테이프로 붙였다. 그러고는 자기 눈앞에 접이식 의자를 마주 보도록 놓았다. 그림책을 놓으려는 것인지, 아니면 이하라 자신이 읽을 때 앉을 의자인지 생각했는데, 아마도 청중을 위해 준비한 것으로 보였다.

"자, 준비는 이 정도인데……. 장소가 적당한지 모르겠네. 사람들이 출입하는 곳이니까 방해될 것도 같고……."

그녀가 이쪽을 보면서 중얼거리듯이 말했다. 표정이 딱딱했다. 아무래도 지금 이 자리가 좋은 것 같다고 나는 말했다. 가게 출입구에서 주차장이 좌우로 펼쳐진다. 주차장 어딘가에서 읽는다고 사람들이 모일까? 모든 사람들이 가게 출입구를 지나다니므로, 이보다 좋은 장소는 없는 셈이다.

그렇지만 손님들은 물건을 사려고 가게에 왔다. 지나다니는 사람들의 발걸음이 빨랐다. 게다가 아직 아침 8시 반이었다.

"여기밖에 없지"라고 이하라가 작은 소리로 말했다. 얼마간은 주변을 두리번거리다가, 결국은 돌아와서 종이 뭉치를 꺼냈다.

"지금부터 그림책 읽기를 하겠습니다!"라고 첫마디가 울려퍼졌다. 가게로 들어가려던 남자가 한순간 이하라에게 눈길을 주었다. 이하라가 안내문을 건네려는데 남자는 눈길을 돌리며 안으로 그냥 들어가버렸다. 동시에 다른 남자가 이하라의 뒤로 지나가려 했다. 이하라는 허둥대며 "미안합니다" 하며 몸을 틀었다. 그다음에도 몇 명인가 가게에 들어오고 나갔는데, 안내문을 나눠줄 틈이 없었다.

서둘러서 물건을 사서 돌아가려는 그들에게는 그녀가 무언가 수상쩍은 권유를 하는 것처럼 비쳐졌는지도 모른다. 시끔부디 히려는 일이 그림책 읽어주기이고, 다음 달에는 이 지역에서 북페어가 개최된다는 정보를 전하기가 참으로 어려웠다.

이윽고 가게에서 나가려던 중년 여성이 멈췄다. 그녀도 재빠르게 지나가려 했으나 이하라와 눈이 딱 마주쳤다. 의아한 표정으로 멈춰선 여성에게 이하라는 곧장 다가가 다음 달 열리는 북페어 행사를 알리기 위해 책 읽어주기를 한다고 재빠르게 설명했다. 안내문을 받아든 여성의 표정이 서서히 풀어지는 것을 알 수 있었다. 지금 하는 설명이 '책'과 관련된 것임을 알게 되자, 이상한 것은 아니라고 생각하는 듯했다.

이하라의 설명을 들으며 "그건 몰랐네. 요 근방에서 하는 건가요? 책 읽어주기에 대해서는 들어본 적이 있어요. 어디서 하는데요?" 하며 여성도 반응을 보이기 시작했다. 그사이에도 몇 명이 눈앞을 스쳐지나갔다.

그런데 그 여성도 결국은, 지금 남편이 차에서 기다리기 때문에 오늘은 어렵다면서 가버렸다.

"다음 장소도 있고, 여기서는 당신에게 읽어줄게요" 하며, 그녀는 나에게 와줘서 고맙다는 인사를 건네고 말을 이었다.

"오늘은 어떤 걸로 할까……. 언제나 그 상황에서 무엇을 읽을지 정해요. 그래서 몇 권씩 항상 들고 다니는데요. 이 책, 《가미나가히메かみながひめ》 알아요? 이 지역의 옛날이야기인데, 정말 좋아해서 자주 읽는 그림책 중 하나예요. 저자가 아리요시 사와코有吉佐和子 씨인데……."

청중이 없는 사태에 직면한 이하라는 아직도 당황한 듯했다. 주저하는 듯한 기색을 보이더니 갑자기 그림책을 펴서 읽기 시작했다.

가미나가히메(髮長姬).

글 아리요시 사와코, 그림 아키노 후쿠(秋野不矩).

옛날 기노쿠니紀の國(옛 와카야마 현)의 히다카 마을에 예쁜 여자아

이가 태어났습니다.

그곳은 바닷가 근처로 온종일 파도 소리가 들리는 곳이었습니다.

아이는 무럭무럭 자랐습니다만, 어쩐 일인지 머리카락이 나지 않았

습니다.

아이의 부모는 무척 슬펐습니다. 하느님에게도 빌어보고 부처님에

게도 빌어보았지만, 언제까지나 아이의 머리는 머리카락이 없는 그

대로였습니다.

그림책 읽어주기가 시작되자, 나는 이하라 앞에 무릎을 꿇고 앉았다.
책 읽어주기는 땅바닥에 앉아서 올려다보면서 듣는 것이라고 알고 있었
기 때문이다. 실제로도 그렇게 하는 것이 안정감이 있는데, 지역 상품 판
매점 입구에서 그림책을 읽는 여성과, 그것을 혼자 땅바닥에 앉아 듣는
남자의 모양새를 누군가 옆에서 본다면 기묘하게 여길지도 모르겠다는
생각이 들었다. 그림책 읽어주기가 시작되면서 흥미를 갖고 다가오는 사
람이 있을지 무척 궁금해졌다.
어떤 자세로 책 읽어주기를 듣는 것이 좋을까? 나는 일단 일어나서 이하
라의 정면에서 벗어나 옆으로 자리를 정했다. 다시 웅크리고 앉아 책 읽어
주기를 하는 이하라의 맞은편으로 오가는 사람을 보기로 했다. 사람들의

반응은 그림책 읽어주기가 시작되어도 마찬가지였다. 힐끗 쳐다보며 저 사람은 뭘 하는 걸까, 하는 표정으로 발걸음을 멈추지 않고 사라져갔다.

"(바다에서 나오는) 저 불빛 때문이야."
"저것 때문에 바다가 험해지는 거야."
"누군가 저 불빛을 잡으러 가면 안 될까?"
어부들이 대책을 이야기하는 곳에 한 여자가 나타났습니다.
"내가 잡으러 갈게요."
"당신이 바다에……?"
모두가 놀랐습니다. 그 사람은 바로 여자아이의 엄마였기 때문입니다.

그림책을 읽는 속도는 빠르고, 어딘지 모르게 무뚝뚝한 말투였다.

히다카 마을은 풍어豊漁가 이어지며 시끌벅적한 가운데, 바다에 들어갔던 여자는 조용히 숨을 거뒀습니다. 히다카 마을 사람들은 여자를 정중히 묻어준 뒤 묘지에 관음상을 세우고 제사를 지냈습니다. 그러자 여자아이의 머리에 머리카락이 나기 시작했답니다.

이하라는 얼굴을 이쪽으로 돌려 반응을 살피지도 않고, 그림책만 들여다보며 담담하게 읽어 나갔다. 듣는 사람이 없는 책 읽어주기 행사는 기분도 가라앉게 만들었다. 나는 이제껏 이런 광경을 본 적이 없었다. 지금까지 본 그림책 읽어주기라는 것은, 미리 홍보한 다음 정해진 시간이 되면 행사장 근처에 사는 부모와 아이 들이 모여서 시작하는 방식이었다.

내가 지금 보고 있는 것은 마치 수행修行처럼 느껴졌다. 이를테면, 마을에서 자주 볼 수 있는 스님의 탁발 수행 같은 것 말이다. 그런데 이야기가 진행되면서 이하라의 모습이 조금 변한 것처럼 보였다. 읽는 속도는 변함 없이 빠르고 시선은 그림책을 응시한 채로 움직이지 않았지만, 그것은 단지 이 상황에 마음이 떨려서이기 때문만은 아닌 듯했다. 이야기가 전개되면서 목소리의 색깔이 조금씩 바뀐 것이다. 그녀는 확실히 이 이야기를 누군가에게 들려주고 싶었던 것이다.

주위를 둘러보았다. 그녀의 높은 목소리 톤은 크게 울러퍼졌다. 봉우리가 낮은 산들이 눈앞에 줄줄이 늘어선 까닭인지 약간의 메아리가 들리는 것 같기도 했다.

십여 미터 앞에서 채소가 든 종이 상자를 차에 싣던 부부로 보이는 두 사람이 있었다. 움직이는 손을 멈추지는 않았지만 눈으로 한번 이쪽을 쳐다보았다. 좀 더 바깥 멀리에는 오토바이 투어를 다니는 듯한 사람들의 중후한 오토바이가 몇 대 줄지어 있었다. 오토바이 라이더들은 주차장 아스팔트에서 휴식을 취하고 있었지만 무슨 이야기를 나누는 것 같지는 않았다. 그들에게도 아마 이하라의 목소리가 들렸을 것이다. 바쁘게 움직이는 가게 안의 사람들의 귀에도 그녀가 읽어주는 이야기는 배경음악처럼 들렸을 것이다.

수행과는 다를 것이다. 이하라는 자기 단련을 위해 이곳에 서 있는 것이 아니었다. 눈앞에 아무도 없지만, 이야기를 지금 이곳에 있는 사람들에게 들려주려는 것이다. 보기 좋은 모양새는 아닐지 모르겠지만 말이다.

이야기는 이제 끝으로 접어들었다. 나는 이하라 마미코의 모습을 응시했다.

가미나가히메는 히다카 군에 있는 유명한 절 노쇼시道成寺기 건립된 유래 설화이다. 어머니가 돌아가신 뒤 머리카락이 없던 여자아이는 사람들이 칭송할 만한 흑발黑髮을 갖게 되었고, 나중에는 후지와라 노후히토藤原不比等(659~720년)의 양녀가 되었다. 그리고 몬무텐노文武天皇의 왕비가 되어 쇼무텐노聖武天皇를 낳았다고 한다. 어떤 소원이든 들어주겠다는 후지와라 노후히토에게 가미나가히메는 어머니를 위해 절을 세워달라고 하였다.

"가미나가히메의 이야기는 지금으로부터 천 년도 더 된 이야기입니다."

마지막 한 줄을 읽음으로써 5분 정도의 책 읽어주기는 끝났다.

이하라는 살짝 웃었지만, 곧바로 굳은 표정으로 되돌아가서는 총총히 입간판과 의자 등을 접고, 기둥에 붙였던 종이를 떼어냈다. 나는 그저 서 있기만 했다. 뭐라고 건넬 말이 떠오르지 않았다.

아무도 들어주지 않는 장소에서 내일도 책 읽어주기를 할 것이라고 했다. 어제 그 말을 듣고 나도 꼭 한번 참석해보고 싶다고 했을 때 이하라는 싫어했다. 그리고 오늘 실제로 아무도 듣지 않는 사태를 목격하고야 말았다. 내가 그녀에게 상처를 주었을지 모르겠다고 생각하자 내 기분도 무겁게 가라앉았다. 이하라가 가게 사람들에게 다시 말을 건넸다.

"시끄럽게 해드렸네요. 고마워요."

"네, 수고하셨습니다."

그렇게 생각해서인지, 되돌아온 말이 따뜻하게 느껴졌다.

아무도 들어주지 않은
'책 읽어주기'가 오히려 홍보된다면

이하라는 차에 물건들을 실으며 "좀 늦어져서 그런데, 다음 장소까지 서둘러 가야겠어요. 괜찮아요?"라고 물었다. "잘 따라 갈 테니 신경 쓰지 마세요." 내가 대답했다. 내가 고속 운전을 잘하는 것은 아니지만, 실은 여기까지 올 때도 나름대로 날듯이 따라왔다. 어떻든 나보다 나이 많은 여성에게 질 수 없다는 기분도 있었다.

그런데 이하라는 눈앞으로 뻗은 현도縣道에 나오자마자 상상 이상의 속도로 달리기 시작했다. 익숙한 길이라 더 잘 달릴 수 있다는 이점은 있겠지만, 정말 속도가 빨랐다. 좁은 산길에 접어들어서도 속력을 별로 줄이지 않았다. 숲에서 동물이나 사람이 튀어나오면 어떻게 할지 걱정될 지경이었다. 구불구불한 길로 들어서자, 드디어 따라가기 어려운 상황이 되었다. 이를 눈치챈 듯 이하라가 속도를 줄였다.

좁은 산길을 벗어나 중앙선이 그어진 넓은 도로로 나왔을 때 이하라의 차가 깜박이를 켜더니 속도를 줄이며 멈춰 섰다. 필사적으로 따라가기에 바빠 주위를 볼 여유가 없었는데, 바로 뒤로 접근하자 보닛을 열어둔 차 두 대가 서 있는 작은 자동차 수리 공장이 있었다. 간판에는 '이하라 보디숍'이라 써 있었다.

이하라가 차에서 내려 공장 안으로 들어갔다. 얼마 안 되어 그녀는 연한 녹색 작업복을 입은 날씬한 단발의 남자와 함께 나왔다.

"우리 애들 아빠예요."

이하라는 "나카츠(좀 전에 책 읽어주기를 했던 곳), 오늘도 잘 안 됐어. 사람들이 멈춰 서질 않아" 하고 말하자, 남자는 "뭐야? 연패야? 어쩔 수 없지 뭐! 그런 일도 있지 뭐!" 하고 아무 일도 아니라는 듯이 경쾌한 목소리로 대꾸했다. 이하라의 얼굴에서는 좀 전의 침울한 표정이 이미 사라져 있었다.

"이 길로 지나가기 때문에 소개라도 할까 해서요." 이하라는 "그럼 다녀오겠습니다―." 하고 말하고는 차를 출발시켰다.

다음으로 책 읽어주기를 할 장소는 이하라 하트숍 근처의 '미야마 산품 판매점'이었다. 좀 전과 달리 주차공간은 열 대 정도밖에 안 되고, 가게도 작았다. 그리고 두 사람의 종업원 이외에는 아무도 없었다.

"또 관중은 이시바시 씨 한 사람이네요."

무심결에 쓴웃음을 짓는 사이 젊은 남녀가 가게로 들어섰다. 여성은 지난해 이하라가 열었던 책 읽어주기 모임에도 참석했다고 한다. "북페어요? 100회 도전이요? 이런 거 하시는 줄 몰랐어요. 읽어주세요." 여성이 말하자, 이하라는 매실 아이스크림을 먹으며 앉는 두 사람에게 다시 《가미나가히메》를 읽어주었다. "다음 달 북페어 때는 친구 엄마들도 데려갈게요." 여성은 안내 전단을 보며 말했다.

이하라는 다시 차에 올라 가게로 돌아갔다. 원래 개점 시간인 10시보다 조금 늦게 이날의 이하라 하트숍 영업이 시작되었다.

어제에 이어 나는 가게에 붙어 있었다. 손님들의 모습은 어제와 거의 비슷했다. 오후 1시까지 다섯 명의 고객이 찾아왔다. 모든 사람이 아이스크림이나 주스를 샀고, 그 밖에 쓰레기봉투나 과자, 매직펜, 잡지를 사는 사람들이었다.

"폭죽 있어요? 우리 집 애가 불꽃놀이를 하고 싶어 하는데……."

"폭죽? 폭죽은 없네요. 미안합니다."

무료할 수도 있는 시간을 나는 기꺼이 보냈다. 반면에 이하라는 결코 한가하지 않았다. 물건을 정리하고, 매출 슬립(일본 책에 끼워져 있는 판매 확인 및 재주문용 전표)을 체크하고, 팩스를 보내거나, 전화를 받거나 걸거나 하느라 바빴다. 그 사이사이에 우리는 이야기를 나눴다. 책 읽어주기 100회 스케줄을 어떻게 짰는지 궁금해서 물었다.

"닥치는 대로 하는 게 아니라 내 나름대로 작전이 있어요. 기준을 말하자면 대개 한 장소에서 먼저 3일 연속 하는 거예요. 그다음에 약간 시차를 두고 다시 세 차례. 그다음에는 시간을 두고 다시 서너 차례를 하는 식이지요. 마지막 세 번째 때 비로소 지금까지와는 다른 반응이 나오는 거예요. 옛날이야기도 세 번 하는 것이 중요하다고 하잖아요. 실제로 지금까지 무엇이든 그렇게 해왔다고 생각해요. 세 번째 할 때 효과가 나와요. 나카츠는 아직 한 번밖에 안 했으니까……. 내일은 못 가지만, 이제부터라고 생각해요. 그리고 지역신문 기자분이 '100회 읽어주기 도전이라고요? 재미있네요'라고 말했어요. 취재하러 올 것 같아요.

누구도 물어보지 않았지만 한번 알려줘도 좋지 않을까 하는 생각이 들었어요. 그냥 알려주죠, 뭐. 오늘 이시바시 씨가 물어보기도 했고요." 이하라는 웃었다.

역시 이하라가 하는 것은 단순한 '탁발'이 아니었다. 지역신문이 이 내용을 기사로 만들었을 때, 100회 책 읽어주기 행사를 하는 동안 아무도 들어주지 않은 경우도 있었다는 에피소드가 오히려 생생하게 다가올 것이다.

그런데 그녀와 만나기 전에 가졌던 이하라에 대한 인상은 이미 어디론가 사라져버린 듯했다. 그보다는 오히려 내 생각의 편협함을 통감했다. 이하라가 20년 가까이 해온 것은, 주변에 변변한 식료품점 하나 없을 만큼 한적한 시골에서 서점을 계속하기로 마음먹은 것이 전제였다. '홍보에 열심인 강인한 사람'이라고 내가 생각할 정도의 계략 따위는, 이하라 하트숍을 둘러싼 웅대한 자연이 너끈히 삼켜버린 듯 찾아내기가 어려웠다.

한적한 시골에서 100회 책 읽어주기를 한다는 것은 사실 미담美談이지만, 좀 더 효과적인 홍보 방법이 있지 않을까, 하고 생각하는 사람도 있을 것이다. 하지만 나는 그 말에 수긍하기 어렵다. 그렇다면 어떻게 해야 좋을까? 무엇보다 중요한 것은 이곳, 옛 미야마 마을에서 행사를 한다는 사실이다. 요즘 같은 시대에는 이하라 하트숍도 도매상 도한이 거래 서점들과 연계해 운영하는 인터넷 판매에 참여한다. 오히려 적극적으로 활용하는 편이다.

당장 매출 실적만 생각하면, 역시 가게를 닫는 편이 나을지도 모른다. 관두는 거야 이하라 마미코가 언제든 마음만 먹으면 가능하다. 그렇지만 지금은 열심히 할 생각을 하고 있다.

인건비 제로로 경영한 서점

이하라의 남편에게서 전화가 걸려왔다. 무언가를 부탁하는 모양이었다. 가게 문을 열어서 나갈 수 없다고 이하라가 말했다. 들어보니, 수리가 끝난 차를 고객의 집까지 갖다줘야 하는데, 돌아오는 길에 차가 필요하니 차를 타고 따라와달라는 것이었다.

그런 일이라면 내가 돕겠다고 나섰다.

"우리 집 양반, 저보다도 더한 스피드광이에요."

그것 참 곤란하게 됐다. 따라갈 수 있을 만큼만 천천히 가는 것을 조건으로 달았다.

이하라의 남편이 수리를 끝낸 자동차를 끌고 가게로 오기를 기다렸다가 그 뒤를 쫓았다. 30킬로미터 정도 달려서 고객에게 차를 인계한 뒤 내 차에 태워 되돌아왔다. 가는 도중, 이하라 하트숍을 시작할 무렵에 학교 도서관 납품 등 영업을 위해 두 사람이 여러 곳에 다녔던 추억을 들었다.

이하라 하트숍에 도착해서는 다시 이하라 마미코의 고객 접대를 지켜보다가 중간중간에 이야기를 나눴다. 그때 남편에게서 다시 전화가 걸려왔다.

"좀 전에 도와주셨으니 저녁때 한잔하자네요."

그러자고 나는 바로 응답했다.

그날은 이하라 하트숍 근처에 있는 온천 여관인 아이도쿠소의 방을 빌렸다. 저녁에 조금 일찍 숙소에 물건을 맡기고는 근처 가미아타기 신사 등을 산책하고 이하라 하트숍으로 갔다. 이하라의 남편이 찾아왔다. 그는 뒤쪽 창고로 가더니 보기에도 오래된 지프차를 끌고 나왔다. 이걸로 드라이브를 하자는 것 같았다.

오픈카여서 바람을 맞으며 산길을 내달렸다. 차 한 대 지나가기 힘들 만큼 좁은 길에서 70킬로미터로 내달리자, 약간 무서운 생각까지 들었다. 이하라의 남편은 속도를 유지한 채, 이 차로 말할 것 같으면 1980년식 '짐니Jimny'로 이제는 일본에 몇 대밖에 남지 않았다, 엔진이나 차체의 기능이 요즘 차들과는 완전히 다르다, 마니아들에게는 죽고 못 사는 차라는 점 등을 설명했다. 그리고 그는 엽사獵師 면허증을 가지고 있으며, 사슴 한 마리를 칼로 잡은 적도 있다고 말했다. 막 잡은 사슴 살은 육회로 바로 먹을 수 있다고 했다. 그가 아무리 자기 자랑을 해도 싫지가 않았다. 무슨 이야기를 해도 즐겁게, 또 들어주길 바라며 참지 못하는 말투로 이야기하기 때문이었다.

얼마 안 있어 도착한 '보디숍'에 지프차를 세우고, 마을에 하나뿐인 술집으로 걸어갔다. 가게 안쪽 자리에 마주 앉았다. 그는 엷은 녹색 작업복에 어깨에는 황록색 수건을 둘렀다. 짧은 스포츠머리에 잘 그을리고 작으며 날쌔게 생긴 얼굴 생김새.

"술은 말이죠. 첫 잔만 따라주고 그다음에는 각자 관리하죠! 맥주로 할 건가요? 나는 술집에 가면 꼭 위스키를 여덟 잔! 여덟 잔까지로 정해놨어요. 술 마시는 속도는 스스로 관리해야지."

이하라 마미코와 사귀기 시작했을 무렵, 결혼 반대에 부딪쳤으나 밀어붙인 이야기며, 아이를 키우는 재미 등 이야기가 이어졌다. 이윽고 가게 문을 닫고 온 이하라 마미코가 남편 옆자리에 앉았다.

"우리 집 보물입니다."

이하라의 남편이 그렇게 말했다. 이하라는 부끄러워하지도 않고 웃기만 했다. 재미있는 말이라고 생각했는데, 다음 날 가미나가히메의 소원으로 세워졌다는 도죠지에 갔을 때 그 말을 확인할 수 있었다.

도죠지에서는 '서방극락西方極樂'에 빗대어 '처보극락妻寶極樂'을 주장한다. 우리 집사람이 최고라며 소중히 하는 것이 집안의 번영과 극락정토로 가는 길이라는 가르침이다. 도죠지에 얽힌 가장 유명한 이야기로는 '안친安珍과 기요히메清姬 전설'이 있다. 다시 만날 것을 약속하고 도망친 안친을 찾으며 기요히메는 분노에 사로잡혀 뱀으로 변한다. 그 후 도죠지의 종鍾에 숨어 있던 안친을 종과 함께 태워 죽이고 만다. '처보극락'이란 말은 이 전설에서 유래한다. 절에서는 옛날 방식 그대로 두루마리를 이용해 이야기를 그림으로 설명하며 관람객들에게 설법을 전하고 있다.

"당신 말이야, 이하라 하트숍 취재 때문에 왔지? 내가 중요한 걸 알려주지. 하트숍이 왜 지금껏 경영이 가능할까? 이거, 7대 불가사의 중 하나라고. 가장 중요한 걸 당신한테 알려주지. 사장은 나야, 이 사람은 점장이고. 그리고 여기서부터가 7대 불가사의에 대한 대답이야."

"안 그래? 대단한 일이지." 이하라의 남편은 이하라 마미코의 어깨를 손등으로 툭툭 쳐가며 말했다. 그녀가 처음으로 약간 동요하는 듯했다.

"당신, 지금 뭐라는 거야? 오늘은 빨리 취하네."

이하라는 장난치듯 남편의 입을 손으로 막았다. 그 손을 남편이 뿌리쳤다. 누군가와 비슷한 모습이라고 계속 생각했는데, 바로 요코야마 야스시 橫山やすし(유명한 만담가)였다.

"모처럼 취재 왔으니까, 7대 불가사의 하나 정도는 건지게 해야지. 좋아요? 점장이 월급이 없어요. 다시 말하자면, 인건비가 제로다 이거죠. 우리 서점은 인건비가 들지 않는다, 이 말씀……. 어때?"

'어때?'라는 말까지 들었어도 그렇게 놀랄 일은 아니다. "그렇군요." 맞장구를 쳤지만 내 반응이 나빴는지 남편은 실망스러운 말투로 "뭐 그렇다는 거지" 하며 목소리를 낮추었다.

"나머지 여섯 개 비밀은 뭔데?" 이하라도 질렸다는 듯이 말했다.

"음……. 나머진 뭐지?"

"뭐야? 끝이야?"

웃음소리가 술집에 울려퍼졌다.

정말 '처보극락'이라는 가르침이야말로 이하라 하트숍을 유지시키는 힘인가 보다.

'안친과 기요히메 전설'도 '가미나가히메'와 마찬가지로 천 년 전에 생겨나 지역에서 이어져온 이야기이다.

내가 하는 일이 장사인지, 지역 봉사인지

이하라의 남편 이하라 가즈요시는 2008년까지 14회 이어진 지역 이벤트인 '기노쿠니 미야마 마라톤'을 계승해 2009년부터 뜻을 함께하는 사람들과 사적으로 계속해왔다. 공식적으로 중지된 이유는 마라톤 코스 도중에 장기적인 도로 공사 구간이 늘어났기 때문이라고 한다. 그러나 이하라 가즈요시는 담당 행정기관이 어디까지나 '휴지休止'라고 설명한 것을 놓치지 않았다.

"좋다! 그러면 다시 재개할 때까지는 우리가 계속하겠다고 선언한 거지. 전날까지 급수대도 마련해서 제대로 할 거야. 그런데 말이지, 지역의 등불을 지키기 위해서는 무슨 일이 있어도 그만두면 안 돼. 그걸 나는 메시지로 계속 보내고 있다는 말씀이야. 어디까지나 중지가 아니라 휴지라고. 절대로 약속을 지키지 않으면 안 된다고 압력을 꽉꽉 넣는 거야. 우리가 계속 달리는 것으로 말이지."

그 말에 나는 감명을 받았다. 자신의 인생 변천사를 말하는 이하라 가즈요시에게 걸려들었다. 그래서 나도 한번 마라톤 대회에 나간 적이 있는데, 그거 정말 힘들더라고 말하고 말았다.

그 말이 끝나기 무섭게 "좋아! 내년에는 참가자를 15명으로 늘리겠어.

이시바시 당신도 참가해야지!" 이하라의 남편이 말을 이었다.

이 남자의 유혹을 거부하면 왠지 남자다움이 깎일 것 같은 느낌마저 들었다. 그러나 나는 즉답을 피했다.

다음 날 아침, 이하라 마미코는 세 곳에서 그림책 읽어주기를 했다.

처음은 이하라 남편이 운영하는 '보디숍' 근처의 집회장 앞 도로변에서 아침 6시 30분부터였다. 이하라가 갔을 때는 근처의 어린이 네 명이 미리 기다리고 있었다. 산과 산, 밭 위로 쑤욱 떠오르는 태양을 바라보면서 이하라는 길가에 앉아 한 사람 한 사람에게 말을 걸듯이 두 권의 그림책을 읽어주었다.

어린이들을 부모에게 돌려보낸 후 자동차로 3분 거리에 있는 미야마 중학교 교정으로 이동했다. 그곳에는 여름방학을 맞아 라디오를 켜놓고 체조하는 열두 명의 초등학생들이 있었다. 체조가 끝나자 모두 이하라 앞으로 모였다. 아침 교정에 그녀의 목소리가 낭랑하게 울려퍼졌다.

"다음은 이솝 우화. 이솝 이야기에서…… 이 그림 본 적 있어? 어느 것이나 모두 짧은 이야기들인데……."

여기서는 그림책 세 권을 20분 정도에 읽었다. 일단은 집으로 돌아온 다음, 이번에는 미야마 마을회관으로 향했다. 책 읽어주기 봉사 모임인 '호두나무'가 협력하는 모임으로, 이날은 세 명의 어린이들에게 이하라와 두 여성이 교대로 그림책을 읽어주었다.

"이시바시 씨도 한번 읽어보면 어때요? 즐겁게……."

이하라가 권했지만 나는 웃으며 거절했다. 성역을 침범하는 듯한, 내가 해서는 안 될 것만 같은 느낌이 들었던 것이다. 그렇지만 마을회관을 나와서는 남모르게 후회했다.

어린이들을 앞에 둔 이하라의 책 읽어주기 방식은 어제 봤던 장면들과는 약간 달랐다. 완급을 조절하거나 목소리를 바꾸거나 하지는 않았지만, 도중에 읽는 것을 멈추고 말을 걸거나 이야기 속으로 아이들을 끌고 들어가기도 했다.

하나하나 돌을 쌓아가는 것처럼 작지만 끈기 있게 다가가는 하루하루.

이하라 마미코가 반복해서 말한 것은 "내가 하는 일이 장사인지, 지역을 위한 봉사인지 모르겠다"는 것이었다. 이하라는 서점을 장사로 하지 않으면 안 되지만, 지역 사람들은 이하라를 그런 존재로 보지 않을 때가 많다. 지역에서 책과 관련된 활동이나 행사가 있으면 상담을 받거나 협력을 요청받는다. 당연히 협력하지만, 봉사를 당연하게 여기는 상대방과는 선을 그을 필요가 있다.

이하라가 갖고 있는 딜레마에 수긍하면서도 머릿속에는 안개가 가득 차서 점점 안개가 진해지는 듯한 느낌이 들었다.

서점은 장사인가?

어떤 사람은 당연하다고 할 것이다. 이하라도 질문을 받는다면 그렇게 말할지 모르겠다. 그러나 '장사'라는 한마디로 단정해버리는 것은 아무리 생각해도 타당하지 않다. 내가 새삼스럽게 그렇게 느끼는 것은 무엇보다도 이하라의 그림책 읽어주기를 직접 보았기 때문이다.

서점은 단지 장사일 뿐인가? 책의 주변에는, 단지 그렇게 말하고 말기 어려운 것들이 참 많은 것 같다.

10년 전부터 꼭 하고 싶었던 기획

이하라 마미코는 오늘도 가게를 열었다. 아침에 책 읽어주기를 보고 나서 바로 떠날 작정이었는데, 함께 가게로 돌아와 나도 모르게 머무르게 되었다.

첫 손님은 지팡이를 짚은 노파였다. 다음은 오토바이를 탄 초로의 남성과 뒤이어 어린이를 데리고 한 남성이 찾아왔다. 그다음에는 좀 전에 이하라와 책 읽어주기를 했던 봉사 모임의 여성이 8월의 책 읽어주기 모임에 대해 상담하러 찾아왔다. 모두 아이스크림이나 주스, 생활용품이나 책을 한두 가지 사서 돌아갔다.

이제 돌아가겠다고 인사하려던 참에 초등학생 남자아이 둘과 여자아이 하나가 찾아왔다. 문 앞까지 타고 온 자전거를 멈춰 세우는 것도 힘들다는 듯이 가게로 밀려들어왔다.

"아이고, 어서 오렴."

"할머니 있잖아요, 지금 길에 장수풍뎅이 시체가 떨어졌어. 봤어?"

"아니, 아직 못 봤어."

"엄청나요. 이렇게 거칠고 큰 놈이야."

"할머니, 오늘은 《코로코로》 만화잡지 사러 왔어."

"그래, 그거 아직 안 왔는데. 《점프》 만화잡지는 오후에 올 거고."

"나는 '가리가리' 아이스크림 주세요."

"나도 '가리가리'요. 어? 할머니, 소다는 없어요?"

"소다는 다 팔렸단다. 오늘은 다른 걸로 먹어. 그건 147엔."

"할머니 5천 엔짜리거든. 5천 엔 줄 테니까 5천 엔 잔돈 줘."

"뭐라는 거냐? 462엔이니까 4,538엔 거슬러 줄게. 그리고 너는 212엔."

어린이들은 차례 따위는 신경 쓰지 않고 이하라 마미코를 향해 일제히 재잘거렸다. 그것을 이하라는 담담하게 세 명 모두의 말에 응대해주었다. 새끼 새가 삐악거리며 먹이를 찾는 입에 어미 새가 정확히 먹이를 집어넣어주는 모습이 생각났다. 물건을 산 아이들은 순식간에 밖으로 나갔다. 자전거에 올라타려고 햇볕에 뜨거워진 안장을 만져보고는 "앗 뜨거!", "엄청 뜨거워"라고 외쳐댔다.

"그거 뜨겁겠지. 조심해야지⋯⋯." 이하라는 가게 밖으로 나가 세 아이를 배웅했다. 그러고 보니 이하라는 손님을 배웅할 때는 반드시 가게 밖까지 나갔다. 가게 뒤 초등학교에서 취주악을 연습하는 소리가 들려왔다. 누군가 실수할 때마다 연주가 멈추고, 틀린 곳의 앞부분부터 다시 연습했다. 그것이 계속 반복되고 있었다. 산속으로 울려퍼지는, 아이들의 서툰 연주를 잠시 들었다.

그때 다시 손님이 찾아왔다. 나는 또 떠날 순간을 놓치고 말았다.

'어린이 책 북페어'는 그로부터 약 1개월 뒤에 열렸다. 나는 보러 갈 수가 없어서 행사일로부터 며칠 뒤에 이하라 마미코에게 전화를 걸었다.

"10년 전부터 꼭 하고 싶었던 기획이었어요. 지역 어린이들에게 한번쯤, 미야마에서 많은 책을 보여주고 싶었답니다."

지난번 만났을 때 이하라는 이렇게 말했다.

"나에게는 상당히 중요한 목표 중 하나예요⋯⋯."

그렇지만 그런 각오는 달성하지 못한 듯했다. 북페어의 결과가 그다지

120

성공적이지 못했던 것이다.

"북페어가 끝나고 정리하는데 엄청난 비가 내렸어요. 그날은 어쩔 수 없이 가게 문을 오후 3시에 열기로 했어요. 그랬더니 3시가 되자 비가 멈추더라고요. 가게를 열고 나서 근처에 사는 할아버지가 '아이고 더워라' 하며 아이스크림을 사갔어요. 다시 언제나처럼 똑같은 시간이, 아무 일도 없었다는 듯이 흘러가는 거예요. 나로서는 이런저런 일들, 무엇이 되었건 이 사람 저 사람 찾아오니까, 어떤 때는 혼자서 쉬고 싶은 생각도 있지만…….

그래도 가게 문을 열면, 그렇게 아이스크림을 사러 오는 사람도 있고, 여기가 내가 있을 자리구나 하면서, 매일 만족스럽지는 않지만 서로의 마음이 만나는 거지요. 하지만 (어린이 책 북페어를) 어떻게 했으면 더 좋았을까요? 어째서 제대로 하지 못했을까요?"

이하라 마미코의 이야기는 언제까지나 계속되었다.

떠나간 남자

사와야서점
이토 기요히코의 은둔

'내'가 그런 일들을 하던 '시대'는 '끝났다'

"현장에 돌아가면 다시 할 수 있다는 자신감이 없습니다. 나의 시대는
이미 끝났습니다."

그가 말하는 의미를 제대로 이해하지 않으면 안 되었다.

'나의 시대'란 도대체 무엇을 가리키는 것일까?

자신이 '카리스마 서점인' 등으로 불리는 것을 의미하지 않는다는 것은
확실했다. '카리스마'로 띄워준다고 기분 좋아하는 서점원을 만난 적은
없기 때문이다. 개중에는 한때 착각하는 사람이 있을지 모르겠지만, 적어
도 그는 그런 것들에 휘둘릴 사람은 아니었다.

베스트셀러나 화제의 신간을 확보하기 위해 항상 쫓기면서도, 독자적

으로 발굴한 책을 매장 여기저기에 진열하거나, 다른 서점이 눈치채지 못한 미래의 베스트셀러를 먼저 발견하여 독자적으로 대량 판매를 기획하는 묘미를 맛볼 수 있었던 시대. 그간 축적한 방대한 독서량과 인맥을 활용해 하루하루 서가를 구성하고, 다음에는 어떤 '팔고 싶은 책'을 만날 수 있을지 매일 신간을 받으며 마음으로 기다리던 시대.

'내'가 그런 일들을 하던 '시대'는 '끝났다'고 그는 말한다.

자신은 이미 현역으로 통용되지 않을 것이라는 단순한 의미일지도 모르겠다. 그러나 그 말의 이면에는 '책'을 둘러싼 현실에 대한 실망도 자리잡고 있을 것이다.

오늘날의 서점 현장에 그런 묘미가 모두 사라진 것은 아니겠지만, 적어도 '나'는 이미 그곳으로부터 은퇴했다는 것이다.

사와야さわや서점 이토 기요히코伊藤清彦가 서점원의 상징이던 시대는 확실히 끝났다.

이와테岩手 현 이치노세키一關 시에 있는 이토 기요히코의 자택을 방문해, 작은 고타쓰(이불로 보온하는 난로)를 사이에 두고 그와 마주 앉았다. 그가 앉은 옆쪽에 작은 책장이 있고 책은 한 권씩 책표지가 씌워진 채 제목과 저자 이름이 손글씨로 쓰여 있었다. 책장은 집 여기저기에 있었는데, 책들은 모두 마찬가지 방식으로 보존되어 있었다. 좀 떨어진 곳에는 책장에 다 꽂지 못한 책들을 담은 종이 상자들이 높이 쌓여 있었다. 전부 몇만 권 정도나 될지 본인도 모른다고 했다.

방 옆에는 정원으로 나가는 복도가 있고 툇마루에는 곶감이 매달려 있었다. 초목이 무성한 정원, 그 반대편에는 비닐하우스와 민가 몇 채가 보이고, 멀리 웅장한 산들이 이어져 있는 풍경이다. 석양이 이런 광경을 품으면서 오렌지색과 검은 그늘의 대비가 선명했다. 이 집의 정원이 얼마나 비옥한지, 여름에 마루에서 내뱉은 수박씨가 가을이면 열매를 맺는다는 것이다. 아침에 산양山羊의 발자국이 발견될 때도 있고, 뒷산을 산책하다 보면 멀리서 곰이 나타나 기겁해서 도망칠 때도 있다고 한다.

이토 기요히코는 신간서점 업계에서 저명한 서점원 가운데 한 명이었다. 정확히 말하면 '가장'이란 말을 수식어로 붙여야 할 사람이다. 지금은 자택이 그의 주요 활동 공간으로 계속 책을 읽고 인터넷에 짧은 글을 남기며, 집안일을 하면서 하루하루 지내고 있다.

모리오카盛岡에 있는 사와야서점을 내가 처음 방문한 것은 십여 년 전이었다. '단정적인 책 추천문'을 이 정도로 활용하는 서점이 있을까 싶을 정도로 놀랐던 기억이 있다.

'이 책을 올해 상반기 넘버 원 미스터리로 민다.'
'경찰소설 역사상 최고 걸작이 나왔다.'

오만하다고 생각될 만큼 단정적인 문구를 내건 책 광고판이 매장 여기 저기에 세워져 있었다. 잘난 척 허세 부리는 것이라 할 수도 있지만, 작품의 완성도나 좋고 나쁨을 판단하는 데 자신감이 없다면 쓸 수 없는 광고 문구가 아니겠는가.

그 밖에도 매장 곳곳이 인상적이었다. 특히나 눈길을 끈 것은 지역 관련서를 진열하는 방식이었다. 나는 지방서점의 상징적인 코너인 지역 관련서가 얼마나 매력적인지를 사와야서점에서 비로소 알게 되었다. 한곳에 관련서를 모으는 데 그치지 않고, 입구 근처 화제의 책 코너부터 계산대에 이르기까지 지역 관련서가 놓여 있었다. 이를테면 계산대 앞에는 이와테 지방의 어느 마을에 사는 전설적인 의사에 대해 쓴 책이 있는가 하면, 그 양옆에는 언뜻 보면 맥락이 이해되지 않는 작품들이 놓여 있었다. 이 세 작품의 관계를 아는 사람은 '이 서점, 정말 제대로 하는 곳이네'라고 호감을 갖게 될 것이고, 모르는 사람이라면 '이 세 권이 왜 함께 놓여 있는 것일까' 하고 흥미를 갖게 될 것이다. 책을 매개로 한 커뮤니케이션이 매장 여기저기서 활발히 펼쳐지는 곳이었다.

내가 전국 각지의 서점을 방문할 일이 늘어난 것은 작은 출판사에 취직한 1990년대 중반부터지만, 이미 이 무렵에는 서점이 지역문화를 대표하던 분위기가 점점 사라지고 있었다. 그런데 사와야서점은 이와테의 지역서점이라는 선명한 일체감이 느껴졌다.

그가 책에 눈길을 주는 순간
드라마가 시작된다

사와야서점의 점장 시절 그는 이른바 '서점발(서점이 만드는) 베스트셀러'를 다수 만들어냈다. 다시 말해 출판사조차 판매에 힘을 쏟기 어려운 구간에 일개 서점이 판매에 공을 들이기 시작해, 그것을 계기로 전국 단위로 잘 팔리는 책이 만들어진 것이다. 예를 들어 《천국의 책방天國の本屋》(마츠히사 아츠시松久淳, 다나카 와타루田中渉 공저, 가마쿠라 슌쥬샤かまくら春秋社, 문고판은 신쵸샤新潮社)이 있다. 2000년 말에 발행되어 1년간 1천 부

밖에 팔리지 않아 출판사는 절판하려 했다. 그런데 2002년 이토 기요히코가 매장에서 대량 판매를 시작한 다음부터 주목을 받아, 이윽고 전국적으로 큰 베스트셀러가 되었다. 당시 공저자 두 사람이 "이미 이 책은 우리 책이 아니다. 이건 이토 씨의 책이다"라고 언급했을 정도이다.

그는 '앞으로 팔릴 만한 책'을 발굴하는 예리한 시각의 소유자로도 알려져 있다. 1998년 가을에 발행될 때만 해도 전혀 화제가 되지 않은 《오체불만족五體不滿足》(오토다케 히로타다乙武洋匡 지음, 고단샤講談社)이 다음 해 갑자기 화제가 되었을 때 전국 서점 가운데 가장 많은 재고를 가지고 있던 곳이 사와야서점이었다고 한다. 처음 발행될 때 그 책을 보고 화제작이 될 것으로 직감한 이토는 저자인 오토다케 히로타다의 특집을 방영할 예정인 텔레비전 프로그램을 조사해 그 가운데 가장 반향이 클 것 같은 방송일을 겨냥했다. 3주 전에 출판사로부터 대량으로 매입해 매장에서 눈에 잘 띄는 곳에 미리 진열하고, 제목과 표지를 지역 사람들의 눈에 익도록 만들었다. 텔레비전 프로그램이 방송되면 단골손님들은 "저 책, 서점에서 봤는데!" 하고 떠올리게 된다. 갑작스레 화제작이 되면서 다른 서점에는 재고가 없어도 사와야서점에는 책이 있다는 소문이 입소문으로 퍼진다. 여기까지 미리 짐작한 것이다. 이토에 따르면, 판매에 불이 붙은 1주일 만에 1,200부를 판매했다. 사전에 고단샤에 대량 주문을 할 만큼 인맥과 설득력을 갖추었기 때문에 거둘 수 있었던 성공 사례였다.

이러한 안목과 능력을 지닌 서점에 에피소드가 없을 리 없다. 인기 작가를 다른 출판사에 빼앗겨 어려운 상황에 빠진 한 중견 출판사가 "저곳은 망할 거야"라며 조롱받는다는 말을 듣고, 이토는 그 출판사를 응원하기로 마음먹었다. 그리고 그 출판사가 다시 큰 화제작으로 성공을 거두는 계기를 만들었다는 것이다. "우리 출판사는 모리오카 쪽으로 다리를 뻗고 자지 않는다"는 말을 그 출판사 사람이 들려준 적도 있다. 고마움이 그만큼 크다는 것이다.

이런 에피소드만 모아도 한 권의 책이 된다. 실제로 서점원이 되기 이전의 생활이나 도쿄 야마시타山下 서점 시절 등을 회고한 《모리오카 사와야서점 분투기盛岡さわや書店奮戦記》라는 책도 나왔다.

"이토 기요히코가 책 한 권에 눈길을 주는 순간 드라마가 시작된다."

이런 표현이 결코 과장만은 아니었다. 몇 권의 책은, 당시 인구 30만 명에도 못 미치던 모리오카의 한 서점이 화제작을 만드는 산실이었기 때문이다. 그런 사례들이 하나하나 밝혀질 때마다 이토 기요히코와 사와야서점의 이름은 사람들에게 더 많이 알려졌다.

그런데 이토가 2008년 10월, 사와야서점을 그만두고 무직이 되었다. 갑작스러운 일이었다.

원인遠因이라 할 만한 일은 그로부터 2년 전에 일어났다. 사와야서점 본점에서 걸어서 1분 정도의 거리에 대형서점인 쥰쿠도서점이 신규 점포를 열었다. 매장 면적은 사와야서점 본점의 여섯 배가 넘는 2,310제곱미터(700평)였다. 당시 모리오카에는 교외에 이온이 운영하는 거대 슈퍼마켓이 두 곳이나 생기는 등 도시 구조와 소비자 동선이 크게 바뀌던 참이었다. 다른 지역에서는 이미 일어난 일들이다.

나는 당시 사와야서점이나 도잔도東山堂와 같은 지역의 향토서점들이 그런 변화에 어떻게 대응하는지를 알아보기 위해 모리오카 시청 등 행정기관을 포함해 여러 관계자를 취재했다. 전국적으로 일어나는 서점계의 지각변동 현상을 취재하기 위해 모리오카에서 사례를 찾기로 한 것은, 바로 그곳에 이토 기요히코가 있었기 때문이다. 이온의 매장 진출로 상징되는 도시의 변화, 전국 체인점 계열 소매서점들의 생존을 건 과잉 점포 경쟁은 사와야서점과 같은 매력적인 지역서점을 집어삼킬 것인가? 아니면, 힘과 정열이 있는 서점원이 버티는 서점이라면 변화의 파도를 넘길 수 있을 것인가? 당연히 후자를 기대했지만, 당시 이토는 비관적이었다. 대對 준쿠도 대응 전략 및 대 이온 전략을 세워두기는 했지만, 무모한 저항으로 끝날 가능성이 높다고 그는 솔직하게 말했다. 전국적으로 체인 지점을 확장하는 서점들은 지역문화의 파괴자라는 말도 했다.

이토가 볼 때 이온은 시민들을 교외로 데리고 나가 종래의 공동체를 파괴하는 거대 자본의 대표였으며, 준쿠도서점은 고객을 직접 빼앗아가는 대형 경쟁자였다. 그의 말에 찬동할 수 없는 것은 아니었다. 특히 이온 매장은 주변에 지역 점포나 중소 규모의 점포가 단 한 군데도 없었고, 매장을 찾는 고객은 거기서 필요한 모든 것을 구입할 수 있을 거라고 생각하게 만드는 구조였다. 줄지어 찾아오는 자가용 등을 청소기처럼 빨아들이는 모습이 어쩐지 으스스하게 느껴질 정도였다. 그러나 이온 입장에서는 미개발 지역에 자금을 퍼붓는 위험을 감수하면서 진출한 것이었다. 성공한 사람에게는 그 나름의 이유가 있다. 이온이나 준쿠도를 단순히 '악'으로만 규정하고 호소한다 한들 설득력이 없으리라는 것은 그 역시 알고 있었을 것이다.

이와 같은 커다란 장해물에 직면하여 이토 기요히코와 사와야서점은 어떻게 대응할 것인가. 책 한 권의 판매에 불을 붙이는 일과는 종류가 달랐지만, 그러한 상황에서 모리오카에 새롭게 움틀 무엇인가를 내심 기대하던 내 입장에서는, 그의 2년 뒤 퇴직이란 결말에 크게 낙담할 수밖에 없었다.

내가 전화하자 "드디어 부모님 병 수발 드는 일이 보통일이 아니게 됐어요"라고 이토가 말했다. 그는 당시 처자와 함께 이치노세키 시로 이사하고, 직장이 있는 모리오카에는 신칸센으로 통근하고 있었다. 원거리 통근에다 부모님 병 수발할 시간이 늘어나면서 매일 개점과 폐점 시간에 현장을 지키기가 어려워진 상태였다. 그는 아침마다 입고된 책 상자를 올리며 신간을 접하는 것, 폐점 시 그날의 매출 및 서가 동향을 확인하는 것을 중시했다.

"장남이면서도 대학 때 도쿄로 나간 다음에는 부모님이 계신 본가에 신경을 쓰지 못하고 살았습니다. 지금까지의 불효를 조금이라도 만회하지 않으면 안 되겠다고 생각했습니다. 그런다고 죄가 없어지는 것은 아니겠지만, 당분간은 여기에 전념해야 할 형편입니다."

카리스마 서점원도 구조조정 대상

그런데 다음 해인 2009년 도호쿠東北 지역에 갈 일이 있어 이치노세키 시에 들러 이토 기요히코와 만났더니, 그는 부모님 병 수발에 전념해야 하는 것은 사실이지만 서점을 그만둔 직접적인 계기는 회사의 구조조정 때문이었노라고 말했다. 판매 실적이 떨어지던 사와야서점은 젊은 사원 중심으로 체제 변화를 꾀했다. 다른 베테랑 사원과 마찬가지로 그 역시 퇴직할 수밖에 없었다고 했다. 처음에 그 이야기를 듣고는 퇴직 소식을 들었을 때보다 더 놀라서, 이토처럼 개성과 능력을 갖춘 서점원의 존재 가치에 대해 생각하지 않을 수 없었다. 그런데 시간이 지날수록 생각이 바뀌었다. 당시 사와야서점이 구조조정에 따라 직원을 정리했던 것은 사실이다. 그렇지만 그 단어가 연상시키는 경영자와 피고용자의 비정한 관계는, 이토 기요히코와 사와야서점의 사장인 아카자와 게이치로赤澤桂一郎 쌍방의 이야기를 들어보면 꼭 그렇지만도 않은 듯했다.

사정이야 어떻든 이토 기요히코가 서점을 떠났다는 것은 큰 충격이었다. 나에게 그는 서점 매장에서 일하는 서점원의 힘을 상징하는 최대 영웅이었다. 세상에서 말하는 '카리스마 서점원'이라는 표현을 혐오하면서도, 그를 존경한 장본인이 나였다. 독자적으로 베스트셀러를 연속해 만들어내는 실력, 풍부한 독서량을 바탕으로 새로운 저자를 발굴하는 욕심, 재고가 별로 남지 않은 책을 독점 입수해내는 실력, 지역 관련서도 다른 곳에서는 찾아보기 어려울 만큼 매력적으로 표현해내는 매장 구성력 등등. 내가 매장을 방문할 기회는 많지 않았지만, 책을 판매하는 행위가 얼마나 많은 실력을 필요로 하는지를 그가 늘 알려주었다.

또한 이토는 그것을 주위에 강력하게 전달하는 데도 능했다.

서점 재직 때 이토는 차츰 매스컴 노출이 많아지면서 도쿄, 때로는 멀리 규슈九州까지 초청받아 동종 업계의 서점인들 앞에서 강연했다. 나도 내가 몸담았던 업계 신문에 때때로 그에 관한 기사를 쓰며, 그가 칼럼을 연재하도록 하기도 했다.

쓰거나 말할 때 그는 '책'과 관련해 좋은 점과 나쁜 점을 명확히 가렸다. 저자가 쓴 한 편의 역작을 소홀히 다루는 것에 대해서는 매우 비판적이었지만, 출판시장의 파도에 쓸려 사라지려는 좋은 책에 대해서는 더없이 따뜻한 눈길을 건넸다.

그는 대세의 흐름 속에서도 의문을 품고 소수자 쪽에 서서 생각했다, 그것이야말로 '책'에 대한 기본자세라고 여기는 것이다. 돌출적인 판매 실적을 거두는 이토가 말하기 때문에 설득력이 있었다.

서점 경영론에 대해서도 이상에 기반한 냉철한 견해를 갖고 있었다. 그가 주장하는 것 가운데 하나가 "현장 종업원은 균형 있게 남녀노소를 배치해야 한다"는 것이다. 대다수 서점이 인건비 절감을 이유로 젊은 여성 종업원만 채용하는 방향으로 편중되는 것을 염려한 말이다. 예를 들어 폭력적이거나 섹스를 묘사한 하드보일드 소설 가운데에도 뛰어난 작품들이 많다. 그러나 서점의 문예물 담당자나 문고본 담당자가 젊은 여성들로만 편중되면서, 역량 있는 작가나 작품이 발굴될 토양이 부실해졌다는 것이다. 그는 서점원 한 사람 한 사람의 판단이 축적되어 한 장르나 작품의 생사와 연관된다는 것을 서점업계와 경영자들이 인식해야만 한다고 주장했다. 여성 멸시적인 발언이라고 오해받을 것을 경계하면서도, 그것을 계속 말해왔다.

서점 현장에서 현재 일어나는 일들은 '책'의 미래에 큰 영향을 미친다. 그의 주장과 실천은, 서점 현장의 종사자들이 주체성을 갖고 항상 '책'을 다뤄야 한다고 강조한 점에서 일관성이 있다.

앞에서 언급한 것처럼, 일개 서점원이면서도 세상에 이름을 알린 서점원들은 주위의 시선을 받을 수밖에 없다. 그러나 그것만으로 이토가 무너질 것이라고는 생각하지 않았기 때문에 나는 그다지 신경 쓰지 않고 기자로서 때때로 필요한 말들을 그에게 요청했다. 나 역시 그를 무너뜨린 가해자라는 생각은 좀 어처구니없는 것일 수 있다. 나는 그의 언행이 젊은 서점원들에게 하나의 지침이 될 것으로 생각해왔다. 그를 매체에 활용한 것을 후회하고 싶지는 않다.

그것보다는, 그의 부재로 서점원의 존재 의식이나 비전이 크게 흔들리고 말았다. 그렇게 단정하고 싶을 만큼 낙담이 컸다.

지역서점은 본점 지시에 따르고 출판사와 접촉하지 말라

이토 기요히코의 아버지는 그가 사와야서점을 그만두고 약 10개월이 지난 2009년 8월에 세상을 떠났다. 어머니는 지금도 건재하다.

병 수발에 전념한다고는 했지만 완전히 은둔하기로 정한 것은 아니어서, 그는 현장 복귀를 모색하고 있었다. 아버지가 돌아가시기 전에 일정 기간 체인서점에 다시 취직하기도 했다. 부모님의 병간호를 동시에 해야 해서 이치노세키 시에서 일할 수 있는 곳을 찾은 결과였다. 아버지가 입원한 병원에서 자동차로 불과 2, 3분 거리에 있는 서점이었다.

그러나 이토는 그 서점에서 1주일간의 연수를 거쳐 현장에 나간 지 3일 만에 그만두었다.

"처음부터 판단을 잘못했어요. 좀 초조했던 것 같습니다."

그 서점은 그가 미워했을 이온 건물에 입주해 있었다. 휴대전화 소설을 아직도 문학 코너의 앞면에 진열하는 서점이라고 그는 말했다.

"진열할 책의 구색은 전부 본부가 정합니다. 이건, 개인적으로 그런 서점이 싫다는 수준의 말이 아닙니다. 그들이 착각하고 있을 뿐이라는 말입니다. 고객에게 이토록 실례되는 일은 없어요. 지역이나 고객층에 따라 진열해야 할 책이 다릅니다. 이치노세키라는 지역을 알지 못하는 본부에서 진열할 책의 구색을 정하면 절대로 좋은 서점이 될 수 없습니다."

우선은 참아가면서 시간을 두고 본부나 현장을 설득해가는 방법도 있지 않았을까 물었지만, 그는 노기를 띠었다.

"글쎄, 완전히 다른 거라니까요. 해온 방식이. 우선 인맥을 부정합니다. 첫날 내가 부르지 않았는데도 전에 알던 출판사 영업자가 알고 찾아왔더라고요. 그냥 선의로 격려하는 인사치례였겠지요. 그런데 그 일이 본부에까지 전달되어 앞으로는 접촉하지 말라고 하는 겁니다. 내가 일하면 출판사 사람들이 찾아오겠지만, 서점에서는 출판사 인맥을 활용하지 말라고 하더군요. 그 말을 확실히 들었습니다. 나도 완전히 부정하지는 않겠어요. 그런 방식도 있을 수 있다고 봐요. 다만, 직원들과 3일간 함께 일하면서 참 불쌍하다는 생각이 들었어요. 현장이 본부의 지시대로만 움직여야 했거든요. 오전에는 본부와 협의하느라 시간을 뺏겨 신간을 진열하는 작업이 밀렸어요. 고객을 바라보지 않는 겁니다. 또 감시 카메라가 달려 있어서 본부에서 실시간으로 감시합니다. 점장 책상에는 의자도 없어요."

— 네?

"업무 시간에 앉지 말라는 뜻입니다. 다른 소매업이 하는 방식을 흉내 내는 것이겠죠. 연수 때도 감시 카메라 영상을 보여줍디다만, 우와, 이렇게 쥐어짜는구나 싶었지요. 서점의 지점 수를 지나치게 늘린 폐해라고 봅니다. 사원을 믿지 않는 것이죠. 나는 전혀 다른 방식으로 했습니다. 고객이 뜸한 시간대가 있는 법이거든요. 그때는 '그럼 이제부터 두 사람씩 30분 휴식, 그 대신 바쁠 때는 열심히 해야 한다'고 당부했어요. 그런데 그 서점은 현장에서 판단하도록 하는 요소가 거의 없었습니다. 본점이 정한 방침대로 그렇게 하는 것이겠습니다만."

이토가 얼굴을 찡그리며 오른쪽 귀에 손가락을 집어넣었다. 후벼낸 귀지를 옆에 있는 쓰레기통에 털어냈다.

― 신간서점에 복귀하려고 했습니까?

"한때는 완전히 떠나려고 생각했습니다. 그러나 그건 좀……. 아깝지 않아요?(웃음) 어딘가 서점으로 돌아가고 싶었지요. 그렇지만 신간서점이 아니면 안 된다는 마음은 그다지 없어졌어요. 어떤 식으로든 책을 다루고 싶어요. 생활이야 어떻게든 유지하면 되겠지만……. 지금은 현장에서 책을 만지지 못하는 게 가슴 아플 뿐입니다. 접객을 포함해서, 현장에 없으면 금세 노쇠해질 테니까……."

― '접객을 포함해서'라는 말은 어떤 의미인가요?

"역시 서점원으로 일한다는 묘미가 있잖아요. 손님들이 이런 책은 없냐고 물었을 때 아는 분야면 이런저런 책이 있다고 알려주거나, 진열하려는 책과 함께 진열할 책을 생각하면서 폭을 넓혀가는 거지요. 그것을 나는 의식적으로 다른 고객들에게도 보여주었어요. '아, 이 서점에서는 책 이야기를 하면 뭔가 도움을 주는구나' 하는 것을 알게 하자는 것이지요. 여기에 빠지면 정말 재미있습니다. 그런 손님이 자꾸 찾아오게 해서 서점을 고객과 함께 만들어가는 것이 중요합니다. 무엇보다 현장을 중시해야 합니다. 나는 본부에서 정해 보내주는 숫자를 보고, 지점별로 책을 나누는 게 무슨 재미가 있을까 생각했어요. 직종마다 현장만의 독특한 재미란 게 있고, 그중에서도 서점은 최고라고 생각해요. 확장성과 깊이가 있어요. 거기에 고객들이 관련되면서 더욱 재미있어지거든요. 이런 재미를 발견하지 못하고 그냥 일한다는 것은 안타까운 일입니다. 그건 그냥 노동이잖아요?"

이야기를 하는 동안 그의 눈이 빛났다. 역시 신간서점 업계는 아까운 사람을 잃었다고 생각되었다. 물론 그가 고향 집에서 가까운 이치노세키 시내로 제한하지만 않는다면 그를 찾는 이들이 분명히 있을 것이다. 그러나 본인은 이미 신간서점에 돌아가고 싶은 의욕을 잃었다고 말했다.

돌아가지 않게 되기를 바라는 것 같기도 했다.

와카야마에서 이하라 마미코의 그림책 읽어주기 행사를 보고 나서 4개월이 지났다. 그사이에 보고 들은 몇 가지 장면이 영향을 준 것인지도 모르겠다.

한 상자 도서관,
희귀한 초판본이 나타나다

여름이 끝나갈 무렵 나가노長野 현 이나伊那 시 다카토마치高遠町에서 열린 '제2회 다카토 북페스티벌'을 찾았다. 작가인 기타오 토로北尾トロ 등이 중심이 되어 추진한 '다카토를 책의 마을로'라는 캠페인을 홍보하기 위한 이벤트이다. 확실한 목적이 있는 것도 아니어서 갈지 말지 주저했지만, 평일을 택해 자동차로 현지에 갔다. 작가로서만이 아니라 제작과 판매, 다카토 프로젝트 등 '책'의 여러 국면에 몸을 던지며, 어디까지나 실제 체험에 기반해 글을 쓰고 말해온 기타오 토로에게 나는 경의를 표해왔다.

'책의 집'도 기회가 되면 찾아가보고 싶은 곳이었다. '책의 집'은 기타오

토로와 도쿄 니시오기쿠보西荻窪에서 중고서점 하토란도ハートランド(하트 랜드)를 운영하던 사이키 히로시齊木博司 등이 다카토에서 열리는 북페어 (책의 전시 판매회)에 '책 마을'을 구상한 거점이기도 하다. 프로젝트를 추진하기로 결정하자 가게를 시원하게 정리하고 다카토로 이주한 사이키 에게도 나는 흥미가 있었다. 산에 올라가 스키를 탈 수 있고, 거기에 술이 있다면 어디서든 살 수 있다고 큰소리치는 사이키에게는 보통의 서점주나 서점원들에게 찾기 어려운 자유로움이 느껴졌다.

페스티벌 기간임에도 평일이어서인지 다카토는 관람객이 적고 조용했다. 그날은 난로가 있는 목조 저택을 행사장으로 삼아 나가노 현 각지에서 '책'에 관련된 지역활동을 하는 사람들이 모여 심포지엄을 열었다. 발표자로는 오부세마치小布施町 도서관장, 가루이자와輕井澤 북카페 경영자 등이 참석했다.

이 심포지엄에서 처음 안 것이 나가노 현 오마치大町 시 '혼토오리本通り 상점가'에서 열린다는 '거리 도서관' 운동이었다. 운동을 주도하는 호리 겐이치堀堅一는 호방한 말투로 청중을 사로잡으며 자신의 활동에 대해 설명했다. 전부터 '책'이 있는 장소가 줄어드는 것에 위기감을 느낀 호리는, 지역에서 노인이 사망한 뒤 유족이 고인의 장서를 폐기하는 사례가 많다는 것을 알게 되었다. 일반적으로는 중고서점에 팔거나 공공시설에 기부하는 경우가 많지만, 시내에는 그렇게 맡길 만한 곳이 적은 데다 '북오프' (중고책 서점 체인)와 같은 곳도 멀었다.

이제까지 폐기된 책들 중에는 상당히 희소한 책도 있었던 듯하다. 그래서 호리는 3년 전부터 상점가에 입주한 집집마다 가게 앞이나 가게 안에 '한 상자짜리 도서관'을 설치하자고 호소했다. '불필요한 책은 여기에 넣어주세요.' 이렇게 손님들에게 메시지를 전달했다. 상자에 있는 책은 누구나 빌려가도 좋고 그대로 들고 가서 장서로 삼아도 좋다. 지금은 상점가에서 20개 점포가 여기에 동참해 상자를 설치했고, 취지에 찬동한 치과병원은 자신이 소유한 건물 일부를 이 용도로 쓰기 위해 개방했다고 한다.

심포지엄이 끝난 뒤 뒤풀이 도중에 돌아가려던 호리를 주차장에서 불렀다. 재미있는 이야기였다고 말을 전하자, 그는 책과 관련된 일을 하고자 한다면 지금밖에 없지 않겠느냐고 발랄하게 외쳤다. 별이 흩어진 밤하늘에 그의 외침이 울려퍼졌다.

"당신, 좌담회 때 메모 열심히 하던데, 출판 전문가인가요?"

— 전문가는 아닙니다만, 흥미를 갖고 있습니다.

"의견을 듣고 싶어요. 옛날 책이란 게 한자만 잔뜩 있어서 읽기 어려웠잖아요. 그에 비하면 요즘 책들은 히라가나가 가득해요. 하지만 어려운 한자를 읽지 못하는 사람이 늘어난다는 것은 일본인의 수준이 점점 떨어진다는 거 아닌가요? 예를 들면 괴테의 책도 처음에 일본어로 번역한 사람이 있었기 때문에 현재 읽기 쉬운 번역본이 존재하는 거겠지요. 지금 괴테의 책이 있으면 그만이라는 문제가 아니라, 옛날 번역본도 남기지 않으면 안 된다고 나는 생각해요."

평소에는 상점가를 슬리퍼 차림으로 활보하는 것이 어울릴 것 같은 아저씨한테 괴테의 이름이 튀어나온 게 이상했다.

"상자에는 다양한 책들이 모입니다. 요전에는 히구치 이치요樋口一葉의 초판본이 나왔어요. 매일 모든 상자를 보면서 귀중하다고 생각되는 책은 내가 따로 뽑아놓습니다. 모아두었다가 언젠가, 어딘가에 보관하려 합니다."

그 상점가에도 지역민이 운영하는 작은 신간서점이 있다.

"서점 때문에 신경이 많이 쓰였습니다. 무료로 읽을 수 있는 책이 주변에 있으면 싫어할 거라고 생각했거든요. 서점에 갔습니다. 땅에 엎드려서라도 이해해달라고 부탁하려고요. 장사를 방해해서 죄송하다, 지역을 위한 일이니 이해해달라고 말이지요. 그런데 서점 주인은 오히려 고맙다고 하더군요. 책에 흥미를 가진 사람들이 늘어난다면 언젠가 구입하는 사람도 늘어날 것이라며, 감사하다고 하더군요. 기뻤지요."

나중에 오마치 시에 가보았다. 그의 본업은 건축·건설 자재 판매회사의 영업과장이다. '거리 도서관'을 생각하게 된 것은 심포지엄에서 이야기가 나오기도 했지만 '셔터토오리'(폐업으로 셔터를 내리는 곳이 많아진 거리의 비유–옮긴이)를 어떻게든 해봐야 하지 않겠냐고 상담을 받은 것이 계기가 되었다고 했다.

"지역 활성화라고 하면, 인구를 늘려야 한다거나 하면서 상승 지향주의로 치닫는 경우가 많은데, 나는 그런 생각을 하지 말자고 합니다. 불필요한 도로를 새로 만들거나 하지 않고, 인구가 적더라도 어깨를 맞댈 수 있다면, 가난한 마을이 되어도 좋아요. 돈이 없더라도 즐겁지 않으면 지방은 유지되기 어렵습니다."

상점가에 점포를 갖고 있는 것도 아닌 그에게 왜 사람들이 상담하는지 의문이 생겼지만, 이야기를 들어본 바로는 사람들과의 소통을 즐기고 누군가의 부탁을 들어주면서 평판이 높아진 사람이라고밖에는 할 수 없을 듯했다. 독서 편력도 풍부해서 '보통 아저씨'는 아니라는 것을 점점 느낄 수 있었다.

오마치 시의 관광홍보 콘셉트는 '여자 물女清水'과 '남자 물男清水'이라는 두 종류의 맛 좋은 물을 마실 수 있다는 것이다. 이야리居谷里라는 연못의 용수湧水는 부드럽고, 알프스산 시라사와白澤의 용수는 약간 경도기 있다는 점에 착안하여 그런 명칭을 붙였다. 어느 물이든 상점가 여기저기에 급수장이 있어서 무료로 가져갈 수 있다. 친절하게도, 특제 라벨을 붙여 페트병에 담긴 식수까지 공짜로 받아갈 수 있다.

다카토 심포지엄에서 배포된 전단지에는, 이 '여자 물'과 '남자 물'로 불리는 용수가 동서로 나뉜 마을을 연결시키는 계기가 되었다는 설화가 실려 있다. 이 설화가 언제부터 전해진 건지 물었더니 2007년부터라고, 남의 일인 양 태연하게 대답했다.

"이것이 처음 쓴 이야기이니까, 아마도 그때 정도일 거예요."

― 호리 씨가 썼다는 것입니까?

"그렇습니다. 역사적 사실에 근거한 부분이 8할, 제 완전한 창작이 2할 정도일까요? 그런데 각지에 남아 있는 설화나 민화란 게 다 그렇게 생겨난 거 아닌가요? 제가 쓴 것이 좋은 이야기라면 천년 뒤에도 남아서 회자될지 모르죠. 별 볼일 없는 이야기라면 몇 년만 지나도 기억해주지 않겠지만요."

호리는 4년 전부터 민화나 설화를 쓰기 시작했는데, 그것을 어디다 홍보하거나 정리해서 한 권의 책으로 만들 계획은 일절 갖고 있지 않았다. 다만 지역 사람들의 걱정거리를 듣고, 그들에게 힘이 될 만한 이야기를 써서 선물하고 싶었다.

"민화는 별도로 치더라도 '거리 도서관'은 참 잘한 것 같아요. 그건 '진짜'라고 생각해요. 3년이 지나고 나니 제가 아무것도 안 해도 나름 돌아가요."

JR 오마치 역 앞부터 이어진 상점가의 이곳저곳에 진짜로 상자들이 놓여 있었다. 상점 주인들에게 물어보니, 돈도 안 들고 누군가 직접적인 이익을 얻는 것도 아니어서 비교적 호평을 받는 듯했다. 지역 출신의 미스터리 소설 작가의 책이 가득 찬 상자가 등장하는 등 알찬 목록을 유지하기 위해 궁리하는 것처럼 보였다. 다만, 이런 지역 발전 대책에 상점가가 일치단결하고 있는가 하면, 상대적으로 적극적인 곳과 그렇지 않은 곳으로 나뉘어 있는 것으로 보였다.

이 책이 사라져도 좋은가?

가을에는 고서점 분세이쇼인文生書院의 사장이자 전국고서적상조합연합회의 이사장이기도 한 오누마 요시시게小沼良成의 강연회에서 내가 사회를 볼 기회가 있었다. 도쿄 고엔지高円寺에서 열린 즉석 판매 행사의 하나로 기획된 것으로, 이벤트의 주최자이기도 한 고엔지에 있는 북카페 '사보茶房 고엔지쇼린高円寺書林'의 하라다 나오코原田直子가 소개해준 것이다. 고서점업계를 접한 것은 거의 처음이어서, 고서조합이 여는 판매장을 견학하고 오누마 씨에게 고서점 경영의 기본과 현황에 대해 소상히 들을 수 있었다.

오누마가 가르쳐준 것 중 '치고 들어간다きりこみを入れる'(칼자국을 낸다)라는 말이 있었다. 고서 판매업에서는 한 분야의 도서 장르를 스스로 만들고 시장가격을 올려 이익을 얻는 것이 장사의 묘미이다. 잘만 되면 수만 엔에 매입한 책을 수십만 엔에 판매하는 것도 가능하다. '치고 들어간

다'는 것은, 이러한 일련의 과정을 스스로 기획해서 만들어가는 것을 말한다. 오누마 자신의 체험담, 근래 고서점업계에서 화제가 된 사례를 하나씩 들며 고서 장사를 해온 사람의 드라마가 펼쳐졌다. 물론 이미 성숙한 고서시장 역시 고민이 많다. 이른바 희귀본을 가진 장서가도, 그것을 찾는 사람도 갈수록 줄고 있기 때문이다.

그런데 고서의 세계에는 알기 쉬운 '계승'의 매력이 있었다.

재판매가격유지제도(정가판매제도)에 따라 출판사가 판매 가격을 정하는 신간과 달리 고서점에서는 책 가격이 유동적이다. 책을 손에 쥔 사람의 취급 방법이나 주인의 기획 여하에 따라 고액으로 거래되기도 하고 묶음으로 헐값에 팔리기도 한다. 그렇다고 책 내용이 바뀌는 것은 아니다.

고서점에서는 기원전에 쓰인 플라톤의 《국가Polis》를 100엔에서 수백 엔 사이로 살 수 있다. 오래되어 너덜너덜해진 문고본이라면 그럴 것이다. 그러나 에도시대부터 보존돼온 《해체신서解體新書》를 사고 싶다면 몇백만 엔이 필요할지 알 수 없다. 100엔짜리 책이라도 부실한 책이라고 말하기 어렵고, 100만 엔짜리 책이 누구에게나 매력이 있는 것도 아닌 것과 같다. 내용적인 가치가 반드시 가격에 반영되는 것도 아니어서 '물건'으로서의 희귀성이 중시되는 경우가 많다. 물건의 수가 적다는 것이 전자책 시대에 얼마나 의미를 가질 것인가 하는 문제가 아마도 고서점업계에도 있겠지만, '보기에도 오래된 책'은 그것이 오랜 세월 동안 사람들에게 읽히고 계승돼왔다는 것을 한눈에 보여준다. 바로 그 점을 가격으로 평가하는 것이라고도 할 수 있다.

고서와는 각도가 다르지만, 신간시장에서 책은 도서정가제가 적용되어 소매가격이 사실상 변동되지 않기 때문에, '책'의 내용 부분은 가격 가치로부터 분리되어 교환된다는 측면이 있다. 신간이건 고서이건, 직업이나 사업 측면에서 '책'과 관련된 사람은 매출과 이익을 얻지 않으면 안 된다. 그러나 본래는 금액으로 가치를 붙이기 어려운 것에 여러 체재나 부수적 가치를 부여함으로써 수익으로 연결시키는 것이 '책' 장사라고 생각해본다면, 장사와 관련된 것만이 '책'을 대하는 것이라고 하기 어렵고, 직업이라 하더라도 그 방법은 좀 더 다양해져도 좋으리라고 생각한다.

오누마 요시시게는 그 무렵 《산동삼주 일본인 전화주소록山東三州日系人電話住所錄》이라는 사료를 연도 판별로 모아 복간하는 사업을 추진하고 있었다. '산동삼주'란 미국 로키산맥의 동쪽에 있는 세 개의 주를 가리키는데, 그 지역에 살았던 일본 교포들의 연락처를 모아 정리한 것이다. 1958년 판을 드디어 찾았다고 오누마는 기쁘게 말했다. 여기에 값을 붙여 돈 받고 팔면 장사가 된다는 것인데, 먼저 생각해야 할 것이 '이 책이 세상에서 사라져도 좋은가?'라는 기록과 계승의 의의라고 한다.

고서점의 세계를 살펴보고 신간서점 공간으로 돌아오자, 거기서 일하는 서점 주인이나 서점원들이 왠지 불리한 일을 하는 것처럼 느껴지기도 했다.

종이책이어야 하는 책,
전자책이어도 좋은 책

준쿠도서점의 후쿠시마 아키라는 그의 저서에서 "독자란 책의 후원자patron"(《희망의 서점론》 등)라고 정의한다. 책은 단순한 소비재가 아니라 후원자라는 존재에 의해 유지되는 것이고, 시장경제 체제인 오늘날에는 책을 구입함으로써 저자에게 다음의 창작 기회를 부여하는 독자가 그 후원자에 해당한다는 것이다. 신간서점 입장에서 본 '책'의 본질을 말하는 것으로 여겨진다. 저자가 책을 쓴 대가로 수입(인세)을 얻을 수 있는 것은, 기본적으로 그것이 신간으로 판매되었을 때이다. 신간을 취급하는 서점이 하는 역할은 틀림없이 크다.

그러나 지금 신간서점의 현장에서 그와 같은 사회적 역할을 실감할 수 있도록 해주는 서점원이 몇 명이나 될까? 매일 대량의 책이 들어오고 대량의 책을 반품한다. 소비(구매)의 최전선에서 눈앞의 판매량만 우선시하는 장면들이 늘어가고 있다. 책의 홍수 속에서 자신은 오로지 물건을 '처리'하는 것에 지나지 않는다는 자책이 많은 것은 아닐까.

신간서점의 경우, 새롭게 세상에 나온 작품과 가장 먼저 만난다는 기쁨이 있을 것이다. 그러나 굳이 다른 사람보다 먼저 새로운 책과 만날 필요는 없을지도 모른다. 그보다 중요한 것은, 자신이 하고 있는 일의 의의를 제대로 인식할 수 있는 방식으로 '책'을 접하는 것이다.

예를 들면, 히구라시문고를 만든 하라다 마유미처럼 말이다.

그런데 당연하게도 일이란 것은 그렇게 간단하지가 않아서, 개업한 지 반년이 지나자 하라다 마유미는 벽에 부딪쳤다. 제1장에 실린 인터뷰 이후 나는 때때로 히구라시문고에 들러 취재도 잡담도 아닌 대화를 나누었다. 그녀는 언제나 수다스러웠다. 체질적으로 침묵하기 어려운 스타일인지도 모르겠다. 하나를 물으면, 답을 찾는 사이에 질문에서 멀어지는 화법을 구사한다. 그래서 말하는 도중 다시 질문을 던지면, 이야기는 더 먼

방향으로 나아간다. 발상이 연쇄적으로 일어나는 듯한데, 정리가 안 되는 이야기들이 줄줄이 이어진다. 그것이 그녀의 매력이기도 한데, 이야기가 계속되는 도중에도 다른 쪽으로 신경이 잔뜩 쓰이게 마련이다. 손님이 오지 않는다는 것이다.

어떤 날은 1시간이 지나고 2시간이 지나도록 고객이 한 사람도 찾아오지 않을 때가 있다. 내가 주로 평일 낮에 찾아간 탓인지도 모른다고 생각했다. 그래서 요일이나 시간대를 바꾸어 찾아가보았다. 한두 사람 오기는 했지만, 계속 손님이 와서 나를 상대해줄 틈이 없을 정도는 아니었다. 정기적으로 야외시장이 열리는 날만은 예외였다. 상점가의 일상적인 손님을 모으는 능력에 영향을 받는다고 보면, 그건 소매점이 지닌 숙명이라고 하지 않을 수 없다. 그렇다면 옆집의 채소가게나 비스듬히 건너편에 있는 고깃집 등은 어떻게 생계를 이어왔다는 말인가.

서점에서 이야기하고 있으면, 밖에 놓인 염가 서가나 상자 앞에 서서 책을 살펴보는 사람이 이따금 나타난다. 하라다는 나와 이야기하면서도 손님이 이쪽으로 눈을 돌리는 순간을 기다린다. 눈이 맞으면 약간 미소를 지으며 가볍게 인사한 다음 "안으로 오세요" 하고 불러들일 분위기를 만들려 한다. 그러나 다음 순간 상대는 눈길을 돌려 가버린다. 먼저 와서 자리 잡고 있는 내가 방해가 되는 것이나 아닌지 신경이 쓰인다.

16.5제곱미터(5평)라는 좁은 공간에 익숙해지는 일이 내게는 무척 어려웠다. 서가는 몇 번 방문하는 사이 이미 눈에 익었다. 그녀가 서가 구색을 궁리하지 않는 것은 아니다. 잡화와 출판사에 직접 주문해 받는 신간은 갈 때마다 강조하는 것들이 바뀌어 있었다. 작은 탁자의 위치도 자주 바뀐다. 벽에 붙인 작품이나 책 광고판에 적힌 메시지도, 미세한 시행착오

를 거듭하고 있음을 보여준다. 그런데 그런 변화를 알아차리는 데는 많은 시간이 걸리지 않았다. '책'에 둘러싸여 있는데도, 대형 서점과 딜리 혼사서 책에 집중하기는 어렵다.

내방객 상황으로 볼 때 매출액도 별로 있을 것 같지가 않았다. 하루에 최저 8천 엔을 기준으로 삼는다는 말을 들었을 때 놀랐는데, 그것을 밑도는 날도 드물지 않다는 것을 알 수 있었다. 통신판매를 하거나 주말에 다른 지역에 이벤트가 있으면 가서 출장 판매도 하는 모양이지만, 대체로 매출의 기본은 서점에서 발생하는 것 같았다.

"저축한 돈을 털어서 대고 있어요. 앞으로 계속해나갈 수 있을지 기운이 빠지기도 하고요."

대화 도중 그런 말들이 이따금씩 나오기도 했다. 파르코북센터와 리브로 시절의 경험담을 말할 때 그녀의 이야기에는 열기가 있었다. 자신의 서점에서 걸어서 갈 정도의 거리에 있는 이케부쿠로, 또는 시부야의 대형 서점의 부산스럽던 시절을 그리워하는 것처럼 들리기도 했다.

나는 밖에서 들은 이야기들을 종종 하라다에게 전해주었다. 후쿠시마 아키라의 '종이책과 전자책' 강연회 내용을 이야기하자 그녀도 자기의 지론을 들려주었다.

"저는요, 전자책 시대는 틀림없이 온다고 생각해요. 특히 문자 위주의 책들은 아마도 거의 그쪽으로 갈 거라고 봐요. 출판사들이 눈사태가 나듯이 전자책 사업에 뛰어들 때가 그리 머지않아 닥칠 거라고 생각해요."

— 이를테면, 소설 같은 것들은 기본적으로 전자책으로 나올 거라는 말인가요?

"네. 예를 들어서 무라카미 하루키의 신간은 반드시 두 종류로 나온다

든가 하는 식으로요. 읽고 싶은 사람을 위한 전자책 발행이 기본이고, 종이책은 무라카미 하루키의 팬들을 위해 호화로운 양장본으로 만들어 자택 서가에 장서로 두게끔 디자인해서 만드는 거죠."

현재 전자책이란 '종이책을 디지털 화면에서도 읽을 수 있도록 만들었다'는 것을 가리키는 경우가 많다. 나는 이런 전자책들은 그다지 독서생활로 정착하지 못한 채 사라질 것이라 생각해왔다. 전자책으로 보급되는 것은, 읽는 사람이 스스로 바꿔 쓸 수 있거나 지속적으로 내용의 업데이트가 필요한 것이 아닐까 생각했던 것이다. 소설처럼 한 사람의 작가가 쓴 문장 표현으로 굳어진 것은 당분간은 물질로 고정된 종이 속에 담길 것이라고 본 것이다.

그런데 이야기하는 가운데 그녀는 자신이 속한 종이책의 행방에 대해 상당히 냉정하게 전망하고 있다는 것을 알게 되었다. 그러면서도 '종이책은 강하다' 따위의 근거 없는 낙관론으로 서점을 운영하면 반드시 실패한다고 자신을 경계하는 듯했다. 그녀의 이런 자세가 '종이책과 전자책' 논의를 다시 생각하도록 나를 자극했다. 확실히 파피루스에서 종이책에 이르는 진화, 또는 필사본에서 인쇄본으로의 진화는 어디까지나 기록, 보존, 휴대성, 전달의 성능을 높이기 위해 생겨난 것들이다. 따라서 앞으로 버튼 하나로 데이터를 전송받아 읽을 수 있는 전자책이 위력적이지 않다고 단언할 수 있을까? 바꿔 쓰기가 필요한 책이 전자책으로 어울린다거나 확정된 문장 표현에 종이책이 맞다거나 하는 내 생각은 결국 종래의 종이책 입장에 선 사람의 발상에 지나지 않을지도 모른다. 한번 읽고 마는 것이라면, 점점 공간을 점령해가는 종이책을 구입할 필요가 없는 생활양식이 확산되리라고 보는 것이 논리적 모순이 없을 것이다.

─ 그런 생각은 이 서점의 서가에도 반영되어 있습니까?

몇 번이나 왔으면서 그런 것을 묻느냐고, 그녀가 생각했을지 모르겠다.

"그렇게 할 생각이에요. 종이책이 아니면 안 되는 책들을 주역으로 삼고 싶어요. 예를 들면 집어들 때의 촉감을 포함해 작품으로서 완성도가 높은 책, 전체적인 질감이 작품의 이미지와 관계된 책들요. 지금 당장은 완벽하게 선별하지 않고 있지만요. 많은 고객은 그와 같은 상황 변화에 그다지 신경 쓰지 않기 때문에 문고본이나 신서판, 제가 볼 때는 언젠가 전자책이 되리라 생각되는 소설도 진열하고 있어요."

확실히 그녀가 말한 대로였다. 그녀가 작은 서점 공간에서 전면에 내세우는 책들은 인디 계열의 서브컬처(하위문화) 잡지 중에서도 종이 질감을 중시한 책이나, 시각적인 측면에서 종이책으로 보는 편이 아름다운 사진이 많이 실린 책들이었다.

이건 종이책이 아니면 안 되는 책, 이건 전자책이어도 좋은 책, 이런 식으로 둘이서 한 권 한 권의 책을 확인해나갔다. 종이책인 편이 더 좋겠다는 의미도 여러 가지가 있다. 인기 잡지인 《생활의 수첩》은 여전히 종이책인 편이 편집 내용과도 맞을 듯하고, 고서로 하라다가 계속 비치해둔 《퀵 재팬》 등도 작은 판형의 묶음 속에 문자가 잔뜩 들어 있다는 점에서 편집 내용과 불가분의 관계에 있다고 보았다. 인디 계열의 디자이너들이 만든 엽서나 편지지, 도매상에서 들여온 입욕제와 같은 잡화를 늘어놓은 것이 '서점'으로서의 이미지를 약하게 만드는 것은 아닌지 나는 약간의 불만을 느꼈는데, 이 역시 그녀에게는 방침이 있었다.

"그럼 그런 식의 분류법만으로 좋은가 하면, 그렇지는 않다는 생각이 들어요. 아직 결론 내리기는 섣부른 것 같아요."

그렇지만 그것만으로 시대의 변화에 대응하기에는 커다란 벽이 하라다 마유미의 앞을 가로막고 있었다.

무엇보다도 당장 손님이 너무 적다. 개점한 지 반년이 지난 히구라시문고가 아직까지 자립할 기미는 보이지 않았다.

연간 1천 개 서점이 문 닫는 시대

'거리 도서관' 운동의 호리 겐이치, 분세이쇼인의 오누마 요시시게, 히구라시문고의 하라다 마유미. 무언가 결정적인 답을 얻은 것은 아니지만, 이토 기요히코가 복귀하는 장이 반드시 신간서점일 필요는 없다는 생각에 이른 데는, 그들과의 만남이 큰 영향을 미친 듯하다.

얼마 전에도 서점이 문을 닫았다는 이야기가 들려왔다. 갑작스러운 폐점 통보와 함께 서점에서 해고된 점장과 만났다. 20대부터 30년 가까이 근무한 그에게 이렇다 할 잘못이 있었던 것도 아니다. 연간 1천 개 전후의 속도로 서점이 문을 닫는 시대에 살아남을 만큼 탁월한 능력이 없었다고 말할 수 있을지는 모르겠다. 적자가 쌓여 사장도 어쩔 수 없이 폐업 결정을 내렸고, 왠지 회사 탓을 할 마음은 들지 않는다며 그는 오히려 담담한 표정으로 이야기했다.

주목받지 못하던 책을 팔리는 책으로 만드는 기획판매를 곧잘 해낸 이토와 같은 서점원의 성과를 도매상이나 출판사는 POS 시스템의 데이터를 통해 곧바로 파악하고, 이를 전국적인 판매로 연결시키는 수법이 차츰 확산되고 있다. 유통과 판매를 제어하는 쪽에서 보면 필요한 일이겠지만, 그런 시스템에 이용될 뿐인 곳으로 이토가 되돌아갈 필요가 있을까?

지금까지 그에 대해 알려진 에피소드의 상당수는 어떤 책을 몇천 부 팔았다느니, 한창때는 한 달에 얼마의 매출을 올렸다느니 하는 식의, 다른 서점원들이 따라 하기 어려운 '판매 부수'나 '매출액'을 강조한 것들이 대부분이었다.

현재의 그에게는 알기 쉽게 보여줄 수치가 없다. 그렇지만 힘을 숫자로 과시할 수 없는 지금의 그에게야말로 미래 서점의 모습이 숨겨져 있는 것은 아닐까?

그 자신도 '서점원 이토 기요히코'와는 다른 모습을 보이기 시작했다.

이토 기요히코가 트위터 개인 계정을 갖고 있다는 것을, 나는 우연히 알게 되었다.

2010년 8월, 《상처뿐인 점장傷だらけの店長》(다테 마사히코伊達雅彦 지음, 파르코출판パルコ出版)이라는 책이 발행되었다. 어느 서점 점장의 갈등, 고뇌, 우울, 소소한 기쁨으로 범벅이 된 하루하루의 생활, 결국에는 서점 현장을 떠나기까지에 대해 쓴 책이다. 나는 그 책의 바탕이 된 연재를 기획하고, 연재 담당 편집장을 했으며, 단행본으로 만드는 작업에도 관여했다. 서점원들의 생생한 목소리가 담겨 있다는 호의적인 평도 있었지만, 못난 사람이라는 비판적인 목소리도 있었다.

책을 펴낸 쪽에서는 당연히 반향이 궁금했으므로 인터넷에 올라오는 감상이나 평을 찾는 일이 한동안 습관이 되었다. 트위터뿐 아니라 인터넷 커뮤니티에는 거의 참여하지 않던 나는 대다수 서점원들이 트위터로 연결돼 있다는 것을 알고는 있었지만 그다지 찾아보지는 않았다. 공개된 것이라 해도 참여하지 않고 훔쳐보기만 하는 게 그다지 내키지 않았다. 그렇지만 《상처뿐인 점장》에 대한 코멘트를 찾느라 여기저기 뒤지다 보니, 내가 아는 사람을 포함한 많은 이들이 회사나 거주 지역의 벽을 뛰어넘어 소통하고 있다는 것을 새삼스럽게 알게 되었다.

그러면서 이토 기요히코의 계정과 만나게 된 것이다. 그 계정을 발견했을 때는 시작한 지 얼마 안 되어서인지 팔로워도 수가 매우 적었지만, 나는 트윗 내용에 흥미를 가질 수밖에 없었다. 개인적인 기록을 남기는 체재였지만, 분명하게 자기주장을 갖고 메시지를 내보내고 있었기 때문이다. 눈에 띈 것은 그날 읽은 책에 대한 소개였다. 잘 알려진 저자나 작품을 소개하는 경우는 적고, 상당한 독서량을 가진 사람이 아니고서는 읽지 않을 듯한 종류의 책도 아니었다. 대부분은 두세 문장으로 짧게 소개했는데, 반드시 구체적인 평가를 포함했다. 마치 그가 서점원 시절에 책을 골라 소개하던 것과 같은 방식으로, 소개문 역시 사와야서점에서 세운 책 광고판을 떠올리게 만들었다.

책을 소개하는 주기는 거의 하루에 한 권꼴이었다. 새롭게 구입한 책이 있는가 하면, 다시 읽은 책, 사둔 채로 읽지 않았다가 읽은 책인 듯한 것도 있었다. 구입할 때는 반드시 근처 작은 서점에 주문해 며칠부터 1주일, 때로는 그 이상 기다려 입수하는 듯했다. 다소 시간이 걸리더라도 아마존과 같은 인터넷서점을 이용하지 않는다는 원칙을 정한 것은 분명해 보였다. 트위터에서든 사적인 편지에서든, 글쓴이가 정한 일정한 원칙이 있다는 것을 알려주는 표현에서는 어떤 박력 같은 것이 느껴졌다.

"언젠가 있을 현장 복귀를 위한 준비운동 같은 것인가요?" 내가 이렇게 묻자 그는 웃으며 대답했다. "그래요. 그렇게 이해해도 좋습니다."

그러나 나는 스스로가 유도 질문을 했음에도 불구하고 그의 대답을 내심 부정하고 있었다. 팔로워가 조금씩 늘고, 만난 적도 없는 젊은 서점원들과 교류를 시작한 것은 흥미로웠지만, 결국 이토 기요히코의 계정은 트위터라는 도구 속으로 위화감 없이 녹아들어간 듯한 느낌이 들었다. 나는 그것이 왠지 탐탁치 않게 여겨졌다.

그는 지역 도서관의 장서 구색이 너무 좋지 않아서 여러 번 신청했다가 오히려 장서에 관해 상담해주었다는 이야기도 들려주었다. 또 이와테 현과 관련된 책 가운데 절판된 것들을 복간하는 시리즈를 창간하는 계획에 대해 상담을 받았다는 말도 했다. 신간서점이 아니더라도 이토 기요히코에게는 지금까지의 경험을 살려 활동할 무대가 있을 것 같았다.

특히 대량 판매를 기획하는 것으로 유명한 이토 기요히코가 '파는' 현장에서 '빌려주는' 현장으로 옮긴다는 것은 흥미로운 전환이라고 생각했다.

미나미소마 도서관에서
서점 서가 진열을 배우다

그러나 이와테 현 관련서의 절판본을 복간해나가는 시리즈는 사업을 추진한 중심인물과 의견이 맞지 않아 프로젝트에서 떨어져나왔다.

도서관과 관련해서는 이치노세키 시 7개 도서관을 통합하고 중앙도서관 기능을 갖춘 새로운 시설을 2014년에 착수한다는 계획이 있어서, 그 입안을 위한 모임에 위원으로 참가한다고 했다. 그런데 이것도 건설 예정지에 대한 시민들의 반대 목소리가 있어 진행이 지체되거나, 준비위원회 내부에 줄다리기 같은 것도 있어, 시청에서 본격적으로 뛰어들게 될지 아직 알기 어렵다고 했다. 그런데도 도서관을 방문하거나, 그곳에서 일할 가능성은 높아진 듯했다.

"모리오카도 마찬가지지만, 도서관을 왜 이렇게 재미없게 만들었는지 전부터 쭉 불만스러웠어요. 어린이 책은 기본서를 갖춰야 하는 분야이다 보니 그럭저럭 되어 있어요. 책 읽어주기도 잘하고 있고. 그건 좋지만 중학생 이상, 특히 성인을 위한 제대로 된 도서관이 없습니다. 책을 지역 주민들에게 전하거나, 주민들을 즐겁게 해주겠다는 의지가 없어요. 또 책의 매력을 어떻게 하면 최대한 끌어올릴 수 있을까를 생각하지 않는 것 같습니다. 도대체가, 소설 코너 하나만 해도 읽을 만한 책이 거의 없어요."

─ '읽을 만한 책이 없다'는 기준은 기본적으로 서점과 같습니까? 사게 만드는 것과 빌리도록 하는 것은 다르지 않나요?

"다소간 차이가 있습니다. 매출액이나 이익으로 그다음의 매입액이 결정되는 서점과 달리, 도서관은 위에서 내려오는 예산으로 구입하기 때문입니다. 그래도 무엇을 장서로 비치할지는 비슷하다고 봅니다. 책을 즐기게 하려는 입장이라면, 이 분야에서는 최소한 어떤 책을 비치하겠다, 그러면 다른 책도 필요하다는 점에서 그래요. 그런데 도서관 전문 도매상인 도서관유통센터TRC가 보내주는 세트에만 의존해서 책 선정에서 도서관의 주체성이 없습니다."

─ 비치 도서의 기본을 도매상에 의존하는 신간서점의 문제와 닮은꼴이라는 지적이지요?

"그렇습니다. 대출 권수가 평가기준이 되는 것도 좋지 않습니다. 이를

테면 일본소설이라면 어느 도서관에나 미스터리 작가인 우치다 야스오內田康夫의 책이 있습니다. 아직 서너 작품밖에 안 나왔지만 이 작가의 책은 대단하다는 도서관 쪽의 '발굴과 제안' 같은 것이 전혀 없어요. 도서관한 곳만 적극적인데, 책 선정을 위한 공부 모임을 하기로 했어요. 다른 도서관도 한때는 서가에 신경 썼다는데, 이 정도로 분류하지 않으면 도서관 이용자가 재미있어 하지 않을 것이라는 구체적인 이야기 단계에서 거부되었습니다. 사서가 도서관유통센터가 붙인 번호순으로 배열하기 때문에, 그것을 너무 파괴하면 잘 모르겠다는 겁니다. 그래서 진도를 많이 나가지는 못한 상태입니다. 보통 시행하는 사람이 잘 모르겠다거나 알고 싶은 마음이 없으면 시행하는 의미가 없지요."

─ 이토 씨가 생각하는 도서관은, 그대로 서점이 되어도 좋을 것 같은 도서관인가요?

"도서관과 서점의 차이는…… 도서관은 0 아니면 1의 세계가 아닙니까? 모든 책은 장서가 없거나 한 권이거나 둘 중 하나죠. 서점은 팔리는 책이라면 몇십 권이라도 들여놓습니다. 구체적으로는 실제로 해봐야겠지만, 이 지점에서의 차이를 어떻게 할지가 관건이겠지요."

─ 어떻든 서가 구성과 관련해 도서관에서 배울 것은 없었나요?

"이치노세키 시에서는 전혀 없을 것이라고 생각했는데, 조만간 공부 모임을 하는 한 곳의 경우는 나쁘지 않은 듯해요. 왜냐하면 전임 관장이 대단한 사람이었던 것 같거든요. 지금은 후쿠시마福島 현 미나미소마南相馬 도서관으로 갔어요. 그래서 미나미소마 도서관을 보러 갔더니, 역시 도서 관계에도 괴물이 있다는 생각이 들더군요. '굉장한 도서관'이라기보다는 '서점'이었어요! 그곳이야말로 서점원들이 보러 가야 합니다. 점포 만들기, 서가 구성의 힌트가 많이 있었습니다. 종래의 도서관을 그냥 하던 방식대로 하는 것은 정말 재미없는 일이겠지만, 미나미소마처럼만 한다면 정말 해보고 싶다는 생각이 들었어요."

그렇지만, 나의 시대는 끝났습니다…….

그는 인터뷰하는 동안 이 말을 표현이나 뉘앙스를 바꿔가며 몇 번이나 했다. 도서관 이야기 뒤에도 마찬가지였다. 자신이 만들어온 가게를 부숴야 했지만 그렇게까지는 할 수 없었다고 사와야서점 본점에 대해 회고한 적도 있다. 트위터에서는 자신에 대해 '유통기한이 끝난 전前 서점원'이라고 소개한다.

"마지막으로 좋은 시절에 서점원을 했다고 생각합니다. 실행하기만 하면, 실행한 만큼 성과를 얻을 수 있었던 시대였습니다."

어떤 때는 그런 말도 했다. 나는 오히려 초조함을 느꼈다. 나는 그런 말을 들으러 찾아온 것이 아니라고 외치고 싶었다.

그때가 좋았지……. 나이 든 사람들로부터 수도 없이 그런 말들을 들어왔다. 그것이 얼마나 자신을 깎아내리는 말인지 본인은 알고 있는 것일까. '그때는 좋았다'는 말은 '지금은 안 좋다'거나 '좋았던 그 시절'에 자신이 한 일이 현재는 이어지지 않고 있음을 뜻한다. 자신이 해온 일이 지속해야 할 가치가 없음을 인정하는 것이 아니길 바란다.

정말로 필요한 일을 해왔다면 반드시 지속될 것이다. 지속될 필요성이 없는 일을 한 사람의 이야기에 귀 기울이는 것은 시간 낭비에 지나지 않는다. 실제로 지속할 필요가 없는 일을 하는 사람은 없다. 그러므로 연배가 있는 사람들은 이 말을 해서는 안 되는 것이다.

그러나 그는 "끝났다"고 말한 뒤 "글쎄 잘 모르겠지만"이라고 중얼거리기도 했다. 그 자신이 내뱉는 말의 의미를 파악하지 못하는 것처럼 여겨지기도 했다.

그가 그런 말을 할 때마다, 나의 뇌리에는 한 서점원의 모습이 떠올랐다. 아마도 이토 역시 그렇지 않았을까 싶다. 그 사람은 바로 다구치 미키토田口幹人였다. 이토 기요히코가 사와야서점을 떠나기 얼마 전에 마치 교체하듯이 사와야서점에 입사한 서점원이다. 이토는 그 전부터 다구치의 이름을 언급했는데, 다구치를 화제로 삼을 때는 마지막에 꼭 이렇게 말하곤 했다.

"만약 그 사람이 사와야에 와준다면, 나는 그날로 점장을 양보할 겁니다."

별이 될 남자

전 서점원
이토 기요히코의 앞날

한 달에 90권, 600권의 역사소설을 읽다

이치노세키에서 이토 기요히코를 인터뷰하면서, 나는 모리오카에도 갔다.

JR 모리오카 역 안에 있는 사와야서점 훼잔フェザン점은 그 무렵《1858년의 대탈주安政五年の大脱走》(이가라시 다카히사五十嵐貴久 지음, 겐토샤문고幻冬舍文庫, 2005년)라는 역사소설을 전면적으로 밀고 있었다. 이곳 차장인 다구치 미키토가 기획한 것이었다. 트위터의 사와야서점 훼잔점 계정에서 이 소설의 매력과 대량 판매에 대해 의욕을 내비치자 '재미있겠다', '우리도 판매하겠다'고 동조하는 서점이 속출하는 현상이 벌어졌다.

점포 중앙의 계산대 가까이 문고본 추천서들을 모아놓은 평대 가장 앞

줄에는 다른 서점에서는 그다지 눈에 띄지 않는 책들이 수북하게 진열되어 각각의 책을 강조하는 광고판이 형형색색으로 세워져 있었다. 매장은 지나치다 싶을 만큼 장식한 공간과 책 광고판 등을 세우지 않고 차분하게 서가를 둘러볼 수 있는 공간으로 명확히 나뉘어 있었다. 문고판 평대는 고객의 출입이 많은 역 구내의 환경에 맞춰 화려한 분위기를 연출하는 역할을 했다. 다른 역 구내 서점과 다른 점은 구색을 갖춘 진열이었다. 전국적인 문고본 베스트셀러나 저명한 작가의 최신간은 세 번째 열 뒤에 진열되어 있고, '사와야 오리지널'이라고 부름 직한 목록이 앞쪽 진열대를 차지했다.

《1858년의 대탈주》는 맨 앞 중앙에 쌓여 있었다. 책을 소개한 광고판 문구가 눈길을 끌었다.

> 도와주세요! 최근 몇 년 사이에 나온 가장 뛰어난 역사오락소설이
> 품절 위기에 처해 있습니다! 이렇게 재미있는 작품이 품절된다면 저
> 희 서점에서는 더 이상 겐토샤문고를 팔지 않겠습니다.

뒤쪽에서 추가분을 안고 나온 다구치 미키토가 웃으며 말했다.

"겐토샤에서 드디어 증쇄增刷를 검토한다고 합니다. 다만 어떤 광고 문구로 판매량을 늘렸는지 알고 싶다고 해서, 디지털 카메라로 찍어 메일을 보내줬습니다. 그 뒤로는 연락이 없네요."

겐토샤에서 그가 쓴 책 광고판 문구를 카피해 전국 서점에 배포할지 검토했는지가 궁금했다. 그러나 "더 이상 팔지 않겠습니다" 같은 말이 들어 있어 어떻게 할지 곤란해했을지도 모른다.

책이 나온 지 이미 5년 반이 지났음에도 팔리지 않아 초판 그대로였던 《1858년의 대탈주》가 대량 판매된 데는, 긴 시간 잠들어 있던 작품이 클로즈업되었다는 점뿐만 아니라 이중 삼중의 메시지가 포함되어 있다.

겐토샤는 서점 입장에서 보면 다소 성가신 출판사로, 언제 어떤 책을 집중적으로 판매할지를 출판사 스스로가 정해서 조정하려는 특성이 있다. 바꿔 말하면 서점에서 '이 책을 많이 팔아보겠다'고 해도, 그것이 겐토샤 방침과 맞지 않으면 서점이 원하는 만큼의 부수를 공급해주지 않는다(일본의 출판유통은 한국과 마찬가지로 반품이 자유로운 위탁판매 제도를 채택하고 있기 때문에, 서점이 대량 주문하는 경우에도 출판사는 반품을 염려하여 주문 부수대로 공급하는 것에 신중하다—옮긴이). 대형 출판사라면 어디나 비슷할지 모르겠지만, 소설 분야만큼은 최대 출판사에 지지 않을 정도의 목록과 저자 진용을 거느리고 있어 더 눈에 띄었다.

그렇다고 이 출판사를 비판적으로만 볼 것은 아니다. 유통과 판매에서 주도권을 갖는 것은 출판사 입장에서는 중요한 일이며, 적어도 겐토샤는 그런 태도가 명확하다. 반대로 '서점발 베스트셀러'를 바라고 서점 현장과 밀착하는 방침을 유지하는 출판사도 있다. 따라서 영업 방식은 출판사에 따라 다르다고밖에 말하기 어렵다.

겐토샤 책을 거의 원하는 만큼 들여놓을 수 있는 서점은 제한적인데, 사와야서점은 그 대상에 포함되어 있지 않은 것이다. 그리고 원하지도 않는 책을 겐토샤의 방침으로 받는 경우도 많을 것이다. 그러나 한 권의 책은, 그 책을 다루는 한 사람 한 사람의 서점원들에 의해 언제 어떻게 새로운 매력이 발산되며 판매로 연결될지 알 수 없다. 트위터로 전국 각지의 서점을 동원해 겐토샤가 《1858년의 대탈주》의 증쇄를 발행하도록 압박한 다구치 미키토의 행동은 출판사와 도매상이 주도하는 유통구조를 견제하려는 '저항'이자 서점 현장의 '개선 제안'이었던 셈이다.

이토 기요히코는 그의 활약에 기뻐하며 말했다.

"그 친구가 고른 책과 다른 서점원들이 고른 책은 달라요. 같은 책을 고른다고 해도 다릅니다."

왕년에 이토 기요히코가 "넘버 원!" 등 단정적인 말투를 책 광고판 문구로 애용했듯이, 다구치 미키토 역시 《1858년의 대탈주》를 "최근 몇 년 사이에 나온 가장 뛰어난 역사오락소설"이라고 단언한다. 책을 팔기 위해 일부러 형용사를 강조해서 쓰는 것은 두 사람 모두에게 공통적인 듯했다. '가장 뛰어난'이라는 말은, 원래는 '최근 몇 년' 동안 세상에 나온 모든 역사소설을 하나도 남기지 않고 모두 읽어야만 쓸 수 있는 표현인데, 그것은 제아무리 책을 많이 읽는 사람이라도 불가능하다. 적어도 역사소설 장르를 전체적으로 망라해서 읽지 않으면 쓸 수 없는 말이다.

대다수 서점원들은 '그 책은 내용이 좋아', '재미있어' 정도까지가 한계이고, 그 정도만 해도 성실한 태도를 가졌다고 할 만하다. 그러나 그것만으로는 눈에 띨 만큼의 표현이 가능하지 않을 것이다.

"소설만 하더라도, 보통 서점원의 독서량은 기껏해야 1, 2천 권, 아니면 수백 권이나 그 이하밖에 되지 않거든요. 그런데 다구치는 수천 권 단위가 아니라 만 권 단위의 독서 체험에서 《1858년의 대탈주》를 지목한 겁니다. 컴퓨터나 휴대전화 화면으로 보면 다구치나 다른 서점원이 모두 '좋은 책이다', '팔아봅시다' 그러거든요. 그렇지만 두 사람은 똑같지가 않습니다. 독서량의 차이는 인터넷에 몇 줄 써놓은 것만 봐도 알 수 있습니다. 다구치는 두드러진 경우지만, 그런 사람이 그 사람 하나라고는 생각하지

164

않습니다. 한참 나이가 어려도, 이 친구는 어지간히 읽는 서점원이라는 생각이 드는 경우가 있습니다."

다구치는 역사소설 코너 담당자가 되기 전후로 새롭게 600권 정도의 역사소설을 읽었다고 한다.

"항상 진열해야 할 작가의 대표작을 파악하고 있지 못하면 제대로 서가를 만들 수 없고, 역사소설 전체 흐름 속에서 그 작가의 위치도 보이지 않습니다. 대표작을 찾을 때 옛날에 가장 많이 팔렸다거나 상을 받았다거나 하는 것들은 참고가 되지 않습니다. 직접 읽어보고 이 책이야말로 이 작가의 진수라고 스스로 파악하지 못하면 서가를 만들 수 없습니다. 통독하지 않고 여기저기를 펼쳐 읽거나, 이른바 속독술 같은 것은 쓸모가 없습니다. 제대로 통독해야만 합니다. 읽는 것에 익숙하기 때문에 보통 사람보다는 빠를지 모르겠습니다만, 당연히 시간이 걸립니다."

— 600권을 어느 정도의 속도로 읽었습니까?

"가장 집중했던 시기에는 한 달에 90권 정도였습니다. 교대로 늦게 출근하는 날에는 새벽 3시 반쯤 일어나 출근할 때까지 세 권씩 계속 읽었습니다. 물론 다른 장르의 책은 전혀 읽지 않았습니다. 생선집 주인이 자기가 진열해 파는 생선의 맛이나 맛있게 먹을 수 있는 조리법을 설명하지 못하면 안 되는 것과 마찬가지로, 기본은 똑같다고 봅니다. 트위터를 통해 여러 서점원과 교류할 수 있어 좋습니다. 참고할 이야기도 많거든요. 다만 책 읽을 시간을 어떻게 확보할 수 있을지 모르겠다고 말하는 사람은 신경이 좀 쓰입니다. 아무리 정보를 교환해도 그런 이유로 책을 읽지 않는다면 본말이 전도된 것이니까요."

새로 600권, 한 달에 90권 읽었다는 숫자만 강조되는 것을 그는 경계했다. 그 '숫자'에 대해 나 역시 끌렸던 것이 사실이다. 그렇지만 여기서 무엇보다, 매장에 장식되는 책 광고판 문구 하나에도 이 정도의 독서량이 뒷받침되었다는 점만은 기록해두고자 한다.

독서에 탐닉하던 시절

다구치 미키토는 1973년 이와테 현 니시와가쵸西和賀町에서 출생했다. 아키다秋田 현에 가깝고 도호쿠 지방에서도 눈이 많이 내리기로 이름난 지역이다. 본가는 유모토온센湯本溫泉이라는 작은 온천 거리에 있었는데, 할아버지 대부터 '마리야まりや서점'을 경영했다. 도호쿠가쿠인東北學院 대학을 2학년 때 중퇴하고 아르바이트 생활을 거쳐 1995년 모리오카 시에 있는 '다이이치第一서점'에 입사했다. 가업인 서점 경영의 ABC를 배울 학교로 여겨 입사한 것이다.

지금은 사라진 다이이치서점은 당시 사와야서점의 대각선 건너편에서 영업하고 있었다. 1954년생인 이토와는 19세라는 나이 차가 났지만, 두 사람은 서로 알게 되자마자 의기투합했다. 이토는 모리오카로 출장 온 출판사 영업사원과 술자리를 가질 때면 자기 점포의 직원보다는 다구치를 불러 자리를 함께했다.

계기는 역시 책이었다. 다구치의 기억에 따르면, 모리오카의 서점이나 출판사 종사자가 모인 자리에서 어떤 이야기를 하다가 다구치가 다케다 다이준武田泰淳의 《후지富士》 이야기를 꺼냈다. 그러자 이토가 나섰다. "내가 서점 일을 시작한 이래로 《후지》 이야기를 들은 건 이번이 처음이다." 두 사람은 주위 시선에 아랑곳하지 않고 말을 주고받으며 서로의 독서량이 얼마나 풍부한지 알게 되었다.

이토의 독서 편력은 《모리오카 사와야서점 분투기》 등에도 소개되어 있으므로 생략하지만, 다구치 역시 쥬코분코中公文庫를 차례대로 독파해 나가는 등 오로지 독서에만 탐닉한 시절이 있었다. 대학을 중퇴하고 혼자 산 센다이 시의 집에 틀어박혀 독서에 집중했던 2년여의 시간이 그 중심에 있었다. 아르바이트로 최소한의 생활비만 벌며 도서관에서 빌리거나 중고서점에서 구입한 책을 읽었다. 그사이 본가의 서점을 이어나가기로 결심을 굳혀갔다.

《모리오카 사와야서점 분투기》에도 다구치의 독서 탐닉 시절과 거의 비슷한 광경이 나온다. 이토 기요히코도 대학을 중퇴하고 20대의 어느 시기에 책 읽는 것말고는 모든 것을 포기하며 몇 년을 지냈다. 그 뒤 서점 현장에 데뷔하는 과정도 비슷하다.

"사와야서점에서 정말로 제가 충실하게 지냈던 때는 처음 4년간이었다고 생각합니다. 바꿔 말해, 그 4년으로 끝난 겁니다."

이토는 그렇게 이야기했다.

그가 도쿄의 야마시타서점에 근무하다가 본가와 가까운 모리오카로 이주하려고 사와야서점으로 옮긴 때는 1991년 여름이었다. 다음 해인 1992년부터 점장이 되고, 1994년에 사와야서점은 본점과 인접한 장소에 어린이 책 전문점인 'MOMO'를 설립했다.

"제가 입사하던 무렵 사와야에는 출판사 영업자가 찾아오는 일이 거의 없었습니다. 도쿄 근무 시절의 인간관계는 있었지만, 무엇보다 서점을 제대로 만드는 일이 최우선이었습니다. 계속해서 매장에서 책을 접하며, 어떻게 하면 좀 더 많은 고객이 서점에 찾아오도록 만들 것인지 온종일 생각했습니다. 정말 온전하게 서점의 역할을 다할 수 있는 방법에 대해서요."

그 전에 야마시타서점에서 9년간 근무하고 2개 점포에서 점장과 부점장을 해온 경험이 꽃피면서 '처음 4년 동안' 사와야서점의 매출은 두 배가 되었다고 한다. 출판사나 도매상에도 사와야서점은 주목하지 않을 수 없는 존재가 되었다. 출판사 영업 담당자들의 방문이 늘고 지방지, 전문지 등에서 취재하러 오는 경우도 점점 늘었다. 아침부터 밤까지 매장에서 온전히 책만 접하며 지내기가 곤란해졌다.

2000년 전후 이토 기요히코의 이름은 업계에 폭넓게 알려졌으나, 그는 그 무렵 좋지 않은 예감을 했다고 한다.

"매출은 두 배가 되었지만 그다음 4년 동안 다시 두 배가 되기는 힘들었습니다. 신장률이 둔해졌고, 이윽고 정점에서 내리막으로 접어들었습니다. 앞으로 점점 더 어려워질 것이라고 항상 생각했어요. '대점포 입지법' 같은 법률이 만들어지면서 대기업 자본이 교외에 점포를 만들기가 전보다 쉬워졌습니다. 이제 모리오카의 소비구조가 갈기갈기 찢어질 거라는 예감이 해가 거듭될수록 심해지면서, 좋은 서가를 만드는 일은 개인적인 힘만으로는 어쩔 수 없는, 대결 자체가 불가능한 변화의 소용돌이 속으로 빨려들어갔습니다."

'대점포 입지법'(대규모 소매점포 입지법)은 다른 두 개의 법률, 즉 '개정 도시계획법', '중심 시가지 활성화법'과 함께 세트로 '지역 만들기 3법'으로 명명된, 많은 의문을 남긴 개정법이다('대점포 입지법'은 2000년, 다른 두 개 법은 1998년 시행). 영세 소매업의 퇴출과 중심 시가지의 공동화가 더 이상 진행되면 안 된다며, 대형 점포 출점에 대해 여러 규제를 만들었다. 그러나 그런 규정을 지키기만 하면 오히려 대규모 점포를 자유롭게 만들 수 있게 된 것이 실상이었다. 본래는 대형 점포의 신규 진출을 규제하는 대점포법(대규모 소매점포법)이 세계무역기구WTO의 기준과 맞지 않는다는 외압에서 시작된 이야기로, 신규 진출을 억지하는 것이 목적은 아니었던 것이다.

그러나 이런 대형 소매점을 철저하게 부정적으로 보는 이토의 태도가 나는 줄곧 마음에 걸렸다. 매장 면적이 396제곱미터(120평)라고는 하지만 한때는 옆 건물에 어린이 책 전문점을 병설할 만큼 번창하던 사와야서점도 나름 대형서점이 아니었던가. 본점이 위치한 오도오리大通 상점가가 1960년대 중반부터 모리오카 시의 중추로 자리 잡은 최대 이유는, 핵심 점포인 다이에ダイエー가 사람들을 끌어모았기 때문이라고 한다. 다이에가 무너진 것과 모리오카 교외에 이온이 설립된 것은 거의 같은 시기였다. 준쿠도의 모리오카점은 퇴출된 다이에 건물을 재건축하면서 지역 유지가 유치한 것이었다.

모리오카 시의 경우, 다이에는 오도오리 상점가의 활성화에 주력한 반면, 이온은 교외로 시민들을 불러들였다. 그 무렵의 대기업들이 법률에 따라, 또는 법률을 이용한 결과였다.

시장경제가 이어지는 한 피하기 어려운 영고성쇠榮枯盛衰, 더 나아가 인과응보가 아닐까 싶었다. 이토의 주장은 '내가 했던 그 시절이 좋았다'고 과거를 그리워하는 차원을 넘어서지 못하고 있는 것으로 비쳤다.

이토는 내 지적에 "뭐 그거야 그렇지만……"이라고만 말했다. 아픈 곳을 찔린 듯한 표정은 아니었다. 다만 그렇지 않다고 말하고 싶은 것 같았다.

나에게도 확신은 없었다. 이것이 인과응보라는 말로 끝낼 이야기인가?

'가장 충실했다'고 이토가 회고한 첫 4년간은, 모리오카 시의 환경 변화가 본격적으로 그를 에워싸기 직전이었다. 사와야서점은 그때까지만 해도 그다지 주목받지 못했고, 이토는 자신이 근무하는 현장을 좀 더 키워보려고 집중했다.

한편, 22세의 다구치 미키토가 다이이치서점에 입사한 때는, 이토의 '첫 4년간'이 끝나가던 1995년이다. 다구치는 그 직전까지 독서에만 집중하며 지냈다.

나는 상상했다. 다구치는 속세로 막 돌아온 수행승과 같은 아우라를 발산하며 이토 기요히코를 대한 것이 아닐까 하고 말이다. 또 이토는 그에게서 자신의 십여 년 전 모습을 본 것은 아닐까. 이적한 서점의 점장을 맡아 4년 만에 매출을 두 배로 늘렸음에도, 그대로 지속 성장이 가능하지 않을 것이라는 불안감을 가진 시기에 이토는 다구치와 만난 것이다. 다구치가 다이이치서점에 있던 4년 반 동안 두 사람은 정기적으로 만났다. 책을 탁자 위에 올려놓고, 분석이나 판매방식에 대해 경쟁하듯이 토론했다고 한다. 1995년은 또한 나중에 라이벌이 된 쥰쿠도서점에도 커다란 전환기였다. 이해에 한신阪神 대지진이 발생하여 고베에 본사를 둔 쥰쿠도서점은 막대한 피해를 입었다. 그 후 쥰쿠도서점은 효고 현 중심의 지역 체인 서점 사업 방식을 탈피하여 전국적인 매장 확대에 뛰어들었다.

2000년 다구치 미키토는 본가로 돌아가 가업인 서점을 잇게 된다. 그러나 그를 기다린 것은 과거 번성했던 온천 거리가 아닌, 관광객이 크게 줄고 인구마저 감소한 쇠락한 고향의 모습이었다. 다구치는 이 무렵 청년회 멤버들과 함께 다양한 사업을 꾸리며 지역 활성화에 뛰어들었다. 노인

가정에 식사 배달 서비스를 하면서 주문한 책을 함께 배달하거나, 서당을 현대적으로 재현한 것 같은 공부 모임을 정기적으로 개최하여 책 판매와 연계지었다. 지역의 초·중·고교에 모두 들어가 영업을 하는가 하면, 지역 사람들에게 책은 불가결하므로 마리야서점도 반드시 필요하다며 공감을 불러일으키는 데 힘썼다. 본업과 직결된 일만으로는 곧 한계 상황에 부딪힐 것이므로, 지역 경제 전체를 살려내려는 아이디어를 내고 그 실천에 나선 것이다.

그렇지만 서점 경영은 나아지지 않았다. 다구치 집안은 가업인 서점을 접기로 하고, 마리야서점은 폐업 준비에 들어갔다. 이토는 다구치가 젊은 나이에 떠안은 어려움을 알아채고는 남모르게 지원한 적도 있는 듯했다.

2007년 5월 마리야서점이 폐점하자, 이토는 즉시 다구치를 사와야서점으로 데려왔다. 다구치는 처자식을 데리고 모리오카로 이사해 새로이 시작했다. 다구치는 마리야서점 시절, 언젠가 이토와 함께 이거다 싶은 책만 잔뜩 모아놓은 서점을 해보겠다고 말한 적이 있다. 그렇지만 막상 사와야서점에 입사한 다구치는 모리오카 역 구내에 있는 휀잔점으로 배치되고, 이듬해 이토 기요히코는 사와야서점을 떠났다.

두 사람은 강한 유대감을 느끼면서도, 다구치가 다이이치서점에 재직한 4년 반 뒤에는 자주 만나거나 연락을 취하지 않았다.

"쓸모없는 푸념이나 하려고 만나기는 싫었습니다. 연락하거나 만나는 것은 이토 씨가 아니면 상담하기 어려운 일이 있을 때입니다. 그걸 이토 씨도 알고 있었습니다. 어느 쪽이든 연락할 때는 분명히 중요한 일이 있었기 때문입니다."

전에 다구치는 그렇게 말한 적이 있다. 이토는 정말 힘들 때만 전화했다고 당시를 회고했다.

서점발 베스트셀러

나는 JR 모리오카 역 구내에 있는 훼잔점에서 오도오리 상점가의 사와야서점 본점으로 이동했다. 걸어서 10분 거리였다. 서점 중앙으로 나아가다가 카운터에서 매출 슬립을 분류하던 점장 대리 마츠모토 다이스케松本大介와 눈이 마주쳤다.

1977년생인 마츠모토 다이스케는 다구치보다 순도 높은 '이토 기요히코의 제자'이다. 사회생활을 사와야서점에서 시작했는데, 이토 기요히코가 점장을 맡은 본점에서 근무를 시작했다. 이토가 떠난 뒤로 그가 본점의 현장 운영을 맡고 있다. 이토의 지도를 직접 받은 사원 중에 지금도 사와야서점에 근무하는 사람은 그밖에 없다고 한다.

마츠모토 역시 '서점발 베스트셀러'의 주역이던 때가 있다. 1986년에 발행된 도야마 시게히코外山滋比古가 쓴 《사고의 정리학思考の整理學》(치쿠마문고ちくま文庫)의 붐을 다시 일으킨 것이다. 현대를 살아가는 젊은이로서 이 책을 읽고 받은 감명을 쓴 광고판의 문구 덕분에 판매 속도가 빨라지면서, 출판사인 치쿠마쇼보筑摩書房는 그 흐름을 이어가려고 마츠모토의 말을 판촉물에 이용하는 등 활동을 펼쳤다. 이 책이 밀리언셀러가 되는 데는 도쿄대학, 교토대학 구내서점의 학생생활협동조합에서 큰 인기를 얻는 등 몇 가지 요인이 합해진 것이지만, 첫 발화發火 지점은 틀림없이 마츠모토 다이스케였다.

이토 기요히코, 다구치 미키토, 마츠모토 다이스케 세 사람 모두가 '서점발 베스트셀러'를 만들어낸 것에 대해 나는 여러 생각을 한다.

그들에게는 다른 서점원이 책에서 발견하지 못한 판매 가능성을 찾아내는 능력과 감각이 있었기 때문에 가능했다. 그렇지만 그런 책이 전국적으로 알려지며 '서점발 베스트셀러'가 되는 순간, 그 책은 다른 서점에서 '판매 당하는' 책으로 바뀌고 만다. 책의 다양성을 증명해낸 발굴이, 그다음에는 그것을 부정하는 행위로 변질되는 모순이 생기는 것이다. 앞으로는 '서점발 베스트셀러'가 사라지지 않을까 생각한다. 그것이 바른 길이라고 본다.

한편으로는 이상하리만치 그들을 응원하고 싶은 마음도 든다. '지금 팔리지 않는' 책을 많이 매입하는 데는 서점도 위험 부담이 크다. 팔리지 않으면 재고를 안고 골치를 썩이게 될 것이다. 그럼에도 불구하고 시도해보는, 모리오카 지역의 끈질긴 고집 같은 것을 느끼게 된다.

이토가 퇴직한 뒤 사와야서점 본점을 찾은 것은 두 번째였다. 매장을 걷는 동안 나는 묘한 위화감을 느꼈다. 서점이 예전과 달라졌기 때문이 아니었다. 오히려 이토 기요히코의 흔적이 너무 많이 남아 있었기 때문이었다.

단정적인 말투의 책 광고판이 훼잔점과 마찬가지로 거기에도 있었다. 주로 마츠모토가 썼을 법한 광고판들은 예쁘고 부드럽고 둥근 글씨체였다.

이토 기요히코의 손글씨는 사실 광고판에 쓸 만한 것이 아니었다. 글씨체의 버릇이 잘 고쳐지지 않아 오른쪽으로 올라가는 데다, 딱딱한 느낌을 주었다. 그럼에도 '최고의 책으로 추천한다!'는 메시지가 좀 더 절실히 느껴졌다. 거칠게 쓴 흔적이 나이 든 독자들에게 믿음을 준 것도 같다. 이와 반대로 마츠모토의 글씨는 광고판에 쓰기에 적당하다는 느낌을 주었고, 꾸밈없이 부드러웠다. 읽기 쉽고 알기 쉬웠다.

광고판 하나하나와 그와 짝을 이룬 책들을 보며 지나갔다. 책을 좋아하는 단골을 많이 확보하고 있음을 알 수 있을 만큼 구색을 갖추고 진열에 공을 들였다. 이런 서점이 근처에 있으면 든든할 것 같았다. 그런데 어딘지 모르게 겉도는 느낌이 들었다. 이토 기요히코를 떠올리게 하는 구색을 갖춘 책 진열 상태나 광고 문구가 마츠모토와 직원들이 고른 책들이나 진열 감각에 뒤섞여 있어 전체적인 인상이 뚜렷하게 부각되지 않는 듯했다.

매장의 가장 안쪽에 있는 외국소설 코너 서가에 멈춰 섰다.

신비한 감각을 느끼고 싶다면 《요리인》을 읽어보세요. 정말이지 기
묘한 책입니다.

갈수록 오른쪽으로 올라가는 거친 글씨체의 광고판이 예전 그대로 평대에 쌓인 《요리인料理人》(해리 클레싱 지음, 하야카와문고ハヤカワ文庫) 위에 세워져 있었다.

이토의 퇴직은 회사에 갑자기 발표되어, 이토 역시 직원들에게 그다지 많은 이야기를 전하지 못한 채 떠났다고 한다. 지금까지 마츠모토나 다구치 모두 그가 서점을 그만둔 이유를 회사나 본인에게 직접 물어본 적이 없다. 물론 그 실상에 대해서는 외부인인 나 같은 사람보다 훨씬 잘 알 것이다. 그러나 그들은 정확히 확인하려고 하지는 않았다. 그 이유가 이 광고판에 남아 있는 것인지도 모르겠다. '이토 기요히코는 아직 끝나지 않

았다'고 마츠모토는 말하고 있는 것일까?

그런데 마츠모토의 역할은 그 나름의 방식대로 독자와 만나는 것에 있다. 이토의 그림자를 좇기만 한다면 자신의 능력을 충분히 발휘하기 어려울 것이기 때문이다. 마츠모토가 이토의 뒤를 잇는다는 의미는 이렇듯 이토가 만든 광고판을 계속 세워두는 것에 있는 것일까?

다시 또 하나의 책 광고판에 눈길이 머물렀다.

"알아주세요. 지금의 세계……."

하고 큰 글씨로 쓴 다음에 약간 작은 글씨가 이어진다.

"책을 읽은 다음에 생기는 감정이 앞으로의 세계를 바꿀지도 모릅니다."

"필요한 것은, 멈춰 서서 생각하는 것."

'~일지도 모른다'는 약한 확신이, 오히려 읽는 사람에게 강하게 전달된다. 이토나 다구치가 '~일지도 모릅니다'라고 썼을 때 그 말은 현실성을 갖지 못한다. 그 말은 오히려 의도적인 표현일 것이다. 마츠모토가 '~일지도 모릅니다'에 이어 '필요한 것은, 멈춰 서서 생각하는 것'이라고 했을 때 떠오른 것은, 마치 멈춘 채 그 책을 손에 들고 누군가에게 전하고 싶은 그 자신의 모습이었다.

이제부터 '보통' 서점이 되자

밤이 되어 서점 영업이 끝난 다음 나는 다구치, 마츠모토와 함께 이야기를 나누었다.

마츠모토는 고민이 깊었다. 고민은 경쟁 서점 준쿠도서점의 진출에서 비롯되었다. 마츠모토는 당초 쥰쿠도서점이 자기 서점에서 걸어서 1분 거리에 들어선다는 것을 안 다음에도 그렇게까지 마음이 흔들리지는 않았다. 이토 기요히코가 이끄는 자기 서점에 나름대로 자신감이 있었던 것이다.

그렇지만 이토는 직원들 앞에서도 동요를 감추지 않았다. 우리는 어려워질 것이다, 당해내기 어려울 것이라고 했다. 마츠모토는 이토가 그렇게 말하는 모습에 오히려 동요했다고 한다. 2주쯤 지나자 이토가 대응책을 꺼냈다. 이윽고 쥰쿠도의 개점 일정이 다가오자 요격에 대비한 채비를 갖추었으나, 매출액이 빠져나가는 것을 막기는 어려웠다.

그리고 이토가 서점을 떠났다. 그를 대신해 서점을 맡게 된 마츠모토가 회사에서 들은 말은 "이제부터 보통 서점이 되자"였다.

"보통이란 무엇일까? 도매상이나 출판사가 하라는 대로 따르는 서점을 뜻하는가? 그럼, 내가 지금까지 해온 것은 뭐란 말인가? 이런 것들을 쭉 생각해왔습니다. 확실히 이토가 졌습니다. 말이야 이래저래 할 수 있을지 모르지만, 저 역시 복잡합니다만, 진 겁니다. 확실히. 그때 일은 지금도 충격으로 남아 있습니다. 그래도 제 스승은 이토 기요히코입니다. 앞으로도요. 계속 생각하는 중입니다. 제가 어떻게 해나갈 것인지를……."

다구치 미키토는, 마츠모토가 말한 '보통'이란 개념이 머릿속에 있는지 없는지도 모르겠다며 약간 냉랭한 태도로 말했다.

"서점원들이 좀 그렇잖아요. 관점이 좀 삐딱하거나 순수하지 못하거나. 그런 사람들 한 사람 한 사람의 개성을 연계시키는 것이 앞으로 중요한 일일 것 같습니다."

다구치는 그런 말을 트위터에서도 표명했다.

《상처뿐인 점장》이 발행되어 저자와 동종 업계 종사자들인 서점원들이 다양한 반응을 보일 때, 도쿄 다치카와立川 시에 있는 오리온쇼보ォリォン書房의 시라카와 코스케白川浩介가 개인 계정에 이 책에 대한 감상을 썼다. 그는 2011년에 8회를 맞은 '서점 대상大賞' 실행위원회의 중심 멤버이자 이토처럼 서점 현실에 대해 적극적으로 발언했던 사람이다. 이토 역시 전부터 시라카와에게 주목했다. 그가 젊은 서점원 중에서 다구치가 가장 뛰어나다고 단언하지 않는 것도 시라카와 코스케 같은 존재가 있기 때문이다.

시리카와는 《상처뿐인 점장》에 대해, "저자에게는 죄가 없지만, 이 책 때문에 서점원들에게 연민의 눈길이 쏟아지는 것은 참기 어렵다"고 썼다. 여기에 곧바로 반응한 것이 사와야 훼잔점의 계정이다. 다구치는 시라카와를 향해 "정말 중요한 것을 써주셨다"고 공감을 표명한 것이다.

한 사람 한 사람 서점원들의 개성을 연계해나간다면 앞으로 어떻게 될까? 예를 들어 정열과 능력이 있는 서점원들이 개인적으로는 대응하기 어려운 이유로 점포가 문을 닫거나 해고되었을 때 그 네트워크가 새로운 직장을 찾게 해줄지도 모른다. 또는 기존 서점의 운영 방식으로는 존립이 어려워졌을 때 누군가에게 '책'을 전달하는 역할을 계속하려는 그들이 연계를 통해 새로운 방책을 짜낼 수 있을지도 모른다.

지금은 모든 것이 마츠모토가 썼던 '~일지도 모른다'의 상태이다. 그런데 그것을 남모르게 꿈꾸는 개인들이 각지에 있음을 느낀다.

마츠모토가 광고판에 '~일지도 모릅니다'라는 문구를 쓴 책은 《경제성장이 없으면 우리는 풍요로워질 수 없을까》(C. 더글라스 라미스C. Douglas Lummis 지음, 헤이본샤平凡社)로, 2000년 발행된 원서를 2004년 헤이본샤 라이브러리 판으로 발행한 것이다. 저자는 오키나와 미군부대에 해병대원으로 근무한 것을 계기로 일본에 계속 거주한 미국인 정치학자로서, 제목에는 '경제'가 상징적으로 쓰이고 있지만 본문은 헌법 제9조의 유지와 환경문제에 연관된 주장을 펼치고 있다(일본 헌법 제9조는 영구적인 전쟁 포기와 군사력 보유를 금지한 평화 헌법의 핵심 조항이다—옮긴이). 저자는 '발전'이라는 말이 어떻게 정착했는지, 성장률이 지속되는 경제성장을 절대적으로 생각하는 사상이 얼마나 모순적인지를 설파한다.

> 하나는, 모두가 경제 발전을 하면 지구가 버티기 어려워진다는 것입니다.(117쪽)

"풍요로움이란 지속적인 성장만을 가리키는 것은 아니다. 이 신앙이 사회에 뿌리내린 것은 그렇게 오래되지 않았으며 상당히 의도적인 것이기도 했다"고 저자는 지적한다.

'경제'를 제목에 달고 있으면서도 환경문제에 중점을 둔 이 책을 마츠모토는 왜 매장의 눈에 띄는 장소에서 계속 판매한 것일까?

순응할 것인가, 맞설 것인가

상당히 오래전에 사와야서점에서 구입한 《베지터리안 미야자와 겐지

ベジタリアン宮澤賢治》(츠루타 시즈카鶴田靜 지음, 쇼분샤晶文社, 1999년)라는 책이 떠올랐다. 채식주의자로서 채식을 주제로 삼은 책을 많이 쓴 저자가 "일본을 대표하는 채식주의자"(14쪽)로 꼽은 미야자와 겐지(1896~1933, 시인이자 동화작가)의 작품과 삶을 채식주의의 관점에서 살핀 책이다. 채식주의자라면 모두 그렇겠지만, 미야자와 겐지에게 채식주의는 삶의 방식이자 사상이었으며 고향인 이와테에 대한 하나의 결론이기도 했다. 미야자와 겐지가 던진 메시지는 그대로 환경문제를 고찰하는 실마리가 되었다.

뿐만 아니라 지금까지 사와야서점에서 구입한 지역 관련서는 직·간접으로 환경문제와 연결된 것들이 많았다. 나는 처음에 마츠모토 다이스케가 이토 기요히코 시절의 진열법을 표면적으로 답습한 듯이 보여 마음이 편치 않았으나, 좀 더 심층적인 면에서 이토에서 마츠모토로 이어진 것이 확실히 있는데, 생각할 필요도 없이 고객인 나의 구매 이력에 그것이 고스란히 드러나 있었다.

흙을 먹고 살아온 사람.
도호쿠에는 여러 곳에 그런 인물이 있습니다.
이토 기요히코는 그것을 서점으로 했던 남자였어요.
존경할 만한 서점인이 전국에 있겠지만, 우리에게는 각별한 분입니다.
그릇이 크고, 간단히 잴 수 없는 사람입니다.

다구치가 혼잣말처럼 그렇게 말했다. '흙을 먹고 산다'는 것은 그가 만든 조어였다. 도호쿠 사람들이 '흙'이나 '농업'을 영위하는 삶을 다룬 책은

내가 그간 사와야서점이나 다구치가田口家의 마리야서점에서 산 책 중에
도 몇 권이나 있었다.

다시 《베지터리안 미야자와 겐지》에서 인용한다. 이 책에서 모리오카
고등농림학교 시절 미야자와 겐지의 친구였던 호사카 가나이保阪嘉内가
톨스토이의 농지개혁론이나 도쿠토미 로카德富蘆花(1868~1927, 소설가)의
수필집 《지렁이의 잠꼬대みゝずのたはこと》를 참고해 스스로 농지개혁론
을 구축해가는 이야기가 나온다. 겐지 역시 여기에 영향을 받았을 것이라
고 한다. 호사카가 희곡을 쓰고 겐지도 출연한 학창 시절의 연극에는 로
카의 수필집에서 인용한 '흙의 화물化物'이라는 말이 나온다. 인간은 어차
피 흙의 일부이자 흙의 화신化身일 수밖에 없고, 마지막에는 흙으로 돌아
간다는 사상이다.

다구치의 입에서 '흙을 먹고 산다'는 말이 나오게 만든 책 중에는 또
《말 못하는 농민ものいわぬ農民》(오무라 료大牟羅良 지음, 이와나미신서岩波新
書, 1958년 발행, 2011년 복간)이 있다. 이와테 산촌에 사는 사람들의 "삶의
목소리"(119쪽)를 행상인의 입장에서, 또는 《이와테의 보건岩手の保健》 편
집자로서 저자가 모아 기록한 것이다. 이 책에 써 있는 것도 어쩌면 '흙의
화신'으로 살고 있는 이와테 농민들의 모습이다. 그것은 결코 아름다운
모습이 아니다. 자연의 맹위 앞에 울고 주변의 눈치를 살피며, 항상 억압
을 느끼는 사람들의 모습이다.

이런 책들이 가리키는 키워드가 흙이다.

그런 '흙'을 먹고 살아왔다고 다구치가 표현한 사람들이 쌓아온 이와테
의 역사. 그것을 서점에서 표현하려 했던 이토 기요히코.

물론 감각적으로는 납득할 수 있다. 이 말을 다구치가 했을 때 나는 책

을 품에 안은 이토가 이와테의 굳은 대지를 두 발로 딛고 서 있는 모습을 상상했다. 그것은 내가 사와야서점을 처음 방문했을 때부터 느꼈던, 이와테와 분리하기 어려울 만큼 연결된 이미지, 사와야서점이 이와테 문화를 상징한다고 생각했던 기억과도 이어졌다.

시장경제의 인과응보. 이런 말 한마디로 정리할 것은 아니지 않은가 하고 나는 생각을 고쳤다.

이치노세키로 돌아갔다. 과거 발군의 숫자로 자신의 능력을 보여준 이토 기요히코가 앞으로는 어떤 식으로 '책'을 사람들에게 전할까? 그 점에 나는 관심이 있었다.

이에 대해 묻자, 그는 어려운 질문이라며 한순간 침묵하다가 입을 열었다.

"발굴한 책에 불이 붙어 날개 돋친 듯 팔릴 때의 쾌감이란 한 번 맛보면 정말 잊히지 않아요. 그렇지만……. 굳이 말하자면, 사와야서점 시절 지역 라디오 방송 프로그램에서 매주 책 소개를 했던 것은 큰 경험이었습니다. 그때까지만 해도 책을 판매하는 것이 전부라고 여겼는데, 라디오에서 말하는 것은 전혀 달라서 소개하는 책이 '확대된다'는 느낌이 들었어요. 스스로를 바꾸는 계기가 된 것 같아요. 파는 것만이 아니라 '전하는 것'의 중요성을 체감하게 되었지요."

— 지금은 책 읽는 방법이 서점원이던 시절과 달라졌습니까?

"조금씩 서점원이 되기 전으로 돌아가는 중입니다. 서점원 시절에는 책을 언제나 상품으로만 보게 됩니다. '아, 이건 재미있겠다'고 생각해 읽기 시작해도, 중간부터는 '어디에 꽂을까', '어느 책 옆에 놓을까', '출판사가 어디니까 책 매입은 이렇게 하자' 등을 생각하게 됩니다. 디자인은? 가격은? 광고판에 쓸 말은? 이런 것도 신경 쓰면서 읽는 버릇이 들어버려서, 그런 의미에서 보면 순수한 독서가 아니었지요. 지금은 그럴 필요가 없으니까, 누군가에게 추천하기 위해서가 아니라 그냥 책만 잔뜩 읽던 때의 감각이 다시 돌아오고 있습니다. 이래도 괜찮은지, 복잡한 기분이 들기도 하지만요."

─ 집안일 중심으로 하루를 보내면 좀 물리지 않습니까?

"아, 그런 일은 전혀 없어요. 그런 생각은 안 들어요. 나는 항상 지금 내가 할 수 있는 일을 하고, 그 자리에서 잠재능력을 끌어내는 것을 좋아합니다. 서점에서 일할 때도 그랬지만, 지금은 매일 저녁밥을 짓는데, 남는 재료나 텃밭에서 수확한 싱싱한 농작물, 아니면 고기나 생선 등을 어떻게 조합해서 만들면 맛있게 먹을 수 있을지에 집중합니다. 제가 이런 것을 느낀 것은 20대 때 서점에 들어가기 전이었습니다."

이것은 《모리오카 사와야서점 분투기》의 후기에도 나오는 이야기이다. 당시 이토가 살던 아파트는 오로지 만화만 그리던 친구, 음악으로 해가 뜨고 날이 지던 친구 등 창작 활동에 열중하는 동료들의 집합 장소 같은 곳이었다.

"나도 음악이나 만화를 좋아해서 슬쩍 한 발을 디밀어봤는데, 동료들에 비해 창작 재능이 전혀 없다는 것을 알게 되었습니다. 그래서 무엇을 했냐면, 친구들의 밥을 지어줬습니다. 십 몇 인분 정도였어요. 아르바이트 할 때 식칼을 잡아본 적도 있어서 요리에는 나름 자신이 있었습니다. 그때 어떤 상황에 처하더라도 해야 할 역할을 생각해봐야 한다는 것을 배웠지요."

이런 이야기는 도호쿠나 이와테 지역과 관련된 것들이 아니었다. 생각해보면, 사람들 중에는 항상 지금 여기에 없는 무언가를 찾아 헤매는 유형과 주어진 상황에 맞게 자신의 역할을 찾아가는 유형이 있다. 이토에게는 하라다 마유미처럼 독립해서 자기 서점을 만들려는 생각이 그다지 없어 보였다. 주어진 환경에 순응해가는 삶의 방식은 《말 못하는 농민》의 저자가 그려낸, 자신의 힘으로는 어찌 해볼 수 없는 거대한 자연, 즉 '흙'과 마주하는 자세와도 통한다.

그렇지만 의지를 갖고 '책'을 전해온 사람으로서는 양보하기 어려운 부분도 있었다.

미야자와 겐지의 동화 《쏙독새별よだかの星》을 생각했다. 매에게 죽임을 당할까봐 두려워하며 지금껏 자신이 힘없는 작은 벌레들을 얼마나 잡아먹었는지 후회하고, 생존경쟁의 세계를 떠나 별이 된 쏙독새 이야기이다. 읽는 사람에게 애처로움을 불러일으키는 못생기고 차별받는 주인공 쏙독새와 이토 기요히코를 겹쳐 보기에는 다소 무리가 있다. 무릇 인간이 시장경제의 틀에서 자유로워지기도 어렵다. 그러나 숫자와 규모를 겨루는 세계에서 한번 사라진 그가 다시 '책'을 전달하고자 하는 앞으로의 모습에, 어쩌면 서점의 미래에 관한 실마리가 있을지 모른다고 생각했다.

서점은 도서관에서 배우고
도서관은 서점에서 배우고

이치노세키에서 이토 기요히코와 이야기를 나누고, 모리오카에서 다구치 미키토, 마츠모토 다이스케와 만난 것은 2010년 11월 말이었다.

이토 기요히코와 작별 인사를 나누고, 그대로 후쿠시마 현 미나미소마 시로 향했다. 이토가 절찬한 미나미소마 시립중앙도서관을 보기 위해서였다.

우선 건물이 아름다웠다. 도서관 내부는 1층과 2층이 함께 보이도록 되어 있고, 천장에는 몇 개의 실링팬ceiling fan이 돌아가고 있었다. 흰색과 나뭇결의 부드러움을 자연스럽게 살린 개방적인 공간의 느낌이 좋았다.

일반 개가開架 공간은 서가가 늘어선 주위를 주제별 전시 코너가 둘러싸고 있었다. 지역과 연고가 있는 나니야 유타카埴谷雄高(1909~1997, 소설가, 평론가), 시마오 도시오島尾敏雄(1917~1986, 소설가)의 코너에는 일련의 저작과 집필 원고 등이 꾸며져 있었는데, 이것을 보는 데만 해도 시간이 빨리 지나갔다.

이토가 이 도서관을 절찬하며 첫 번째 이유로 든 '여행과 지도' 코너로 가보았다. 논픽션 여행기며 모험기부터 이와나미문고의 《콜럼버스 항해지航海誌》와 같은 고전, 약간 가벼운 여행 에세이,《지구촌 걷기地球の步き方》 시리즈(일본인들이 외국 여행을 갈 때 거의 필수품처럼 들고 다니는 전 세계 현지 정보 가이드북 시리즈-옮긴이) 등이 모아져 있고, 거기에 일본 전국 각지의 관광 안내 팸플릿이 47개 도도부현(都道府縣, 일본의 행정구역)으로 나뉘어 잔뜩 비치되어, 원하는 사람은 누구나 자유롭게 가져갈 수 있도록 했다. 여행에 관심이 있어서 책을 찾는 사람이라면, 진짜로 여행갈 마음이 생기도록 구색을 갖춘 것이다.

순서대로 서가를 보는 사이 조금밖에 가지 못하고 발길이 멈췄다. 서가에 꽂힌 책마다 주제가 있고 그것에 맞춰 정교하게 장서가 구비되어 있었다. 문고판, 문고보다 약간 길쭉한 신서新書, 단행본, 대형본을 혼합해서 배열해 책의 높낮이가 달라서인지 책들이 눈에 확실하게 들어왔다. 책은 뽑기 좋도록 선반 앞쪽에 정돈되어 있었다. 어느 서가를 보아도 들어온 지 얼마 안 된 새 책부터 고전 문고까지 아우르고 있어, 해당 분야를 전체적으로 파악할 수 있게 해준다. 확실히 느낌이 좋은 서점의 정취를 갖추고 있다.

모든 서가에는 표지가 보이도록 세워진 책들이 있고, 이용자가 장서를 이용하면서 생긴 빈 공간에는 커다란 주사위 같은 나무 블록이 놓여 있었다. 이것은 도서관이기 때문에 가능한 연출이다. 도서관 서가에는 열람이나 대출로 빠진 책들이 항상 있으므로 서가에는 많은 빈 공간이 생기게 마련이다. 서점이라면 거기에 새 책을 보충하겠지만, 도서관 장서는 원칙적으로 반드시 되돌아오므로 그 공간을 어떻게 연출할 것인지가 중요하다.

책을 안고 걷던 도서관 직원이 서가 앞에 멈춰 책표지가 보이는 책들 중에서 한 권을 뽑아서는 표지가 보이는 서가 진열 공간에 쑥 집어넣고 바로 사라졌다. 잘 살펴보니 모든 서가마다 앞쪽에 홈이 파여 있어서, 책 등만 보이는 책을 표지가 보이도록 놓을 때는 파인 홈에 책의 밑을 맞춰 끼우면 세울 수 있다. 홈 덕분에 직원들은 이 작업을 한손으로도 신속하게 할 수 있다.

표지가 보이는 책은 그때그때 서가가 빈 정도나 내용의 시사성, 혹은 담당자의 기분에 따라 달라지는지도 모르겠다. 경우에 따라서는 하루에 몇 번씩 바뀔 수도 있을 것이다. 이렇게 함으로써 서가는 생동하고, 언제나 유동성을 지닌다. 서점에서도 이렇게 한다면 다양한 종류의 책이 팔리지 않을까 생각되었다. "관내에서 보신 책은 책장에 꽂지 말고 여기에 놓아주세요"라고 쓴 이동식 책수레가 여기저기 있었다. 어떤 책을 이용자들이 보았는지 파악하는 것도, 직원들에게는 다음 번 배열을 위한 힌트가 될 것이다.

눈길을 끄는 책이 차례로 등장했다. 책 제목이나 느낌을 메모하면서, '그렇지, 도서관에서는 책 내용을 베낀다고 해도 문제될 것이 없지' 하는 지극히 당연한 생각을 했다.

"본업을 뛰어넘다? 그 사람의 이런 책!"이라는 이름으로 탤런트나 구성작가, 가수, 미술가 등의 저작을 70종 정도 모아놓은 전시회도 열리고 있었다. '음악' 서가에는 책장이 그대로 CD, DVD를 보거나 들을 수 있는 코너로 이어져 책을 보면서 음악을 듣는 사람도 있었다. 2층에 올라가자 책상과 의자가 1층보다 훨씬 많고 중고등학생들이 많았다. 2층에도 서가가 있지만 1층보다는 전체적으로 오래된 느낌이고, 천창을 통해 들어온 햇빛이 여기저기에 그림자를 만들었다. 열심히 공부하는 아이, 친구들과 떠드는 아이, 피곤해서 자는 아이 등 여러 모양새였다. 성인도 많아서, 테라스에는 장기를 두는 고령자들도 보였다.

1층으로 되돌아와 '도서관학' 서가로 갔다. 《문헌조사법》, 《도설 고대 직업 대전圖說古代仕事大全》 등의 책을 골라와 책상에 놓고 잠시 뒤적거렸다. 책을 서가에 되돌려놓으려다가 '아 그렇지', 하며 서가의 원래 위치가 아니라 눈앞의 이동식 책수레에 올려두었다. 이런 방식도 서점에서 활용하면 재미있을지 모르겠다.

도서관 관내를 둘러보고 나서 이토 기요히코가 말한 '도서관계의 괴물'에게 인사하러 갔다. 그 사람은 하야카와 미츠히코早川光彦인데, 직책은 관장보좌였다. 이 도서관은 2009년 12월에 개관한 신설 도서관으로, 하야카와는 빈 땅에 도서관 부지를 계획할 단계부터 관여했다. 이용자에게 책을 매력적으로 전달하는 도서관을 만들자는 시청의 총력적인 구상은 그런대로 일정 수준까지 실현된 것으로 자부한다고 말했다.

"여기 오기 전에는 이치노세키, 그 전에는 센다이에 있는 도서관에서 근무했습니다. 센다이에서 가장 가까이 있던 서점이 야에스쇼보八重洲書房였습니다. 그 서점 덕분에 책을 매력적으로 보이게 하는 방법, 책의 굉장한 매력을 서가에 표현하는 방법을 젊어서부터 익혔습니다. 야에스쇼보가 도서관원인 저의 원점原點입니다. 센다이 시절의 윗분도 좋았습니다. 스스로 좋다고 생각하는 책을 선보이라고 가르쳐준 분인데, 지금 생각해보면 사서로서 매우 드문 분이셨습니다. 직원들에게는 공부하려면 센다이에 있는 마루젠丸善 서점을 자주 드나들라고 하셨는데, 지금도 야에스쇼보가 있다면 저는 그곳에 직원들을 보내고 싶습니다."

야에스쇼보는 센다이에 있던 작은 서점이다. 나는 가본 적이 없지만, 1993년에 문을 닫은 것을 두고 지금도 아쉬워하는 사람들을 이따금씩 만나게 된다. 그 야에스쇼보에서 많은 것을 배웠다고 공언하는 사람이, 지금 미나미소마에서 '서점 같은 도서관'을 운영하고 있는 것이다.

처음에는 책을 한 권 한 권 고르는 것부터 배열할 곳을 정하는 것까지 하야카와가 일일이 손을 댔으나, 현재는 열한 명의 분야별 담당자를 배치해 전체를 총괄하는 흐름만 하야카와가 맡고 있다. 장서로 보관할 도서의 선정이나 배열 등 세부적인 판단은 각 담당자에게 맡긴다. '책'을 즐기는 법에 대해 건물 전체가 전달하려고 나서는 이런 도서관을 만드는 데는 타파하지 않으면 안 되는 낡은 관습도 많았을 것으로 짐작된다.

도서관이 마치 서점 같더라는 말을 이토로부터 들었는데, 와서 보니 과

연 그렇다는 느낌을 전하자, 그는 이렇게 응답했다.

"책을 사는 것과 빌리는 것의 차이는, 의외로 없을지도 모릅니다."

"책 선정에 신중을 기하는 것은 단지 도서관에서 일하는 우리만의 주장이 아닙니다. 그것은 미나미소마 시민들에게 필요한 책은 무엇일까 생각한 끝에 나온 결과입니다." 이렇게 말하며 하야카와는 '산업·농업' 서가로 나를 안내했다.

'중요한 농작물을 지키자! 조수해鳥獸害 대책 코너'라는 작은 전시가 열리고 있었는데, 그 옆에는 '확정신고 준비를!'이라 써놓은 전시도 함께 열렸다. 또 그 옆에는 '일(직업)과 지역 만들기' 코너에 종류별로 자격시험 문제집 등을 모아놓았다. 이 지역에 사는 많은 농업 종사자나 자영업자 들의 고민과 실업자가 증가하는 현안을 해결하고자 지역의 구인 기업에 취직하는 데 필요한 자격 등을 소개하는 기획이었다. 도서관의 기능이 이렇게 매력적으로 작동할 수 있는지 감탄했는데, 하야카와는 아직 갈 길이 멀다고 말했다.

갑자기 방문한 데다 시간을 많이 빼앗아 미안하다는 말을 전하자 하야카와가 웃으며 말했다. "이토 씨가 소개했기 때문에 함부로 해서는 안 되지요." 하야카와와 이토는 단 한 번밖에 만난 적이 없는데, 두 사람은 이미 통하는 무언가가 있는 듯했다.

언젠가 정식 취재를 하겠다고 말하고 하야카와와 헤어졌다. 그러나 정식 취재 전갈을 넣기도 전인 2011년 3월 11일 도호쿠 대지진과 지진해일이 발생했다. 미나미소마 시는 참담한 피해를 입은 지역의 하나인데, 그 뒤에도 후쿠시마 제1원전 사고로 인한 방사능 오염으로 '계획적 피난 구역'의 경계 영역으로 지정되는 등 도시로서의 기능이 크게 손상되는 사태에 빠

졌다. 불행 중 다행으로 미나미소마 시립중앙도서관의 하야카와 미츠히코와 직원들은 무사했고, 도서관이 있는 JR 하라노마치原ノ町 역 근처에는 지진해일이 도달하지 않았다. 건물도 파손된 흔적이 보이지 않았다. 지진 발생 후 며칠간은 피해자들을 위한 임시 피난소로 쓰였다고 한다.

그 뒤 시의 재건과 부흥을 위한 다른 업무들이 우선시되면서 휴관이 계속되었다. 하야카와 미츠히코와 직원들도 각자 다른 업무에 배치되었다. 도서관은 2011년 8월 9일을 기해 다시 문을 열었다. 폐관 시간을 오후 8시 반에서 오후 5시로 앞당겼고, 휴관일은 월 1회에서 매주 월요일 쉬는 것으로 늘렸다.

후쿠시마 원전 사고,
도시의 재건 그리고 서점의 역할

사와야서점은 대지진이 발생한 3월 11일 이후, 지역에서 서점의 역할을 재인식시키기 위한 활동을 펼쳤다.

지진 전날인 3월 10일 사와야서점 훼잔점의 트위터는 "《1858년의 대탈주》 다음은 이 책이다!"라고 적힌 띠를 두른 미니 코너를 운영 중이라고 홍보했다. 11일 지진이 일어나고 몇 시간 동안은 '직원 모두 무사하다', '정보가 부족하다' 등 메시지 10건 정도가 새롭게 올라왔다.

그런데 그다음 날인 12일 '모리오카에 있는 여동생과 연락이 안 된다'는 어떤 사람의 소식이 올라온 다음부터는 지진 이전 시기보다 더 빠른 속도로 정보가 계속 갱신되었다. 모리오카 시의 정전 사태 추이, 보도된 뉴스 전달, 시내에서 물건을 구할 수 있는 곳, 주유가 가능한 주유소 위치, 이발소나 목욕탕 영업 정보까지 올라왔다. 휂잔점을 중심으로 한 사와야서점의 계정은 연일 모리오카 시민들을 위한 정보 게시판으로 기능했다. 코멘트의 마지막은 반드시 '힘 냅시다', '힘내자'로 맺었다. 서점에 관한 정보는 없었지만, 사와야서점은 도시에 존재하는 강력한 미디어로 역할을 했다.

4월에는 역발상으로 어려움을 이겨내자는 기획에도 착수했다. 휴대용 회중전등을 들고 어두운 서점에서 책 읽기를 해보자는 제안이었다. 정전 사태 속에서 서점에 고객들을 초대한 것이다. 실제로는 고객의 발걸음이 적었던 듯하지만, 어떤 상황에서도 독서의 즐거움을 발견하도록 하자는 그들의 메시지는 계속되었다.

"(대지진으로) 산처럼 쌓아둔 평대의 책이 눈사태처럼 무너지는 모습이 무서웠습니다. 솔직히 그런 상황에서 서점이 필요한지 생각해본다면, 필요 없었습니다."

다구치 미키토가 당시를 회고했다.

"그럴 때 현장의 서점이 어떻게 해야 하는지 생각하게 되었습니다. 서점은 다른 소매점에 비해 고객들이 들어가기 쉬우므로 만남의 공간이 되어야 한다고 생각했습니다. 그렇게 생각하고 일하는 동안 고객과의 거리도 좁아졌습니다. 지진 이후 내 안에서 쥰쿠도에 대한 원망 같은 것이 사라지고, 존재 자체를 긍정적으로 보게 되었습니다. 올해 모리오카 교외에 도서 판매장만 2,640제곱미터(800평) 이상 되는 서점이 생겨서 쥰쿠도서점도 지역 최대의 서점이란 자리를 내주게 되었습니다. 규모의 경쟁이라는 것은 어디까지나 상대적인 것이어서, 그것만 지나치게 의식하면 오히려 간과하는 것들이 많아집니다. 각각의 서점이 각자의 역할을 해야 합니다. 결국은 그 길밖에 없다고 생각하게 되었습니다."

대지진 이후 훼잔점은 이와테와 모리오카 지역 관련서 판매를 더욱 강화하여 서점 전면에 내세우고 있다. 본점에서는 마츠모토 다이스케가 가장 빠르게 원전 문제에 관한 책들을 모아 서점 앞에서 전시·판매회를 열었다. 본점 고객들이 관심을 갖고 알려고 하는 것은 무엇인가, 그 생각을 하면서 내린 판단이다.

"본점은 13일부터 문을 열었습니다만, 저는 가족이나 생활 문제만으로도 머리가 복잡해서 도저히 책을 읽을 상황이 아니었습니다. 그런데도 고객들이 속속 찾아오시는 겁니다. 책의 매력이란 것이 무엇일까 새롭게 생각하게 되었습니다. 이번 일을 계기로 삼아…… 라고는 말하기 어떨지 모르겠지만, 돌아가신 분이 주변에 있다고 생각하면 말하기가 참 어렵습니다. 그러나 살아남은 사람으로서 '전달하는 책임'을 다하고자 합니다."

이토 기요히코의 휴대전화는 지진 발생일로부터 3일 뒤인 3월 14일에야 연결되었다. "좀 전에 시청에서 겨우 충전했다"고 말하는 이토의 목소리가 반가웠다. 그는 집 외벽이 조금 무너져내렸지만 가족은 무사하다, 정전이 계속되어 목탄으로 불을 피운다, 식량은 비축해둔 쌀이 있어 도움 없이 반년은 버틸 정도라고 말했다. 라디오는 들을 수 있지만 정보가 너무 적다며 지진해일 피해에 관심을 보여, 텔레비전과 신문에서 얻은 정보를 전해주었다. 그는 바닷가 쪽에 친척이나 아는 사람들이 상당히 있다며 말끝을 흐렸다.

2011년 5월. 모리오카 시에서 '모리브로モリブロ'('모리오카'와 '리브로'의 합

성어. 전국 각지에서 열리는 지역의 책 축제를 모리오카에서도 열자는 시민 그룹의 제
안으로 2011년 시작되었다─옮긴이)라는 책과 관련한 이벤트가 열렸다. 이토
기요히코는 워크숍 가운데 하나로 센다이에 있는 북카페 '화성의 정원' 점
주 등과 함께 출연해 책과 서점을 주제로 대중들 앞에서 오랜만에 이야기
했다.

이토는 6월에는 고등학교 도서관 사서들이 모이는 공부 모임에 강사
로 나섰다. 한 곳에서 이야기한 것을 계기로 '다음은 우리 모임에도' 하
는 식으로 다른 곳에서도 강연 의뢰가 들어온다고 했다. 또한 지역 신문
인 《이와테닛포岩手日報》에도 정기적으로 기고하는데, 6월 5일에 실린
첫 글이 후쿠시마 현 이타테무라飯舘村의 마을 만들기를 소개한 르포
《마데이의 힘までいの力》('마데이'는 '진심 어린 손'이란 뜻의 지역 신조어─옮긴
이)이었다. 이토는 "약간 불편한 쪽으로 시계추를 조금만 돌리면 살기 쉬
운 세상이 되지 않을까요?" 하며 독자들에게 말을 건넨다.

이토는 조금씩 사람들 앞에 나설 기회가 늘어갔다. 그것만 갖고 버틸
수는 없으니 여러 생각을 하게 된다고 이토는 웃으며 말했다.

그는 이치노세키 시에서 계획 중인 중앙도서관 준비위원회 회의에도
계속 참석해왔다. 대지진이 발생했음에도 불구하고 이야기가 계속 진척
된다고 한다. 그러나 아직까지 자료 수집에 대해서는 구체적인 이야기가
나오지 않아서, 2014년 완공을 앞두고 조바심이 나는 듯했다. 그렇지만
반년 전보다는 의욕이 많이 생긴 것 같았다.

"게센누마氣仙沼, 오후나토大船渡, 리쿠젠타카타陸前高田 지역은 지진해
일의 영향으로 도서관도 괴멸된 상태예요. 어차피 처음부터 다시 시작하
는 거라면 제대로 계획을 세워서 지역 사람들에게 도움이 되는 도서관을

지어야겠지요. 이치노세키에 국한되지 않고 좀 더 폭을 넓혀야 할 것 같아요. 그런 일에 내 역할이 있을지 모르겠다고 생각하기 시작했어요."

나는 이전부터 궁금했던 것 한 가지를 물었다. 이토 기요히코에게 미야자와 겐지는 어떤 존재인가 하는 것이었다. 나는 《쏙독새별》에 견주어 그의 앞날을 생각했는데, 생각해보면 이시카와 다쿠보쿠石川啄木(1886~1912, 시인, 평론가)와 나란히 이와테 지방을 대표하는 문학자였던 미야자와 겐지에 대해 그가 말하거나 쓴 것을 본 적이 없었다. 다구치 미키토나 마츠모토 다이스케에게 물어도, 이토가 겐지에 대해 말하는 것을 들어본 적이 없다고 했다.

"아아, 그건 특별한 존재의, 그보다 더 위에 있는 분이죠. 제 몸에 완전히 들어와버린 분이라고나 할까요."

그는 중얼거리며 일어나서 방에서 나가더니 손에 책 한 권을 들고 돌아왔다. '미야자와 겐지와 도호쿠 쇄석공장 사람들宮澤賢治と東北碎石工場の人〻'(고쿠분샤國文社)이라는 제목에 저자 이름은 이토 료지伊藤良治로 되어 있었다. 그 역시 이 지역 사람으로 이토의 먼 친척이라고 한다.

"미야자와 겐지라고 하면 하나마키花卷 지역과의 관계가 가장 깊다고 말들을 합니다만, 만년에는 여기 히가시야마쵸東山町에서 기사技師를 했습니다. 전쟁 후 재건을 위해 지역 청년부가 만들어졌을 때, 겐지의 정신을 재건의 지주로 삼으려고 비를 세웠습니다. 여기서 걸어서 금방인 곳에 있어요. 우리 아버지는 그 중심 멤버였기 때문에 비석에 쓰인 말은 어렸을 때부터 의미도 모른 채 외웠습니다. 이 근처에서 자란 나와 같은 세대 사람들은 모두 그랬을 겁니다."

책 앞쪽에 실린 몇 장의 사진에는 2009년에 세상을 떠난 젊은 시절의 이토 아버지 모습도 있었다.

세워진 비에는 이러한 구절이 써 있다.

함께 섞여 빛나는 우주의 먼지가 되어 끝없는 하늘로 흩어지다

단어 하나하나의 뜻은 쉽지만 문장의 의미는 그렇지 않다. 《미야자와 겐지와 도호쿠 쇄석공장 사람들》에서도 문헌을 참고하여 마지막에 저자는 독자적인 해석을 내린다. 미야자와 겐지의 우주관을 이해하지 못하고는 이해하기 어렵지만, 작은 존재에 지나지 않는 '우주의 먼지'인 한 사람한 사람이 각자의 역할을 해내자는 의미라고 한다. 이십대의 이토가 동료들의 밥을 지어주며 배웠다는 삶의 방식은 어릴 때부터 받아온 고향의 가르침이기도 했던 것이다.

이토 기요히코는 앞으로 그를 찾는 곳에서 말하고 쓰고, 또는 도서관과 관련된 일을 하는 등 '책'의 전도사와 같은 역할을 해나갈 것인가? 확실한 것은, 그가 이와테에서 이와테를 위해 자신을 던질 것이라는 것뿐이다.

데이유도서점의
나라 도시유키와《증여론》

서점의 미래는 사람이다

운 좋게도 약속한 시간에 겨우 맞췄다. 도중에 도로 정체로 꼼짝 못하거나, 졸음을 참지 못하고 예정에도 없던 잠을 청한 시간도 있었다. 하지만 당초 예정대로 정오 직후 돗토리鳥取 시에 닿았다.

주차한 다음 배를 채우고 데이유도定有堂서점으로 갔다. 매장에 들어서자 책이 가득 찬 골판지 상자를 사이에 두고 젊은 여직원과 이야기하는 나라 도시유키奈良敏行가 눈에 들어왔다.

"아, 금방 끝나니까 조금만 기다려주세요."

1, 2분쯤 지나자 "이리 오시죠" 하는 목소리가 들렸다. 계산대 옆 왼편으로 돌자 작은 문이 나왔고, 나는 허리를 굽혀 지나갔다. 약간 어두운 계

단을 따라 2층에 올라가자 사무실처럼 보이는 방이 나타났다.

책상 위에는 4일 전에 방문하겠다고 전화했을 때 이야기를 나눈 《신세기 서점新世紀書店》(기타오 토로北眉ト口·다카노 마유코高野麻結子 편저, 폿토 슛판ポット出版, 2006년)이 놓여 있었다. 나라는 종이컵에 부은 녹차를 권하며 《신세기 서점》에 손을 얹었다. "다시 읽어보았습니다"라고 조용한 말투로 말을 시작했다. 처음에는 4일 전 이야기를 이어서 했다. 김이 올라오는 종이컵에 입을 댔다. 특이한 맛이 느껴졌다.

짧은 침묵 뒤에 찾아온 이유를 말했다. 히구라시문고의 하라다 마유미, 쥰쿠도서점의 후쿠시마 아키라, 이하라 하트숍의 이하라 마미코, 사와야 서점 점장을 지낸 이토 기요히코 등에 대해 요약해서 이야기했다. 그래서 당신에게도 이야기를 듣고 싶었다, 그렇지만 구체적인 질문을 준비해온 것은 아니라고 말했다.

이미 4일 전에 한 이야기와 다르지 않은 것이었다. 전화를 걸어 '서점의 미래……'라고 느닷없이 말했을 때, 그는 "당신이 생각하는 서점의 미래란 어떤 것입니까?"라고 곧바로, 조용한 목소리로 물었다. 내가 그동안 만난 사람들에 대해 말했지만, 나라의 질문에 대해서는 제대로 답변을 못하자 "아, 그러니까 당신 말은, 서점의 미래는 사람이다, 뭐 그런 거죠?" 하며 전화 저편에서 정리했다.

"서점의 미래를 다시 한 번 만드는 것은 한 사람 한 사람……."

그래요, 그겁니다, 나는 장단을 맞추었다. 그렇게 간단한 것이었구나, 나는 묘한 기분이 들었다.

4일 전과 똑같은 이야기를 인내심을 갖고 들어준 나라는 일어서서 컴퓨터가 있는 작은 책상으로 갔다. 막 출력한 듯한 세 장의 복사용지를 가져와 나에게 내밀었다. 첫 장에 "서점 사람本屋的人間. 2010.12.03. 데이유 도서점 나라 도시유키"라고 써 있었다.

"전화 통화한 다음에 저 나름대로 생각하는 서점이란 무엇인지 정리해 보았습니다. 부끄러우니까 나중에 읽어보세요."

그러고는 방에서 나가더니 옆방에 있던 젊은 여성을 데려왔다. "제 수제자입니다"라며 약간 농담조로 소개했다. 학교도서관 사서라고 했다. 나라는 그 여성에게 "오늘은 이 사람도 참가합니다"라고 설명했다.

수제자가 다시 옆방으로 돌아간 뒤 다시 나와 마주한 나라가 말했다.

"도쿄에서 친한 친구가 왔다는 생각으로 대하겠습니다."

얼마 지나지 않은 오후 1시, 나라가 주재하는 태극권교실이 시작될 시간이 되었다. 처음부터 태극권을 보고 싶다고 말해두었다.

"장거리 운전으로 몸이 굳지 않았나요? 한번 해보실래요?"

나에게 입으라며 헐렁헐렁한 도복 바지와 태극권교실의 로고가 새겨진 티셔츠를 건네줬다.

옆에 있는 49.5제곱미터(15평)쯤 되는 공간으로 따라갔다. 그곳에서 좀 전에 만난 수제자 여성이 혼자 연습하고 있었다. 하나씩 생도들이 모이기 시작했다. 모두가 성인으로, 개중에는 나라보다 나이가 많아 보이는 사람도 있었다. 나도 연습하는 무리의 동그란 원 속으로 들어가 체조를 했다. 그런 다음 맨 뒤에서 초보적인 자세를 배웠다. 모든 동작이 천천히 이어지므로, 호흡을 가다듬고 마음을 차분히 하지 않으면 오히려 피곤해진다.

지각한 생도가 문을 열고 들어온 순간부터 나라는 극히 자연스럽게 그 사람과 이야기를 시작했다. "일전에 그거 말이야, 찾았어요" 하는 등 보자마자 지난번에 나눴음 직한 이야기가 이어졌다. 나에 대해서도 마찬가지였다. 두 사람은 적은 말수로도 충분한 의사소통을 하는 듯한 분위기가 느껴졌다. 그곳 분위기는 차분했고, 생도들은 갑자기 끼어든 내 존재에 그다지 신경 쓰지 않는 듯했다.

그렇지만 방해하지 않으려는 마음가짐을 가질 필요는 있었다. 바로 다음 날이 승급 시험일이어서, 최종 점검을 하고 있었기 때문이다. 실제 연습 시간이 되자 나는 한쪽 구석에서 견학을 했다. 각자의 급수가 달라 동작 역시 사람마다 달랐다. 사범인 나라는 한 사람 한 사람의 동작을 지켜보며 지도했다.

"좋아요 좋아. 오, 훌륭해요! 그때는 오른손을 여기서 돌리고, 그러면서 몸 움직이는 방향으로, 먼저 시선을 보내면 몸이 자연스럽게 따라가지요……. 그래, 그래요!"

골똘히 생각하는 표정으로 같은 동작을 몇 번이고 반복하는 여성이 있었다. 머리를 틀어, 천장을 바라봐요, 숨을 내쉬고요, 좋아요, 고칠 것 없습니다, 라며 나라가 말을 건넨다.

"실수했을 때 스스로에게 실망하면 안 돼요. 그건 얼마든지 고칠 수 있으니까요."

자기한테 실망하지 말라는 말을 그는 몇 번이고 반복했다.

검정색 도복 상하의를 입은 나라의 동작은 역시나 사범답게 생도들보다 훨씬 유연하고 막힘이 없었다. 그리고 사범이라고 거들먹거리는 일도 없었다. 항상 경어를 쓰고, 구체적인 동작을 설명할 때면 '음……, 뭐라 하면 좋을까요?' 등 머뭇거리기도 했다.

시작한 지 2시간 30분쯤 지나 연습이 끝났다. 다음 날의 시험장은 돗토리 시에서 요나고米子 방향으로 수십 킬로미터 떨어진 곳이어서 집합 시간과 장소, 차편 등을 확인한 다음 해산했다.

나라는 수제자를 데리고 나를 근처 찻집으로 불렀다.

그가 태극권을 시작한 것은 1994년이었다. 서점 일로 굳은 몸을 풀어줄 목적이었으나, 지금은 지도자 자격증도 취득하여 시민회관이나 오늘처럼 서점 2층에서 지도를 한다. 모두 합해 30명 정도의 제자를 두고 있다고 한다.

"몸 길이(신장)만큼 동작하는 것이 저하고 잘 맞는 것 같습니다. 서점의 모습과도 통하는 측면이 있지요."

'몸 길이'는 그가 자주 사용하는 키워드이다.

서점에는 푸른 하늘이 있다

나라 도시유키는 1948년 나가사키長崎 시에서 태어났다. 와세다대학 문학부를 졸업한 후 연극 흥행회사와 도쿄 분쿄文京 구에 있는 혼고本郷 우체국에서 일하다가, 1980년 아내의 고향인 돗토리 시로 이주하여 데이유도서점을 개업했다. 49.5제곱미터(15평)쯤 되는 매장은 JR 돗토리 역 앞 대로에서 현청縣廳 방향으로 70미터 정도 가다 보면 있다. 어디에나 있을 법한 평범한 서점이라고 하기는 어렵다. 진열된 책을 보면 이 서점 나름의 독자적인 분야와 주제별 구성이 뚜렷하다. 이른바 베스트셀러는 거의 비치되어 있지 않다. 서가를 보면서 새로운 발견을 하도록 하는 것이 이 서점의 매력이다. 주변에 역 구내서점을 비롯해 네 개의 중소 규모 서점이 있고, 역의 반대 방향으로 교외로 나가면 대형서점도 있으므로 지역 사람들이 데이유도에서만 책을 구입하는 것은 아니다. 여러 서점 가운데 두드러지게 눈에 띌 만큼 개성을 지닌 서점 역할을 하고 있는 것이다.

그렇지만 나는 '개성 있는 서점'이라는 흔한 말을 데이유도에 쓰기가 주저된다. 다른 서점에도 쓸 수 있는 수식만으로는 표현하기 참 어려운, 계측하기 어려운 분위기가 데이유도에 있기 때문이다. 한편으로는 돗토리에 생겨난 '보통 서점'이기도 하다는 점에서, 이 서점은 결코 특별하기만 한 것도 아니다.

표면적인 이력과 약식 소개만으로 데이유도와 나라 도시유키를 소개하기는 어렵다. 주변 사람들의 이야기를 들어본다.

《서점은 최고本屋はサイコ!》(안도 데츠야 지음, 신쵸OH!문고, 2001년)라는 책이 있다. 1996년 오라이도서점을 만들고, 그 뒤 인터넷서점 'bk1'이나 '라쿠텐樂天북스' 등에서 일한 다음, 현재 NPO(비영리기구) 법인 '파더링 재팬Fathering Japan'을 운영하고 있는 저자가, 오라이도에서 bk1으로 이적할 무렵 상재한 책이다. 이 책에서 오라이도서점을 만든 계기 중 하나로 나라 도시유키라는 존재를 꼽고 있다. 저자는 1996년 돗토리 현 다이센쵸大山町에서 열린 출판업계 관계자들의 공부 모임인 '책의 학교—다이센료쿠인大山綠陰 심포지엄'에 참가하여 나라 도시유키와 다나카 준이치로田中淳一郎(도쿄 메구로目黒 구 교분도恭文堂서점)를 패널리스트로 초청해 분과회를 열었다.

실은 그 분과 모임이 있다는 것을 알게 된 것이 돗토리까지 간 가장 큰 계기였다. (중략) 나라 씨는 "서점에는 푸른 하늘이 있다"고 말했다. (중략) 나는 나라 씨의 말에 감명을 받았다. 내가 서점에서 일하는 매일매일 언제나 어렴풋이 느끼고 있던 것이다. 그렇지만 말로는 표현하기 힘들었던 그 느낌을…… 나라 씨는 표현해준 것이다. (중략) 두 사람의 말을 들으며 나는 이미 머릿속에 새로 설립할 점포를 그리고 있었다.(《서점은 최고!》, 31~33쪽)

안도 데츠야는 "내가 처음부터 만들어가는 새로운 서점을 해보고 싶다"는 생각을 아마도 돗토리를 방문하기 전부터 가졌을 것이다. 그런데 서점에서 일한 지 3년쯤 된 안도에게는 아직 점포 콘셉트나 구체적인 매장 구성에 관한 이미지가 없었다. '책의 학교' 심포지엄에 처음 참석했을 때 그는 데이유도서점을 방문했다. 그해 말 문을 연 오라이도서점은 선반에 주제나 키워드를 적은 라벨을 붙이는 등 데이유도서점의 구체적인 기법 몇 가지를 도입했다. 무엇보다 되도록 손으로 직접 만들었기 때문에 서점 전체에서 느껴지는 편안함과 고객을 압박하지 않는 열린 느낌이 비슷했다. 안도가 오라이도서점을 떠난 뒤 2대째 점장을 맡은 오이리 겐지는 안도 데츠야와는 다른 방식으로 '지역서점'을 표현해 보여줬는데, 현재의 오라이도에도 이런 기본 요소들이 계승돼 있다.

점포의 이름도 나라의 말에서 따온 것이다.

나라 씨는 "오늘날의 서점은 '보통'을 잊어버리고 있다. '보통'이란 '왕래往來'(오라이)에 있는 것 아닐까? 사람들이 오가며 왕래하는 곳에 늘 있는 서점, 그런 것이 사라졌다"고 말했다.(같은 책, 58쪽)

그 당시 안도 데츠야가 참석한 분과 모임에서 토론한 내용은 《거리의

서점은 잠들지 않는다町の本屋はねむらない》(나라 도시유키 · 다나카 준이치로 지음, 아루미디어, 1997년 발행)에 수록되어 있다.

> 실은 제가 사람들 앞에서 이야기하는 게 처음입니다. 일반인들 앞에서 서점 이야기를 할 기회가 거의 없고, 몇 번인가 나서달라는 청을 듣기도 했습니다만, 대개는 경영 세미나 같은 거여서 "글쎄요, 제가 그 자리에 서는 것은 그다지 어울리지 않는 것 같습니다"라고 항상 발을 뺐습니다.
> 다시 말해 제가 할 수 있는 서점 이야기는 돈을 많이 버는 서점경영론과는 그다지 관계없다는 생각이 들었던 겁니다. 그렇다고 제가 서점을 놀면서 하는 것은 아니기 때문에, 생업을 영위한다는 측면에서 보면 대단히 신중하고 적당히 하려는 생각은 없습니다……. 그런데 제 이야기는 비즈니스 일반론과는 거리가 있다고 생각합니다. 왜냐하면 비즈니스 이야기는 매번 하는 이야기를 반복한다는 느낌을 떨치기 어렵기 때문입니다.(같은 책, 21~22쪽)

이야기는 여기서부터 안도가 감명을 받았다는 '서점의 푸른 하늘'로 이어진다.

기존 서점의 모습에서 답답한 폐색감閉塞感을 느끼고 새로운 서점에서 '거리 서점의 복권'을 주창하겠다고 생각하던 안도 데츠야에게 데이유도서점은 그 모범(벤치마킹 모델)이 되었다. 후쿠오카 시에서 2001년 개업해 오라이도서점과 마찬가지로 '거리 서점의 복권'을 연상시키는 존재가 된 '북스큐브릭ブックスキューブリック'도 역시 데이유도서점으로부터 영감을

받았다고 공언한다. 나라 도시유키는 정열적인 사람들에게 강렬한 영감을 주는 존재인 것이다.

데이유도서점과 나라 도시유키로부터 무언가를 직감한 사람은 적지 않을 것이다. 그런데 그가 공적인 장소에서 서점론 등을 이야기한 적은 거의 없다. 패널리스트로 함께 자리한 다나카 준이치로와 공저자로 표기된《거리의 서점은 잠들지 않는다》가 유일하다. 다른 사람이 취재한 것으로《이야기가 있는 서점—특화된 서가 만들기物語のある本屋−特化した棚づくり》(에비스 마사노리胡正則 · 나가오카 요시유키長岡義幸 지음, 아루미디어, 1994년)가 있는데 전체적으로 소상히 기술하고 있다.

그가 상업적인 간행물이나 강연회에 등장하는 일은 많지 않지만, 홈페이지나 소책자 같은 매체에서는 열심히 발언한다. 나에게 '서점 사람'이란 제목이 붙은 인쇄물을 준 것도 그 일례일 것이다.

미디어는 돈벌이가 아니다

2000년에 나라가 정리한 '동네 서점을 생각한다町の本屋を考える'는 제목의 20쪽짜리 소책자를 읽은 적이 있다. 이것을 보여준 이는 이와나미북센터 사장 시바타 신이다. 교토京都부 서점조합용으로 보고된 것을 재구성한 듯하다. 소책자라고는 하지만 워드 프로세서로 입력하고 출력한 뒤 스태플러로 찍은 간소한 문건이다. '사가판私家版'이자 '비매품'이라고 표지에 써 있다. "내 소중한 좌우명 같은 좌우서座右書라서, 집 책상 서랍 맨 위 칸에 넣어두고 언제든 꺼내볼 수 있도록 한다"고 시바타 신이 말했다.

당시 소수에게만 배포된 이 책자에 적힌 문장을 발췌하기는 꺼려진다. 그래서 우치다 다츠루內田樹의 《거리의 미디어론街場のメディア論》(고분샤 신서光文社新書, 2010년)을 인용하는 것으로 대신하고자 한다.

저자는 매스미디어 사업 모델이 자멸해가는 상황에 대한 자신의 생각을 보태고, 종반부 '제7강'에서 마르셀 모스Marcel Mauss의 《증여론Essai sur le don》을 소개하면서 앞으로 미디어가 가야 할 방향은 시장경제가 성립되기 이전의 사회에서 찾아야 한다고 설명한다.

> 그렇지만 미디어는 '돈벌이'를 위해 만들어진 것이 아닙니다. 어떤 인류학적 기능을 부여받아 이 세상에 등장한 것입니다. 몇백 년 전 시장경제가 되면서부터는 비즈니스의 틀에 갇혀버렸지만, 본래 미디어는 돈벌이를 위한 것이 아니었습니다.(106~107쪽)

책 전체를 통해 저자가 전하고자 하는 메시지는, 이런 원칙으로 돌아가 미디어의 사회적 역할을 새롭게 인식하는 것이 얼마나 중요한지 강조하는 것이다.

그리고 나라가 정리한 《동네 서점을 생각한다》, 전에 나라가 데이유도 홈페이지에 썼던 〈잡기雜記〉 그리고 앞에서 소개한 《거리의 서점은 잠들지 않는다》에는, 《거리의 미디어론》을 관통하는 것들을 서점 입장에서 논의한다. 우치다처럼 직접적으로 인용하진 않지만 모스의 《증여론》에 나오는 말도 인용하고 있다.

세대가 같은 나라 도시유키와 우치다 다츠루에게 《증여론》이 중요한 고전이라는 것을 어렵지 않게 추론할 수 있다. 나라와 나이가 같은 하시즈메

다이사브로橋爪大三郎의 《처음 배우는 구조주의はじめての構造主義》(고단샤 현대신서)에 따르면, "내가 대학 문을 나설 무렵은 마침 구조주의 붐이 거칠게 불어닥쳐 절정기를 이루었다"(12쪽)는 것이다.

모스의 《증여론》은 구조주의를 대표하는 프랑스 인류학자 클로드 레비스토로스Claude Lévi-Strauss가 이론을 형성하는 데 가장 큰 영감을 주었다. 우치다 다츠루와 나이가 같은 나카자와 신이치中澤新一의 《순수한 자연의 증여純粹な自然の贈與》(고단샤학술문고)에 따르면, 제2차 세계대전 이후 불황에 빠진 프랑스 등 유럽 각국에 미국식 자본주의가 도입되고 크리스마스라는 전통적인 제사가 미국식 상업주의에 흡수되기 시작할 때 "마르크스도 케인즈도 이 문제 앞에서는 그다지 신통력을 발휘하지 못했다. 이때 예민한 몇 사람은 마르셀 모스의 사상만이 여기에 정면으로 맞설 수 있다는 것을 깨달았다."(153쪽)

1960년대 후반부터 1970년대에 청춘기를 보낸 사람들에게 《증여론》은 중요한 고전으로 계속 살아 있을 것이며, 2000년대 이후 그 가치가 점점 커질지도 모르겠다. 여기에서 '단카이 세대'나 '전공투 세대' 같은 용어까지 끌어들일 생각은 없다. 21세기인 지금까지도 청년기에 품었던 문제의식을 계속 실제 삶에 투영해온 사람이 적지 않다고 생각하기 때문이다. 나라 도시유키의 소책자 《동네 서점을 생각한다》에서도 개인적으로 그런 문제의식과 대면해온 사람의 성실함을 느낄 수 있다. 나는 《거리의 미디어론》을 읽고, 역시 '서점'은 대단하다는 생각이 더욱 깊어졌다.

'작은 목소리'의 세계

수제자 여성과 함께 셋이서 녹차를 마시며 이야기를 나눴다. 달변가가 없어서인지 종종 침묵이 흘렀다.

해가 완전히 져서 일단 서점으로 돌아왔다. 나는 아직 그날밤 묵을 곳을 정하지 못한 상태였다. 그것을 안 나라는 지역지와 타운 정보지를 여러 개 들고 와, 여기서 찾아드리라고 수제자에게 지시했다. 숙소는 나라와 헤어진 다음에 정하려고 생각했던 나는 약간 당황해서, 매장에 있던 잡지를 집어들고 계산대 구석에서 함께 뒤적거렸다. 결국 서점에서 걸어서 2분 거리에 있는 호텔로 정했다. 호텔에 짐을 풀어놓고 다시 서점으로 돌아왔다. 서가를 천천히 둘러보려던 참에 "이 책!" 하며 나라가 책 한 권을 주었다. '전하고 싶은 것伝えたいこと'(하마사키 요조濱崎洋三 지음, 1998)이라는 제목인데, 발행처가 데이유도서점이었다.

"큰 목소리로 말하는 사람은 믿지 않는다는 말이 써 있습니다."

저자는 돗토리 니시고등학교에서 오랫동안 역사 교사로 일하고 향토사 연구에도 공헌한 인물인데, 나라는 데이유도 2층 방에서 정기적으로 개최하는 독서모임에 강의를 부탁했었다고 한다. 그는 1996년 60세 나이로 타계했다. 이 책은 저자와 인연이 있는 사람들이 제작, 발매를 부탁해 만든 것으로 교육자이자 향토사학자, 또 돗토리 현민인 저자가 남긴 문장뿐만 아니라 타계하기 한 달 전에 돗토리 니시고교에서 한 강연도 실려 있다. 책 이름은 이 마지막 강연의 주제에서 따왔다. 간기면(판권지)을 보니 발행한 해인 1998년에 두 차례 중쇄했다. 누계 4,200부를 제작했는데 지금도 서점 안 네 곳에 비치해두고 계속 판매한다. "드리겠습니다. 받아주세요." 나라는 조용한 목소리로 말했다.

이미 폐점 시간인 7시가 지나 있었다. 서점 문을 닫는 나라를 수제자 여성이 도왔다. 그녀는 이 서점의 직원이 아니어서 약간 이상하게 느껴졌다. 나는 실내등을 꺼 약간 어두워진 실내에서 《전하고 싶은 것》의 표지를 손으로 만지작거리며 정리가 끝나기를 기다렸다.

서점을 닫고 우리 셋은 저녁식사를 하러 나섰다. 처음 들른 곳은 이미 만석이어서 손님이 없는 중화요릿집에 자리를 잡았다.

거기서도 활발한 대화가 오가지는 않았다. 대화는 천천히 물방울이 떨어지듯 이어졌다.

"독자와 서점의 요구는 곧잘 괴리됩니다. 독자는 우리 서점에서 10년에 한 권 팔릴 듯한 희소한 책을 사면 왠지 기쁘겠지요. 그렇지만 서점은 10년에 한 권밖에 팔리지 않는 책에 어떤 의미가 있을까요? 말로는 뭐라고 할 수 있을지 몰라도, 현실적으로는 거의 의미가 없을지도 모르죠."

"서점은 '작은 목소리'의 세계입니다. 본래 책이란 '큰 목소리'를 신용하지 않는 세계 아닌가요. 《전하고 싶은 것》에도 그런 말이 써 있습니다. 전에 여러 사람에게 글을 쓰게 했던 홈페이지에 소극적이 된 것도, 저는 작은 목소리를 내려던 것인데 웬일인지 큰 목소리로 받아들이는 사람이 있는 것 같아서였습니다. 인터넷은 그런 측면이 있습니다."

"새로 생긴 대형서점이 자기 서점과 같은 도매상을 이용한다면 어떻게 할까요? 저라면 도매상 담당자에게 선물을 자주 주겠습니다. 지역 사람으로서 아는 걸 되도록 알려주고요. 힘 있는 기관이나 사람과 교섭하는 데도 무엇이든 돕습니다. 지금까지 도매상 사람들에게 제가 받은 선물이 너무 많잖아요. 모든 일은 결국 개인과 개인의 관계로 이루어집니다. 도매상 담당자도 돗토리를 위해 좋은 일을 할 수 있어야죠. 그 사람 뒤에 회사가 있는 건 분명하지만 신경 쓰지 않습니다. 한 사람의 개인은 굉장한 능력을 가지고 있습니다."

"제가 돗토리에 살아서 배울 수 있었는지도 모릅니다. 전설적인 서점인들이 계셨지요. 30년 전 제가 서점과 돗토리에 대해서 아무것도 모르고 시작했을 때 서가 꾸미기, 외부 영업 방법 등 그 밖에도 많은 것을 배웠습니다. 그분들에게도 그들을 가르친 선인들이 있었다고 들었습니다."

"그런 선인들 영향 때문인지 서점은 외부 영업부터 시작해야 한다고 저는 생각해왔습니다. 먼저 그 사람이 원하는 책, 원할 것 같은 책을 전해 줍니다. 서점의 역할은 거기서부터 시작된다고 봤습니다. 책이 대량으로 매장에 들어오기 시작하면서 그런 기본적인 부분이 많이 달라진 게 아닌가 생각합니다."

나는 나라의 이야기를 공기를 마시듯 편하게 들었다. 쉽고 평이한 말로 그의 함의가 전해졌다. 언제까지 이야기해도 머리가 아프지 않고, 오히려 가벼워지는 느낌이 이상할 정도였다. 그 비결은 나라의 시선 처리에 있는지도 모른다. 그는 내 눈이 아니라 목과 가슴 사이를 바라봤다. 처음에는 눈길을 피하는 듯이 느껴졌지만 그 나름의 방식이라고 여겨졌다.

이토 기요히코의 마음속에서 '책'과의 접촉 방법에 변화가 있는 게 아닐까 느낀 것은, 사실 나라와 이런 이야기를 나누고 있을 때였다.

내가 판 책 한 권의 무게

"어떤 책을 몇 권 팔았다 해도, 사실 독자 한 사람 한 사람이 산 책 한 권의 무게가 훨씬 무겁습니다."

나라가 그렇게 말한 순간 나는 이토가 지역 라디오 프로그램에서 책을 소개하며 느꼈다는 체험담이 떠올랐다. 그는 눈에 보이지 않는 한 사람 한 사람의 청취자에게 책을 이야기한 경험이 자신의 '책' 판매방식에 영향을 미쳤다고 말했다. 그는 서점원으로서 해볼 만큼은 다 해봤다고 했다. 자신의 눈에 들어온 책이 날개 돋친 듯 몇십, 몇백 부씩 팔려나가는 쾌감을 잊지 못하면서도 자신에게 주어진 일과 '책'의 본질이 괴리되는 것을 느꼈던 것은 아닐까. 이토 기요히코의 고민은 거기에서 시작되었고, 그것은 동시에 재기를 향한 작은 싹이 되었을 것이다.

"주문이 너무 적은가? 어때요? 안 마실래요? 뭘 좀 드시겠습니까?"

"물만 마셔서 미안합니다."

나라가 서점 걱정을 했다. 그러고는 정기적으로 가는 오사카의 비즈니스호텔 이야기로 넘어가더니, 호텔에 면도기가 없더라며 불만을 토했다.

― 호텔 프런트에 전화하면 갖다줄 겁니다.

"그래요? 그런데 저는 그런 말을 못 하겠어요. 좀 부끄럽기도 하고요."

다음 날, 태극권 생도들을 검정 시험장으로 인솔하는 나라의 차에 동승

했다. 집합 장소인 해변 주차장에 차가 여러 대 있었다. 간단한 체조로 몸을 푼 다음 시험장이 있는 구라요시倉吉 시로 향했다. 도중에 휴게소에 차를 세우고 마지막 확인을 했다. 어제와 마찬가지로 그는 한 사람 한 사람에게 조언했다. 시험장으로 가는 차 안에서는 "추우면 긴장되니까 모두에게 나눠주세요" 하며 수제자에게 상당히 많은 휴대용 손난로를 건넸다.

시험장에 도착해 생도들을 들여보낸 다음 둘이서 드라이브에 나섰다.

태극권에는 5급부터 1급 그리고 초단부터 3단까지 등급이 있고, 사범은 A가 최고인데 등급이 4단계이다. 나라는 2단이고 사범 자격은 B에 해당했다. 지도자가 되고부터는 매일 아침, 점심, 저녁에 30분에서 1시간 정도 연습한다. 오사카에 있는 사범에게 정기적으로 지도받는다고 한다.

어제 연습에 참석하지 않아 오늘 처음 대면한 생도가 세 명 있었다. 그 가운데 서글서글한 말투를 쓰는 남성이 한 명 있었다. 그는 나에게 '돗토리에 오셨으니 꼭 쇠뼈 국물 라면을 먹어보라'며, 그중에서도 '스미레(제비꽃) 식당'이 최고인데 거리는 좀 멀지만 시간 되면 꼭 들러보라고 했다. 그 말을 전하자 나라는, 재미난 사람이라며 즐거워했다. 나는 그 남성이 시청 관광과에 근무하거나 영업을 할 것이라고 상상했는데, 나라가 고등학교 교사라고 말해주었다.

"엄청나게 집중하는 스타일, 정열가입니다. 사카이미나토境港 시 출신인데, 사카이미나토에는 그런 사람이 많다고 들었습니다. 예를 들면 학교에서 축구부 고문을 맡아달라고 하자마자 맘먹고 공부를 했답니다. 공부를 위해서 교본이나 비디오를 많이 샀는데, 아마 100만 엔 이상 투자했을 겁니다. 심판 자격까지 땄답니다. 그렇지만 학교 선생님이라 전근 가면 더 이상 고문이 아니잖아요. 그의 노력이 부질없어 보일지도 모르겠습니다. 그런 것에 구애받을 사람은 아니고, 작은 일에도 힘을 쏟는 사람입니다. 참 훌륭하다고 생각합니다."

이 교사도 데이유도서점의 고객이었다. 어느 날 "저를 식객으로 받아주세요" 하며 독서모임에 참가하겠다는 뜻을 밝혔다. 넘치는 힘을 주체못하는 사람인 줄 한눈에 알아본 나라가 태극권을 권했다. 어제 계속 같이 있던 여성 수제자도 서점에서 나라의 권유로 태극권을 시작했다. "그렇게 차례차례 유혹하시는군요." 내가 놀리듯 말하자, "아니 그게 아니고, 말 꺼내는 상대는 제한돼 있습니다" 하며 손사래를 쳤다. 서점에는 여러 사람이 오는데, 그 가운데 이런 이야기를 꺼낼 수 있는 사람은 극소수라는 것이다.

"계산대에서 대화가 시작되는 경우가 많지요. 얼굴 마주 보고 조금 말해보면 바로 느낌이 와요. 저는 별 능력은 없지만, '재미난 사람이구나' 하고 직감하는 능력만큼은 있는 것 같습니다. 눈이 마주치면 '오!' 하고 느낌이 오지요."

나는 나라의 태극권교실이나 독서모임 등의 부수입이 얼마나 될까 생각해보았다. 그러나 2층 태극권교실 참가비는 1회에 500엔, 독서모임은 한 번에 100엔이라고 했다. 어제 태극권교실에 온 사람은 여섯 명이다. 주 1회 한다니 결코 부수입이라고 할 만한 수준은 아니었다. 독서모임도 마찬가지였다. 물론 참가자는 데이유도서점 단골이지만, 그런 부수적인 활동이 서점 매출 향상에 연결된다고 보기는 힘들 듯하다.

서점 2층은 원래 그만의 연습 공간이었다. 그런데 시민회관 같은 데서 하던 태극권교실의 생도가 개인 연습장을 보고 싶다며 찾아왔다. 그러다 모두의 연습장으로 정착한 것이다.

"서점 매출이나 이익으로 연결하려고 하면 오히려 부작용이 생깁니다. 근처의 절에서 책을 팔고 싶다는 사람을 돕거나 병원에 출장 책방을 차린 적도 있었어요. 저에게 이런 일은 봉사활동입니다. 그런 곳들에서는 보통 책을 팔아본 적 없는 사람들이 책을 다루잖아요. 서점에서 하지 않는 진열을 하기도 하고, 뜻밖에 잘 팔리기도 해서 '이건 뭔가?' 할 때가 있었습니다. 재미있어요."

그의 말이 좀 더 이어졌다.

"서점에 국한하지 않더라도, 작은 가게를 시작한다는 것은 자신만의 이야기를 만들어가는 것이라고 생각합니다. 그런데 1을 위해서는 1만큼의 힘이 필요하다는 식의 효율만 생각해서는 제대로 된 이야기가 만들어지지 않습니다. 1을 위해서 8의 힘을 써본 경험이 많을수록 그 이야기는 좀 더 의미가 있을 것입니다."

"첫 책은 소중하니까요"

카레라이스를 먹고 나서 커피를 마시며 대화를 나눈 가게는 구라요시시의 아카가와라赤瓦라는 관광 명소 안에 있었다. 그곳을 떠날 무렵, 생도들이 대부분 시험을 마치고 모였다는 수제자의 연락이 왔다. 나라는 시험장에서 나온 수제자가 기다리는 곳으로 차를 돌렸다. 뒷자리에 올라탄 그녀는 시험장에서의 일들을 약간 흥분해서 보고했다. 나라는 "그래?" 하고 받아줄 뿐 말이 없었다.

"잠깐 들어가봅시다." 나라는 관광지 엔쵸엔燕趙園에 차를 세웠다. 돗토

214

리와 중국 허베이河北 성의 우호의 상징으로 1995년 개설된 정원에는 관광객이 전혀 없어 조용하기만 했다. 셋이 이야기를 나누며 정원을 한 바퀴 도는 사이 나라의 휴대전화로 생도들로부터 속속 보고 문자 메시지나 전화가 걸려왔다. 역시나 승급을 자신하는 생도는 없는 듯했다.

해가 떨어질 무렵 돗토리 시로 돌아갔다. 차 안에서 나라는 서점을 시작한 과정에 대해 들려주었다.

"내 정체성은 무엇인가? 20대에는 그걸 찾기가 정말 어려웠습니다. 연극 흥행회사에 근무할 때 한번은 '네가 하고 싶은 일을 해도 좋다. 뭘 하고 싶나?' 하는 질문을 받았을 때 뚜렷하게 하고 싶은 일이 떠오르지 않아서 곤란했던 적이 있습니다. 그런 자신의 모습에 충격을 받았지요. 답을 찾기 참 어려웠지만, 어쨌든 책을 좋아한다는 데 생각이 미쳤습니다. 그러자 출판사, 학생 시절 학교신문 기자도 해봤으니 글 쓰는 일 등 여러 생각이 들었습니다만, 책 파는 일이 가장 오래 할 수 있고 즐겁겠다 싶었습니다. 게다가 처갓집 어른들을 돌봐드려야 할 상황이 예상보다 일찍 닥쳐서 처갓집이 있는 돗토리로 가자는 말이 나왔습니다. 다른 장사도 생각을 안해본 건 아니지만, 결국에는 돗토리에서 서점을 시작하게 된 겁니다."

데이유도서점으로 돌아왔다. 그날도 숙소를 정해두지 않았다. 이곳에 온 뒤로 아직 서점을 제대로 보지 못해서, 나라와 이야기하면서 드디어 서가를 찬찬히 살필 기회가 생겼다.

서가에 붙은 황색 라벨의 키워드에 자꾸만 눈이 쏠렸다. '재미있을 것 같은 책', '젊은 당신에게', '여성을 위해', '사색의 힌트', '한 권의 충격'과 같은 알기 쉬운 키워드도 있지만, '어웨어니스Awareness', '패실리테이터

Facilitator'······? 의미를 바로 알기 어려운 외래어가 있는가 하면, '스피리트 Spirit' 서가의 외국소설 목록, '보이스Voice'가 붙은 곳에 에세이스트이자 소설가였던 요네하라 마리米原万理의 책이 있는 등 진열 의도가 궁금해지는 책이 적지 않았다. 그런데 '자연스럽게 소원 이루기', '모든 소망 성취하기', '생각하는 습관 바꾸기' 등이 붙은 서가를 들여다보니 모두가 고양이 관련 서여서, 키워드와 진열된 책 사이에 엄밀한 관계가 없는 것처럼 보이기도 했다. 영화, 연극, 문화 잡지 등의 포스터나 전단지 등을 통처럼 둥그렇게 말거나 상자에 둘러 천장부터 붙인 장식물이 몇 개씩 걸려 있었다.

계산대 주위에는 돗토리와 이 서점에 관련된 사람의 작품이 진열돼 있다. 그중 하나로 아사히신문朝日新聞 기자가 돗토리 지국 시절을 회고한 《나의 돗토리わたしの鳥取》(기모토 겐지木元健二 지음, 이마이숓판今井出版, 2008년 발행)라는 책이 있다. 다양한 직업군에 종사하는 돗토리 주민 60명을 소개한 책으로, 나라 도시유키도 그 명단에 올라 있다. "마지막에 저자가 자비로 책을 펴냈어요. 아주 정중하게 취재하던 기자로 기억해요." 나라가 덧붙인다. 후기의 '추신'에 보니 나라에 대한 감사의 말이 써 있다. 아마도 연재할 때의 인선人選 그리고 단행본 만들 때 나라가 큰 역할을 했던 모양인데, 내가 물어도 자세히 설명해주지 않았다.

호스피스 케어 전문 '들꽃 진료소'를 개원한 의사인 도쿠나가 스스무德永進에 관한 이야기는 전날부터 몇 번 들었다. 그는 《전하고 싶은 것》의 저자인 하마사키 요조와 함께 돗토리의 명사들 중에서 나라가 경애하는 인물이다. 서가에는 도쿠나가 스스무의 저작 가운데 두 종이 진열돼 있었다. 하나는 최근작이고 다른 하나는 오래된 책으로, 현재는 사실상 데이유도가 독점 판매하는 듯했다.

두 권 모두 구입하려 하자 나라가 곤란한 표정을 지었다.

"이 한 권만 하고, 저건 안 사시면 안 될까요? 포기하시지요."

포기하라는 책은 오래된 책이었다.

— 아닙니다. 모처럼의 기회이니 두 권 다 사고 싶습니다.

"이게 근래 나온 것이니까, 그냥 한 권만 사세요……."

— 왜 두 권 다 사면 안 된다는 건가요?

"……음……."

— 한 권만 사야 한다면 오래된 책을 사겠습니다. 근래 나온 책이야 다른 서점에서도 살 수 있으니까요.

"아닙니다. 사실 두 권의 내용이 비슷한데, 이쪽의 새 책이 더 읽기 좋습니다."

— …….

"역시 첫 책은 소중한 거니까요. 그리고 기왕이면 이분 책이 마음에 들기를 바라는 마음에서……."

나는 기 싸움에 밀려 오래된 책을 포기하는 수밖에 없었다.

돗토리에 이사 온 남성이 혼자서 창간했다는 지역잡지(타운지)《산인 키라리さんいんキラリ》, 이 서점의 단골이기도 한 평론가가 연재 중인 고단샤 출판사의 홍보지《책本》 등 돗토리나 이 서점 그리고 나라와 친분이 있는 사람들의 책에 대해 그는 한 권 한 권 애정을 담아 이야기했다.

책 앞에서 말이 많아지는 남자

옛날에 그는 선인들에게 "작은 서점은 고객이 알아보기 쉽게 만들면 안 된다. 금방 질려버리니까"라는 조언을 들었다고 한다.

나는 전날과 같은 곳에서 숙박했다. 나라는 근처 찻집에서 쉬고 있던 수제자 여성과 나를 차에 태우곤 그녀를 집에 바래다주고 나서 다시 레스토랑에 자리를 잡았다.

그곳에서 비로소 인터뷰다운 것을 했다. 그렇지만 무언가를 질문하기보다는 그저 느끼고 싶은 생각이 들었다. 와카야마에서도, 이와테에서도, 도쿄에서도 결국 똑같은 심정이었다. 그는 술을 마시지 않는다. 전날도 나만 약간 마셨을 뿐이다. 나도 안 마시는 것이 편하다고 말했다.

나는 집에서 들고 온 《증여론》 등 책 열댓 권을 테이블 위에 올려놓았다. 책을 보며 나라와 이야기하고 싶었기 때문이다.

"좋군요. 나는 책이 앞에 있으면 말이 많아지거든요." 나라는 편안하게 이야기를 시작했다.

"서점원 중에는 지나칠 만큼 정열적인 사람들이 있습니다. 이런 일도 있었어요. 가업으로 서점을 하는 사람인데, 한번은 서점도 다른 장사와 마찬가지라고 하더군요. 서점이라고 특별할 게 없다는 거예요. 책에 대한 물신주의가(욕심이) 없었는지도 모르겠습니다. 얼마 안 가서 그 사람, 서점을 정리하더군요.

정열이 있는 서점원이었다면 전혀 달랐을 거예요. 정열적인 서점원이라면 정말 이 일이 하고 싶고, 다른 무엇보다 최고로 좋아서 하는 일이라고 말했을 것입니다.

서점을 하고 싶다는 것, 그 욕망은 도대체 무엇일까요? 그 사람은 서점이라는 곳에 자신의 욕망을 녹여내지 못한 겁니다. 아직 젊기도 했고, 인생에서 자기 욕망을 실현시키고자 하는 욕구는 있었을 겁니다. 그러나 그것을 서점 속에서 보여주지는 못한 겁니다. 자, 그럼 서점에 자기를 던지는 모습을 보여주는 사람은 도대체 무엇 때문에 그것이 가능했을까요?.

제 경우에는 커뮤니케이션입니다. 사람과의 만남, 그것입니다. 사람과의 만남이란 어디서나 가능하다고 말할 수도 있습니다만, 저는 낯을 가리는 편입니다. 평소 모르는 사람하고는 말을 나누기가 상당히 힘이 듭니다. 그렇지만 지금 곧잘 떠들지 않습니까? 서점을 하면 책을 놓고 사람과 접하기 때문입니다. 저는 책이 있으면 마음이 편해져서 말이 술술 나옵니다. 다른 사람들은 어떤지 모르겠습니다. 나이도 다르고 사고방식도 다를 테니 사람마다 다르겠지만, 무엇을 욕망하기 때문에 서점을 하는지, 그게 알고 싶습니다.

하야카와 요시오早川義夫 씨가 《나는 책방 아저씨ぼくは本屋のおやじさん》(쇼분샤, 1982년)를 썼잖아요. 그 책은 레이몬드 망고レイモンド・マンゴー의 《취직하지 않고 사는 법就職しないで生きるには》에서 파생된 시리즈의 제1탄으로, 편집에 공력이 많이 들어간 책입니다. 그 시리즈에서는 그 책 한 권만이 뛰어났다고 할 만큼 좋았습니다. 중요한 것 중 하나는 표지의 일러스트레이션입니다. 서점주가 싱글벙글하며 방에 앉아 있고 그 옆에 어린이와 고양이가 있는데 분위기가 일하는 것 같지 않게 느껴집니다. 책 내용은 서점의 일상적인 악전고투인데, 표지 그림에 속은 것 같은 느낌이 살짝 듭니다.

만드는 사람의 꿈이 투영된 겁니다. 당시에 취직하지 않고 사는 것에 대한 동경이 있었습니다. 가장 근접한 답은 독립적인 자영업이었다고 생각합니다.

지금은 어떤가요? 그때의 독립적인 자영업에 대응하는 욕망이 무엇이 있을까요?

옛날에 치쿠마쇼보筑摩書房에서 서점을 대상으로 한 팩스 전단지《도스코이 통신どすこい通信》을 통해 서점과 농밀한 메시지를 주고받았습니다. 이《도스코이 통신》에서 큰 변화를 느낀 적이 있습니다. 서점으로 전송하는 전단지였는데, 언제부턴가 대형서점 매장 담당자를 대하는 말투로 바뀌더군요. 출판사로서는 서점과 제대로 협력하고 싶다는 생각이 들었을 것입니다. 전국적으로 서점 수가 늘면서 매장도 점점 커지니까, 출판사 입장에서는 대형서점의 매장 담당자들을 주목하게 된 겁니다. 그 팩스 전단지를 매개로 소통하며 함께 열심히 해보자는 동질감의 고리 같은 것이 만들어지는 것 같았습니다. 그 전까지는 출판사가 서점을 대한다고 하면 하야카와 요시오 씨 같은 독립적인 자영업자들 중심으로 상대하던 것이 바뀐 것이지요.

서점을 하고 있는 사람의 속내도 그 무렵부터 조금씩 바뀐 것 같습니다. '책'을 판매하는 모습은 외견상 같아 보여도, 독립적인 자영업자 서점과 체인형 대형서점의 매장 담당자는 다르지 않은가 하는 것이지요.

독립적인 자영업 서점에는 아주 다양한 사람들이 옵니다. 책을 좋아하는 사람뿐만 아니라 책과는 전혀 관계없이 무언가를 부탁하러 오기도 하고, 갑자기 이상한 사람이 들어오기도 합니다. 《나는 책방 아저씨》에도 그런 이야기가 나옵니다. 저도 어느새 저만의 소규모 미디어 수단을 만들었듯이, 직접적으로 관계가 없어 보여도 모든 것이 서로 연결되어 있는 겁니다. 복잡한 쌍방향성 속에 있는 것이지요. 대형서점의 매장 담당자라면 자영업으로 영위하는 작은 서점에 비해 고객과 직접 소통하려는 부분들이 약할 거라고 봅니다.

그렇지만 대형서점의 서점원들 역시 자신이 서점원이란 사실에 열정을 가지고 있을 테지요. 바로 거기에, 지향해야 할 미래에 대한 실마리가 있지 않을까요?"

— 독립적인 자영업을 하고자 하는 욕망은 지금도 있다고 봅니다. 다만 지금까지와 다른 점은, 좀 더 자유롭게 점포를 구성한다는 것 그리고 업계의 규정에 얽매어 있던 범주를 벗어나도 좋지 않을까 하는 것입니다. 오히려 그렇게 하지 않으면 욕망을 충족하기가 어렵지 않나 싶은데요. 신간서점이나 중고서점을 막론하고, 서점의 형태가 지금까지와는 달라질 거라고 봅니다. 구체적으로 표현하기는 어렵습니다만.

"한 가지 생각났습니다. 《전하고 싶은 것》, 그 책은 하마사키 선생님이 돌아가시기 직전에 신문에도 다뤄지면서 발행 시점에 예상했던 것보다 잘 나갔습니다. 그 무렵 히로시마에서 연락 주신 분이 있었습니다. 정말 감동했다면서 자기도 판매하고 싶은데 매입가로 공급해달라더군요. 결과적으로 그분이 100부 이상 판매했습니다. 서점을 하시냐고 물었더니, 매장은 없고 출장 판매만 한다고 했습니다. 특히 학교 중심으로. 《전하고 싶은 것》이 학생들에게 존경받은 선생님이 쓰신 책이어서 특히 교사들에게 읽게 하고 싶었다고 했습니다.

점포가 없더라도 할 수 있는 일을 찾아서 하는 것도 하나의 방식일지 모릅니다. 제 감각으로는 미니컴(소규모 미디어)적인 것이지요."

— 저도 그렇게 생각합니다. 반드시 기존의 방식이 아니더라도 사람과

사람 사이에 '책'이 있는 상황을 만들거나, 누군가를 위해 '책'을 손으로 건네는 일이 가능하다면, 형태나 방식은 무엇이든 좋을 것 같습니다. 새로운 방식이 아니라, 지방서점의 출장 판매처럼 부단히 이어져온 것을 다시 시작하는 것일 수도 있겠지요. 옛날에 비해 더 다양한 방식이 있을 것 같습니다.

"그렇게 해서 미래로 이어져간다는 의미에서는, 열정을 가지고 어딘가에서 누군가가 새롭게 시작한다면 가능할 것입니다."

— 데이유도서점도 누구에게 대를 잇게 할 생각인가요?

"아직 아무것도 생각하고 있지 않습니다. 아무것도 생각하고 있지 않다는 것은 너무 강한 표현일지 모르겠네요. 적어도 저와 똑같이 할 사람은 없을 것 같습니다. 고객들도 하는 말인데, 서점 이름만 남고 내용이 바뀐다면 남을 필요가 없을 것이라고 말이지요. 제가 백지에서 시작할 때 지역 사람들이 전설처럼 이야기하던 서점인이 있었습니다. 한 분은 실제로 만나 교류했지만, 사라진 다른 서점인들에 대해서는 그 서점인을 아는 다른 분들을 통해 알게 되는 것이지요. 그들은 어떻게 했었다는 이야기를 듣고 '아, 나도 그렇게 해야겠구나' 하는 마음이 든다면, 비록 만날 수는 없지만 '선인들로부터 내가 무엇인가를 이어받았다'는 것이 느껴집니다. 이런 이야기도 들었습니다. 외상으로 책을 사간 고객에게 돈을 받으러 달마다 혹은 3개월마다 갔는데, '저 사람은 보너스 받을 때만 찾아오네', 뭐 이런 말도 들었답니다. 외상으로 책을 사고는 퇴직금 받으면 책값을 내겠다는 고객까지 있었다고 하니 서점 운영이 쉽지 않았겠다고 느꼈지요."

사명감 없이는 절대 할 수 없다

— 경영이 어려운 시기도 있었습니까?

"처음엔 그랬습니다. 제가 서점을 처음 시작했을 때는 서점이 정말 많았습니다. 그래서 서점계 선배들에게 서점이 더 이상 필요 없다는 말도 들었지요. 얼마나 해나갈까 싶었습니다. 그런데 해가 바뀔 때마다 서점 수가 줄더군요. 제가 서점을 열었을 때는 역 앞에서 현청 앞까지 서점이 무려 24개나 있었습니다. 그러던 것이 지금은 4개로 줄었습니다."

— 지역 상권이 무너진 건 도로를 사방으로 늘렸기 때문이라는 지적도 있지요. 저도 여기 올 때 고속도로가 시가지 근처까지 뻗어 있는 덕분에 늦지 않고 태극권교실을 볼 수 있었습니다. 그 대신 자연의 풍경처럼 도중에 보면 좋은 것들을 수도 없이 그냥 지나쳤습니다. 이런 지역 붕괴라는 벽 앞에서 개인이 할 수 있는 일은 무엇일까 생각하게 됩니다. 인터넷이 있으면 된다는 생각은 틀린 것 같습니다.

"역시 서점도 자신의 몸 길이만큼 할 수 있는 일이라고 생각합니다. 저로 말하면 이만한 서점이 있고 이만큼의 서가가 있고 그 안에서 고객과 마주하는 정도가 딱입니다. 그래서 저는 지금이 좋습니다. 몸 길이만큼 한다는 것이 제가 생각하는 서점 일입니다. 사람들을 위해 하는 일이므로 적당한 크기와 포괄하는 영역도 너무 크지 않은 편이 좋다고 생각합니다. 서점이 무엇인지 다시 생각해보았으면 합니다. 물론 점포를 갖추지 않은, 아까 말한 미니컴(소규모 미디어)적인, 누구라도 어디서나 바로 시작할 수 있는 것도 포함해야겠지요."

— 현재의 출판유통 상황을 보면 작은 서점의 존재를 뒷받침하자는, 근

본적으로 중요한 서점의 역할을 다시 만들어가자는 움직임이 보이지 않습니다. 나라 씨가 말하는 '몸 길이'로 하고 있는 개인들은 그 방법을 스스로 만들어가지 않으면 안 됩니다. 우선은 각자의 현장에서 각자가 맞서는 것밖에는 없는 것 같군요.

"그동안 도매상은 어떻게 양을 제어할 것인지가 과제였다고 봅니다. 방대한 양의 책을 시스템으로 관리하여 어떻게든 합리화하려는 노력을 기울여왔고, 이제는 적절한 양으로 줄이자는 이야기도 나오는 것입니다. 본래의 목적은 달랐다고 봅니다. 양을 제어하는 것은 언젠가 질로 전화轉化하기 위한 것입니다. 방대한 양을 다루기 위해 데이터를 축적하고, 그것을 개별 서점 하나하나에 돌려주는 게 가장 큰 목적이었다고 봅니다.

현장의 목소리는 집집마다 다를 수밖에 없습니다. 하나하나에 대응할 수 있도록 하는 것이 양적으로 취급한 의의이자 목적임에도, 실제로는 양으로 판단하고 자기 편의대로, 이를테면 전국 공통의 판매기획을 우선시한다거나 해왔습니다. 상당히 큰 규모의 대형서점에나 맞을 법한 것들을 작은 서점에도 강제해서 어느덧 당연한 것처럼 되어버린 것입니다.

도매상에도 작은 서점들과 접하는 사람들이 많이 있습니다. 그들도 지금 하고 있는 이 일의 의의가 무엇인지, 해야 할 일이 무엇이었는지 잊어버린 게 아닌가 하는 느낌이 듭니다. 이런 상황에서도 양을 질로 전화하는 작업을 해야 한다고 봅니다. 자기가 봐온 서점의 모습을 종합해, 그것을 개별 서점에 돌려주는 일을 도매상 현장에 있는 사람들이 각자 나름대로 해나가면 좋겠습니다.

오로지 영역을 넓히는 방향으로만 나가는 것은 서점의 본래 모습이 아니라고 생각합니다. 역시 '몸 길이' 수준에서 조금씩 책을 전달하는 것, 규모는 작더라도 많은 고객들이 찾는 서점을 만들어야 합니다. 저는 한 사람 한 사람의 고객들에게 책을 전달할 수 있는 힘을 여전히 서점이 갖고 있다고 봅니다.

서점에는 본래 사명이 있었습니다. 사명감을 가지지 않으면 안 되는 곳이 서점입니다. 즉 책에 관한 고객의 개별적 요구에 부응하는 것이지요. 부탁을 받으면 어떤 책이든 입수하지 않으면 안 되고, 책에 대해 질문을 받았을 때 잘 모른다는 것은 기본적으로 창피한 일이니까 열심히 책을 읽고 공부해야 합니다. 그것이 바로 지역 주민들에 대한 서점의 역할이기 때문입니다.

그런데 언제부터인가 뒤틀리기 시작했습니다. 고객도 그런 요구를 하지 않게 되었고, 지금이야 아마존재팬을 둘러보고 책을 살 수 있으며, 차를 몰고 교외에 나가면 책도 사고 쇼핑도 즐길 수 있는 서점 겸 슈퍼마켓이 즐비합니다. 고객이 서점을 만들어가던 구조가 무너졌다고 볼 수 있지요. 전에는 고객들도 자신이 찾는 책을 구해주는 서점이 필요해서 그 서점에 자주 다녔고, 그래서 서점을 키운다는 생각들이 있었습니다. 그런 쌍방형성, 호혜성 같은 것이 있었습니다.

이제는 서점도 그와 같은 고객들과의 커뮤니케이션 속에서 존립하려하기보다는 물량으로 판단하거나 자본력의 차이로 승부를 보려는 생각이 보편화되었습니다. 이런 조류에서 살아남을 수 있는 이들은, 이를테면 이하라 하트숍의 이하라 씨와 같이 지역 고객들에 대한 사명감을 가진 사람들 정도밖에 없을 것입니다."

— 그만둘 수 없는 사람들이라고나 할까요.

"그만두어도 좋다고 생각합니다. 예를 들어 이하라 씨가 이하라 하트숍을 그만두어도 좋다고 봅니다. 제가 지역에 대한 사명을 갖고 서점 일을 했기 때문에 앞서 말한 서점인들이 저를 가르쳐주신 거고, 또 지역 사람들이 그런 분들의 이야기를 해주셔서 저는 지역과 서점의 연계성을 더욱 생각하게 된 겁니다. 그 궤적은 결코 사라지지 않을 것입니다. 저 자신의 열정을 완전 연소시키면 되는 것이지요. 후회가 없도록. 이하라 씨도 그럴 거라고 생각합니다. 저도 내년부터는 다시 한 번 서점이라는 것을 새롭게 해볼 생각입니다."

'책을 좋아하는 삶'과 '책을 파는 삶'

이야기에 몰두하다 정신을 차려보니, 레스토랑에 남은 손님은 우리밖에 없었다. 참 이상한 일이었다. 이 사람과 이야기를 나누다 보면 자꾸만 머리가 가벼워지는 느낌이 드는 것은 왜일까?

그다음 날에는 나라와 낮에 만나 데이유도 근처에 있는 밥집과 찻집에서 시간을 함께 보냈다. 그가 서점을 하기 전의 이야기를 들려주었다. 대학 시절에 만난 아내 그리고 우체국 직원 시절에 알았던 특이한 동료에 대한 이야기였다.

"우체국에 제1조합과 제2조합이 있었는데, 각자의 입장에서 노동운동을 했습니다. 물론 조합끼리 대립 같은 것도 있었지만, 어떤 경우든 조합에 들어가지 않으면 정보에서도 소외되고 여러 특혜 비슷한 것을 누리기 어려웠습니다. 점점 고립될 수밖에 없는 것이죠.

그런데 그런 사람이 한 명 있었습니다. 어느 조합에도 가입하지 않고 직장 내의 인간관계가 일절 없는 사람 말이지요. 쉽게 직원들과 어울리지도 않았습니다. 그 사람은 '일하는 것은 부끄러운 것'이라는 이상한 관점을 가졌는데, 그래서인지 되도록 일을 안 하려는 겁니다. 그와 친해지면서 그가 굉장히 머리가 좋다는 걸 알게 되었습니다. 낚시를 좋아하고, 사실은 생각도 깊다는 걸 알게 되었는데, 그런 게 알려지면서 주변 사람들의 보는 눈도 달라졌습니다."

나라는 그가 얼마나 매력적인 사람인지 사람들에게 말한 것 같았다. 그리고 그와 다른 직원들을 연결시켜준 것도 나라인 듯했다. 그렇지만 자신이 그때 무엇을 위해 그리했는지는 말해주지 않았다. "저는 그 우체국에서 커뮤니케이션이라는 걸 배웠습니다." 이렇게밖에 말하지 않았다.

고립된 한 사람과의 교류를 중시했던 경험은, 나라가 이윽고 데이유도서점을 개업하는 것과 무관하지 않았을 것이라고 나는 생각했다. 그런데 나라는 데이유도서점 이전 시기에 대해 말할 때는 반드시 "이건 서점과는 전혀 관계없는 이야기인데" 혹은 "이건 관계없는 이야기니까 쓰지 말아주세요", "듣고 잊어버리세요" 같은 말을 덧붙였다. 왜 그는 서점 설립 이전과 이후를 확실히 구분하고자 하는 것일까?

서점을 만든 뒤의 자신은 그 이전의 자신과 다르다고 그는 말했다.

"저에게 서점은 '여생'입니다. '여생'의 본래 의미와는 약간 다릅니다만. 도쿄에서 서점을 하다가 저처럼 돗토리로 이주해 찻집을 연 사람이 있었습니다. 그 사람은 돗토리에서 여생을 느긋하게 살고 싶다고 말했습니다. 저도 여생으로 서점을 선택했는데, 여러 방식의 삶이 있구나, 생각했지요. 서점을 하기 전에는 제 정체성을 찾느라 방황했습니다. 그래서 서점을 하고부터는 전력을 다해 하지 않으면 안 되겠다고 마음먹었지요.

책을 판다는 입장이 되고부터 여러 가지가 변했습니다. 책이 좋아서 서점을 하고자 했는데, 단지 책을 좋아하는 독자 입장에서는 제가 주인공이지만, 책을 판매하는 입장에서는 고객이 주인공이라는 것을 깨달았습니다. 그런 차이가 있다고 봅니다.

여기서 말하는 고객은, 역시 책을 소중히 여기는 사람, 독자라고 부를 만한 사람입니다. 그들과 마주 보며 비로소 타자他者와 만났던 겁니다.

서점을 한 덕분에 대단한 분들과 많이 만날 수 있었습니다. 서점은 바로 그분들이 주인공입니다. 제 안에서 자기라는 존재가 점점 작아지는 것입니다."

나라는 1980년에 데이유도서점을 개업하기까지 1년 전부터 준비를 했다. 돗토리에 이주하기 직전인 같은 해 6월까지 우체국에 적을 두었는데, 아는 사람의 소개로 도매상인 닛판 사람과 알게 되고, 또 그 사람의 소개로 도쿄 인근의 치바千葉 현 마츠도松戶 시에 있는 서점에 틈틈이 찾아가 서점을 시작하는 데 필요한 ABC를 배웠다.

처음에는 서점이 지금과 달랐다고 나라는 술회했다. 개점 때 모든 상품은 도매상이 진열해주었고, 도매상 담당자가 주변의 업계 사람들에게 반드시 인사를 해야 한다며 주변 서점을 차례로 돌았다. 나이가 있는 서점인들은 나라가 초보자라는 걸 알고는 당연하다는 듯이 진열까지 도왔다. 도매상 소개로 알게 된 것에 전혀 구애받지 않고 "도매상이 시키는 대로 하면 반드시 실패한다", "하루빨리 스스로 책을 고르고 서가를 꾸미는 게 중요하다"며 귀가 따갑게 충고했다. 도매상 담당자는 심지어 "서점 사람은 아니지만 책에 밝으니까 알아두면 좋을 것"이라며 지역 잡지 관계자

까지 소개했다. 그 사람 역시 "이런 서가로는 안 된다"며 이것저것 조언을
해주었다.

"그 도매상 사람도 참 대단했어요. 돗토리에서 서점을 하려면 지역의
누구누구와 알고 지내지 않으면 안 된다는 걸 파악한 거죠. 그런 분들 덕
분에 처음부터 제대로 시작할 수 있었고 지금까지 올 수 있었다고 생각합
니다."

개업한 후에도 주변 선배들의 조언은 계속되었다. 정기적으로 오는 고
객의 매월 구입액을 파악해라, 매월 1만 5천 엔 구입하던 고객이 8천 엔밖
에 구입하지 않은 달에는 마음에 드는 책과 만나지 못했을 뿐이라고 이해
해라, 1만 5천 엔 이상 구입할 때는 이야기를 잘해서 조금 줄여 구입하도
록 권해라, 진짜 중요한 것은 계속해서 그 고객이 서점에 오도록 하는 것
이다……

처음에는 어느 서점에나 있을 법한 책을 진열했고 그것이 매출의 기본
이 되었다. 그런데 어느 날 고객으로부터 질책을 들었다. "아니, 책이 좋
아서 서점을 시작하셨다면서, 이 서점에는 '책'이 전혀 없네요."

주변 서점이 각자의 사정으로 차례차례 문을 닫았다. 교외에 체인형 서
점들이 진출하기 시작했다. 친구가 권유한 아사히출판사朝日出版社의 '에
피스테메ェピステーメー총서'를 시작으로 일반 대중물부터 철학서까지 취
급하는 현재의 서점이 만들어졌다.

사람에 대해서는 간단히 쓸 수 없다

나라는 30년간 데이유도서점을 지속할 수 있었던 매출이나 이익에 관해서는 언급하려 하지 않았다. 숫자의 많고 적음으로 서점을 표현하는 것을 그는 언제부터인가 하지 않는다. "흑자이고, 종업원 두 명이 먹고살 만큼 급료를 줍니다. 그걸로 충분하다고 생각합니다. 수지收支 관리는 중요하므로 제 아내가 경리를 맡고 있습니다."

그런데 데이유도가 30년에 걸쳐 어떻게 안정적으로 경영을 유지했는지 궁금하지 않을 수 없었다. 주변 이야기를 포함해 내가 얻어들은 정보에서 그 답이 될 만한 요소들을 추려보면 대략 다음과 같다.

먼저 데이유도서점은 상당한 독서가와 우량 고객을 단골로 확보한 듯했다. 한 달에 10만 엔 이상 책을 사는 개인 고객도 있는 듯했다. 그리고 돗토리는 도서관과 지역서점의 관계가 좋은데, 지금은 전국적으로도 드문 사례라고 알려져 있다. 다른 지역에서는 도서구입비 삭감 등의 이유로 도서관들이 가급적 저렴하게 책을 구입하려고 해서, 서점이 적자가 날 수밖에 없는 수준의 경쟁입찰이 벌어지는 경우도 많다. 그러나 돗토리에서는 아직까지도 건전한 관계가 유지되고 있다.

3층짜리 건물은 자사 소유이고, 은행 차입금은 모두 갚았다. 이것은 서점 경영에서 중요한 요소이다. 본래 고객 이용률이 낮은 서점업에서는 고정비용의 차이가 경영에서 절대적으로 중요하다. 종업원은 두 명이지만 둘 다 오래 근무한 베테랑이다. 이 역시 49.5제곱미터(15평)라는 매장 면적을 생각해보면 다른 서점에 비해 효율이 높은 편이다.

즉 더 이상 알아야 할 경영 노하우 같은 것은 없었다. 나라 도시유키는 작은 서점에서 할 수 있는 일을 해왔을 뿐이다. "돗토리였기 때문에 가능했습니다. 도쿄였다면 불가능했을 겁니다." 그가 말했다. 나는 겸손한 표현이라고 생각했지만, 나라에게는 진심일 것이다.

두 사람의 직원에 대해 이야기할 때, 나라는 아무렇지도 않은 듯이 말했다.

"데이유도서점을 문 닫고 내가 다른 일을 하게 된다면 두 사람과 함께 할 생각입니다."

예를 들어, 직원이 일하다가 몸 상태가 나빠지면 차로 집까지 바래다주는 일 정도는 나라에게 친절도 뭐도 아니다. 흔한 아르바이트 형태가 아니라 정식 사원으로 고용한 것도, 보험 등을 보장하는 환경에서 일할 수 있도록 하자는 생각에서 그렇게 한 것이었다. 사원은 가족이라는 말이 경영자들의 상투어가 되었지만, 그는 군이 경영 방침이라고 말할 필요조차 없는 당연한 일로 여기는 것 같았다.

다음 날, 나는 JR 돗토리 역 구내에서 출발해 도중에 물건을 사기도 하며 도서관까지 1킬로미터쯤 걸었다. 다른 서점 네 곳을 들렀다. 마음에 드는 책이 있으면 사고, 다음 서점으로 이동했다. 마지막으로 도서관과 공문서관公文書館에 들른 다음, 역 방향으로 약간 되돌아와 돗토리에서 모닝커피를 처음 시작했다는 카페에 들어갔다.

돗토리였기 때문에 지금까지 서점을 해올 수 있었다고 나라가 말했다. 잠깐 거리를 걸은 것만으로는 그 의미를 알 수가 없다. 전날까지 나라와 함께 지내는 동안에 짬을 내어 돗토리 해안의 모래언덕 근처에 있는 부추(랏쿄) 밭을 가보기도 하고, 나라가 추천한 신사神社나 신사 안의 연못 그리고 당일치기로 시 외곽에 있는 온천에 가서 역 앞의 아케이드가 있는 상점가를 걷기도 했다.

한 가지 말할 수 있는 것은, 돗토리 시는 중심부에 모든 것이 집중돼 있다는 것이다. 교외의 대형 쇼핑센터에 가지 않아도 필요한 것을 모두 충족할 수 있다. 고층 건물이라고는 비즈니스호텔이나 맨션 몇 동밖에 없다. 오래된 전통을 보여주는 가게나 젊은 층 대상의 상품 숍도 있지만 화려한 거리 풍경이라고는 보기 어려웠다. 조금만 나가면 반딧불이가 무리지어 사는 풍요로운 자연환경이 있는데, 그곳은 산책 코스가 되었다. 돗토리 해안의 모래언덕은 평일에도 관광버스가 끊임없이 와서 사람들로 붐볐지만, 시내와 떨어져 있어서 시내는 관광지의 소란스러움이 느껴지지 않았다. 데이유도는 이처럼 여러 특성을 지닌 곳에서 잘 적응해온 것이다.

데이유도서점 이외의 서점 네 곳에서도 한 곳을 제외하고는 구매 의욕이 생겼다. 베스트셀러가 충실한 보통의 서점이 있는가 하면, 비교적 지역 출판물이 많은 서점도 있었다. 한 서점에서 서가를 정리하던 직원에게 "이 근처에 다른 서점은 어떤 게 있습니까?"라고 물었더니, 이미 들렀던 서점들을 알려주었다. "데이유도서점은 상당히 유명하고 좋은 서점이에요. 우리는 그럭저럭하는 곳이고요." 그는 미소 지으며 이렇게 말했다.

다시 데이유도서점에 들렀다. 그날은 나라와 별도로 만날 약속을 하지 않았다. 점포에 그의 모습이 보이지 않아 약간 서운하면서도, 한편으로 안도하는 마음도 생겼다.

그런데 눈을 마주친 한 직원의 시선을 피하고 나니 왠지 망설여졌다. 연일 서점에 왔으니 내 얼굴을 기억할 것이다. 그대로 서가만 계속 쳐다

보기도 신경 쓰여 "점장님은 어디 나가셨나 봅니다" 하고 말을 건넸다. 그랬더니 그 직원은 "계십니다" 하며 곧바로 2층으로 전화를 걸었다. '아니, 괜찮습니다'라고 말할 순간을 놓쳤다고 생각할 틈도 없이, 나라가 2층에서 내려와 계산대 왼편의 작은 문을 빠져나오며 얼굴을 내밀었다. "이리 오시지요." 그가 나를 2층으로 불렀다.

첫날 대화를 나눈 방에 다시 마주 앉았다. 나라는 일하고 있었을 텐데도 나를 기다렸다고 말할 듯이 부드러운 표정이었다.

나는 주변 서점을 돌아보고 도서관에도 가봤다고 말했다. 어느 서점에는 지역 관련서가 꽤 있더라, 어느 서점은 아주 싹싹하게 손님을 대해주더라 등의 이야기를 했다. 그는 어제와 마찬가지로 약간 시선을 내린 채였다.

"요시나리吉成에는 가보셨나요?"

요시나리는 역 반대편 지명으로, 그가 말한 의미는 돗토리 최대의 지역 체인서점인 이마이今井서점 그룹의 요시나리점에 가봤는지를 묻는 것이다. 그곳에 한 번 가보라고, 3시간 정도는 금방 갈 거라고 나라가 어제 말했다.

— 역에서 떨어져 있어서 나중에 차로 가보려 합니다만…….

"저기, 이쪽으로는 아무것도 없거든요. 거의…….."

지금까지와는 다른 냉정한 말투로 들렸지만, 내가 과민한지도 몰랐다. 그는 자신이 사는 곳이므로 겸손해하거나 쑥스러워서일지도 모른다. 그렇지만 이주하고 30년이 지났는데도 이하라 마미코의 옛 미야마무라(히다카가와쵸), 이토 기요히코의 이와테, 나라 도시유키의 돗토리는 어딘지 다르다는 것을 느꼈다. 그는 화제를 돌렸다.

"어제 왜 서점을 시작하기 이전은 지금과 관계없다는 건지 물으셨지요? 나중에 생각나더군요."

그는 물통에 넣은 녹차를 첫날과 마찬가지로 종이컵에 부어 내게 내밀었다. "이것이 이야기의 주제이고" 하며 나라는 내 앞에 종이 한 장을 놓은 후 "이게 키워드"라고 덧붙이면서 물통을 가운데로 옮겼다.

"이 키워드를 해석하기 위한 주제입니다. 이 종이 부분에 해당하는 이야기를 여러 모로 확장시킨 것이지요. 그래서 서점 이외의 이야기는, 이 종이에는 없습니다. 이걸 제대로 설명하지 못했었습니다."

무슨 말인지 나는 아직 알기 어려웠다. 종이 바깥에 있는 서점 이외의 인생을 왜 존재하지 않는 것처럼 구분하려는 것일까? 나는 알지 못한 채로, 마음속에 담아두기로 했다. 사람에 대해서는 간단히 쓸 수 없다.

잘 팔리는 책에 의미를 두지 않는다

— 마지막으로 다시 한 번 매장을 둘러보고 돌아가겠습니다.

나는 인사하고 자리에서 일어났다.

— 좀 길게 있다 갈지도 모르니까, 너무 신경 쓰지 마세요.

"아닙니다. 무슨 말씀이세요."

결국, 그날도 나라의 안내로 서가를 둘러보았다. 표지가 보이도록 진열된 책이 전날과 달랐다.

"30년간 해온 일입니다. 가장 큰 이유는, 고객이 질리지 않아야 한다는 점입니다. 선인들로부터 그렇게 배웠습니다."

정열이 있는 서점의 서가는 하루하루 물 흐르듯이 달라진다. 지금 내가 보고 있는 이 서가도 내일은 다른 모습일 것이다.

원하는 책은 재고만 있으면 언제든 살 수 있고, 인터넷서점에 주문하면 곧바로 도착한다. 나아가 주문형 인쇄출판POD이 보급되면 영원히 책이 살아남을 수도 있다. 이에 비해 서점의 서가와 평대 진열은 기회가 한 번뿐이라는 일기일회一期一會의 무상함이 있고, 그렇기 때문에 계승할 필요성이 높아지는지도 모르겠다.

나는 이 서점에서 사겠다고 정한 책, 사려다 못 산 책들을 집어들었다. 나라도 몇 권을 추천했다. 그는 전에 1주일쯤 교토에 머물면서 서점을 순회했는데, '교토를 돗토리로 옮겨서 해보겠다'는 마음이 생겼다고 한다. 그래서 교토의 론라쿠샤論樂社라는 출판사의 책을 소중히 계속 판매하고 있다.

"아, 잊어버리고 있었다!" 나라가 작은 감탄사를 뱉었다. 그와 있는 동안 몇 번이나 화제에 오른 서점계의 선배. 그 사람이 전에 시집을 냈다. "나는 그분이 서점인으로서 책을 쓰길 바랐습니다. 서점은 제대로 기록되어야 할 가치가 있다고 생각하기 때문입니다. 어느 날 책이 나왔다며 그분이 직접 가져다준 시집입니다. 서점에 관한 시도 있습니다. 좋은 책입니다." 이런 말을 들은 게 그제였던 것 같다.

"이 책을 드리겠습니다."

시집《흐르는 길에서流れの道で》였다. 책을 주겠다는 나라의 말에 나는 약간 당황했다. 나는 서가를 마저 둘러봤다. '출판', '서점', '책'에 관한 책을 모은 서가 앞에서 무심코 "이 중에서 가장 잘 나가는 책은 어떤 겁니까?"라고 묻고 말았다. 말을 마친 순간, 낭패다 싶었다. 이 서점은 '가장

잘 팔리는' 책에 의미를 두지 않는다. 다른 서점에서는 팔릴 리 없는 보기
드문 책도, 데이유도서점에서는 그 한 권을 한 명의 독자에게 전하는 것
에 가치를 둔다. 나라는 내 질문에 답하지 않고 "오카베 이츠코岡部伊都子
(1923~2008, 수필가) 씨 책 읽어본 적 있습니까?"라고 물었다. 집에 한 권 있
다고 대답했지만, 아직 그 책을 읽지는 못했다. 그는 좋은 책이라며 서가
에서 한 권을 빼냈다.

"그럼, 이것하고 이것은 팔고, 이것과 이것은 드리겠습니다."

서점에서, 서점 사람이, 상품으로 서가에 꽂혀 있던 책을 건네주려 했
다. 그런 경험을 해본 적이 없는 나로서는 당황스러웠다. 돗토리에 도착
한 날 밤에도《전하고 싶은 것》을 한 권 받았다. 그 책은 출판사가 데이유
도서점이었으므로, 출판사에서 받은 듯한 느낌이 절반 정도 있었다. 그
러나 이건 아니라는 생각이 들었다. 그래서 "안 됩니다, 이건 파는 책입니
다, 사겠습니다"라고 물리쳤다. 그런데 또 바보 같은 말을 했다는 생각이
들었다.

나는 레스토랑에서 책을 쌓아놓고 나라와 이야기하던 밤, 모스의《증여
론》을 나라에게 보여주었다. 그리고 서점을 하면서 '증여론'을 어떻게 활
용해왔는지 물었다. 나라의 대답은 그다지 확실하지 않았다. 지역의 고객
과 선인들로부터 조언과 도움을 받으며, 한편으로는 여러 사람들을 위해
수고를 아끼지 않으며 해왔다는 말이 대답일 거라고 나는 받아들였다.

"이 책은 팔지 않고 그냥 드리겠습니다."

이 역시 너무나 간결한, 그다운 대답이었다. 겉으로 드러나지 않게 기
가 꺾인 내 마음을 아는지 모르는지 나라는 상냥했다. 그에게 나는 다시
바보 같은 말을 한 것이다.

"그럼 이만 물러가겠습니다." 서점 밖으로 나오자, 나라는 약간 망설이는 듯하다가 "악수할까요?" 하며 손을 내밀었다. 어제 헤어질 때도 그가 악수를 청했다. 나라의 손은 싸늘했다. 어제도 마찬가지였다.

차를 세워둔 주차장으로 향하면서 나는 물정 모르는 말을 연발했다고 생각했다. 2층 사무실에서 내가 나라에 대해 글을 쓸 것이라고 하자, 나라는 미소를 지으며 "이상하네요"라고 말했다.

"저는 친구처럼 함께 지냈습니다만, 그렇게 지낸 시간들이 문장으로 만들어진다니, 글 쓰는 일도 재미있네요."

멋진 서점인들과 대비되는 나의 모습. 생각해보니, 그런 장면들의 연속이었다.

방황하는 남자

얼굴이 보이지 않는
서점을 돌며

데이유도서점을 떠나 돗토리 역 반대편에 있는 이마이서점 요시나리 점으로 향했다. 나라 도시유키가 돗토리 시에서 가장 좋은 서점이라고 말한 곳이다.

이마이서점 못 미처 수백 미터 앞에는 츠타야 체인점(출판물, 음반, 영상물과 같은 문화 콘텐츠의 판매, 대여, 중고품 거래 등을 복합적으로 하는 전국 체인점-옮긴이)도 있었다. 양쪽 모두 들어가보았다. 두 곳은 명확한 차이가 있었다. 한쪽은 고객에게 전하고자 하는 '책'이 확실하게 느껴졌고, 다른 한쪽은 본부에서 정한 책들이 비치돼 있었다.

전자는 좋은 서점이고, 후자는 좋지 않은 서점이었다. 나는 그런 생각을 하면서도, 그것이 무슨 상관이냐는 생각도 들었다. 서점을 선택하고 책을 고르는 것은 고객 각자이다. 어느 쪽이나 책이 있을 뿐이다. 서점에는 '사명'이 있다는 나라 도시유키의 말에 나는 수긍했다. 그렇지만 도대체 무엇에 그리 얽매일 필요가 있을까 하는 의문도 들었다.

이제 어떻게 할지 주차장에서 생각했다. 가능하다면 요나고米子에서 만나고 싶은 사람이 있었다. 그는 돗토리에서 서점과 도서관의 우호적인 관계를 만드는 데 중요한 역할을 한 사람이다. 그런데 연락해보니, 마침 도쿄에 출장 중이라서 그다음 날에나 돌아온다고 했다. 만약 다른 일정이 없다면 기다렸다가 만날 수도 있겠지만, 다음 날은 오사카에서 이하라 하트숍의 이하라 마미코와 약속이 잡혀 있었다.

요나고에 가는 것은 단념하고 남은 과제 하나를 해결한 다음 돗토리 현을 떠나기로 했다. 그 과제란, 나라 도시유키 태극권교실의 생도인 고등학교 교사가 추천해준 '스미레 식당'에서 쇠뼈 국물 라면을 먹는 것이다.

'스미레 식당'의 라면은 확실히 맛있었다. 가게는 돗토리의 인상처럼 과도하게 꾸미지 않으면서 조용한 분위기였다. 이것을 확인한 것에 만족하고 나는 오사카로 출발했다. 이미 주변이 어두워졌지만, 이제 막 오후 6시를 지났다. 고속도로가 아닌 일반도로를 달리기로 했다. 오사카 중심지까지 이백 몇십 킬로미터 거리였다. 천천히 달려도 심야까지는 닿을 수 있었다. 이하라와 만나는 것은 오후이므로 한잠 잘 시간도 있었다.

나는 시간 여유가 있을 때는 가급적 일반도로를 이용하는 편이다. 도중에 만나는 교외 서점을 보기 위해서이다(일본에는 대형 주차장과 슈퍼마켓을 갖춘 규모 있는 교외 서점들이 '책本'이라는 간판을 크게 내걸고 전국의 간선도로변에 다수 분포되어 있다-옮긴이).

서점 같지 않은 서점에서 일하는 사람들

　이야기를 들으러 방문한 서점들과 츠타야로 대표되는 전국 체인점 및 지역 체인의 교외 서점은 대립적인 관계이다. 잡지에서 서점 특집을 꾸밀 때도 국도 주변의 교외 서점이 소개되는 일은 전혀 없다. 구색과 진열, 접객 방식까지 모두 패키지 상품 같은 '얼굴이 보이지 않는 서점(개성 없는 서점)'이기 때문이다. 이토 기요히코가 3일 만에 그만둔 곳도 그런 유형의 대형서점이었다.

　간선도로를 따라 들어선 모든 서점과 그곳에서 일하는 모든 사람이, 서점 같지 않은 서점에서 일한다고 무시당할 만한 것은 결코 아니다. 고객이 '책'에 흥미를 갖도록 열심히 서가를 꾸미려는 노력이 느껴지는 곳들도 있기 때문이다.

　그러나 '책本' 간판이 보여 차를 세우고 서점 안을 들여다보면 실망스러울 때가 대부분이다. 무엇이 문제일까? 받은 책을 정해진 장소에 그냥 진열해두기 때문에 볼 게 없다. 그게 왜 실망스러울까? 무기력함이 느껴지기 때문이다. 매장이 넓고 책이 가득 있으며, 직원들이 인사도 잘하지만, 책 한 권에 담긴 것을 전달하려는 의지를 찾아보기 어렵다.

　그것을 가장 상징적으로 보여준 곳이 만화 대여 코너이다. 투명한 플라스틱 케이스에 무기질의 물체처럼 담긴 만화가 길게 진열된 모습을 보는 것은 유쾌하지 않다. 진열장에는 '케이스에서 꺼내 펼쳐보지 말라'는 정중한 말투의 경고장이 붙어 있다. 그런데도 소리 나게 케이스를 열어 꺼내보고 난폭하게 보관대에 다시 집어넣는 손님이 있다. 주의 문구를 무시하고 만화를 꺼내 마냥 읽는 사람도 있다. 그 뒤를 직원이 무심하게 지나친다.

만화를 빌려 읽는 만화 카페가 급속도로 확산되자, 이를 염려한 출판계가 작가들을 대변해 전면에 나섰다. 무단 대여로 이익을 얻는 업체가 대여료를 지불하도록 해야 한다고 주장했다. 우여곡절 끝에 2005년부터 출판물에 대여료가 적용됐다. 이렇듯 법제화된 덕분에 만화대여점을 하고 싶었던 쪽은 오히려 편해졌다. 규정만 지키면 대형 출판사로부터 차가운 눈초리도 받지 않고 당당하게 대여 코너를 만들 수 있기 때문이다. 불행히도 이것은 '책'을 죽이는 풍경이다.

그렇지만 다시 생각해보았다. 이곳의 무엇이 나쁘단 말인가? 만화를 빌려 즐겁게 보는 사람들이 많다. 이 정도로 그치는 것 아닌가 하고 말이다.

얼마 전 삿포로札幌에서 지역 체인점이었다가 츠타야로 흡수된 교외 서점에 들른 적이 있다. 들어가보고는 매우 실망했다. 매장이 마치 책 창고 같았다. 예를 들어 "이 잡지 최신호의 특집은 이 단행본과 함께 읽으면 더 재미있습니다"와 같은 독자에 대한 배려나 안내를 매장 어디에서도 찾아볼 수 없었다. 주변에 다른 서점이 없으므로, 그 지역의 아이들은 서점은 다 그럴 것이라고 여기며 자랄 것이다.

전국 어디에 가든 그런 서점들이 대부분인 현실은 분명히 바람직하지 않다. 어느 날 나는 술집에서 그렇게 열변을 토한 적이 있다. 그러자 출판사 영업부장인 남자가 반박했다. 당신이 '그런 서점'이라고 하는데, 우리는 '그런 서점'들 덕분에 밥 먹고 있다고, 책을 잘 아는 직원을 두고 특색 있게 하는 서점만 서점을 운영할 수 있는 권리를 준다면 지금 서점의 10분의 1도 남지 않을 것이라고.

― '그런 서점'이라도 없는 것보다는 있는 게 훨씬 낫다는 뜻인가요?

"아니 그게 아니라, 그런 서점들이 없으면 출판사도 경영을 지속하기 어렵다는 겁니다."

이것이 엄연한 현실이다.

가로등도 없는 어두운 길을 차로 계속 달렸다. 돗토리 현 경계를 지나 오카야마岡山 현으로 들어설 즈음, 진로를 조금 변경하면 츠야마津山에 갈 수 있다는 것을 깨달았다. 전부터 알던 곳이기도 하고, 나라 도시유키와 이야기를 나눌 때도 거론되었던 서점에 들르기로 했다.

다시 생각해보았다. '얼굴이 보이지 않는 서점'의 무엇이 나쁘단 말인가?

오로지 매장 확대에만 매달리는 것은 서점의 올바른 모습이 아니라고 나라 도시유키가 말했다. 그가 구체적으로 거명하지는 않았지만, 예컨대 츠타야처럼 무수히 점포를 늘려나가는 것도 거기에 해당할 것이다.

전국 여기저기에 지점을 내는 체인형 소매업자는 대개 개점뿐만 아니라 폐점도 많다. 수익이 없으면 과감히 가게를 정리하고 새로 개점할 곳을 찾는다. 그것을 스크랩 앤드 빌드scrap & build 전략이라며 당연시한다. 부끄러운 줄도 모르고 그런 용어를 쓰는 태도도 마음에 들지 않지만, '책'을 전달하는 서점에는 전혀 부합하지 않는다고 생각한다. 그런데 그런 서점들도 역할이 있다. '소비'할 목적의 책이 있기 때문이다. 그래서 소비할 장소도 필요하다.

소비를 위한 책? 나는 무엇을 가리켜 그렇게 부르는 것일까? 소비하기 위한 책과 그렇지 않은 책은 도대체 누가 정하는가? 그것을 구입하는 독자가? 책 한권의 가치가 사람마다 다르다는 것은 당연하다. 같은 책이라도 진열하는 서점에 따라 보석이 될 수도 있고 쓰레기가 될 수도 있다? 그런 측면이 있을 것이다. 그렇다고 '얼굴이 보이지 않는 서점'에 있는 책은 모두 쓰레기인가? 그건 아닐 것이다.

'얼굴이 보이지 않는 서점'에서 책을 진열하는 서점원들. 그중에는 '책'을 제대로 전하는 서점원이 되고 싶었지만 결과적으로 현재 일하는 곳에 오게 된 사람도 있을 것이다. 굳이 선택해야 할 곳이 아니었는지도 모른다. 이토 기요히코도 3일 만에 그만두지 않았던가. 지푸라기라도 잡는 심정으로 일하는 사람도 있을 것이다.

또 츠타야 간판이 나타났다. 차를 세우고 들어갔다. 하지만 3분이 채 안 돼 나오고 말았다. 어떻든 점포 수가 너무 많다. 전국 어딜 가도 같은 간판이 눈에 띄는 것은 썩 기분 좋은 일이 아니다. 오히려 중대한 사회문제의 하나이다. 대개 이런 문제는 해결책을 찾기가 어렵다. 이제 와서 시간을 뒤로 돌릴 수도 없고, 그들에게도 나름의 역할이 있다. 그렇지만 역시 이상하지 않은가. 지나치게 점포가 많다(2012년 기준으로 츠타야는 일본 각지에 약 1,500개의 점포를 갖고 있다—옮긴이).

누군가 이렇게 말할지도 모른다. "혼자 잘난 척하기는! 그러는 너는 츠타야에서 책, CD 안 사냐?" 나도 츠타야에서 책을 상당히 많이 구입했다. 마음 한쪽이 불편하더라도 거기서 뭔가를 구입하는 경우가 앞으로도 있을지 모른다. 다만 회원 카드는 만들 생각이 없다(일본 인구의 3분의 1인 약 4천만 명이 츠타야 회원이다—옮긴이). 이처럼 마일리지를 적립해주겠다는 여러 업종의 서비스가 이세 지긋지긋하다.

인생을 바꿀지도 모를 '책'을 파는 곳

가보려던 서점이 얼마 남지 않은 곳에서 상당히 규모가 큰 중고서점과 마주쳤다. 처음 본 간판이었는데, 그것을 깨달았을 때는 이미 지나친 뒤였다. 아마도 점포가 하나만 있거나, 오카야마 지역 내 체인점인 듯했다.

차를 돌려 그 중고서점에 들어가보았다. 중고서점은 1층과 지하 1층의 2개 층이다. 1층에서는 만화, 라이트 소설(만화 풍 표지와 일러스트가 있는, 주로 청소년 대상의 장르 소설), 애니메이션 캐릭터 상품, 비디오 DVD 등을 판매했다. 이미 밤 8시 반이 넘었는데 중학생으로 보이는 여학생 손님이 몇 명 있고 20, 30대 남성 손님도 눈에 띄었다. 이 정도면 성황이다.

지하로 내려가자 1층과는 다른 광경이 펼쳐졌다. 소설, 미술서, 철학서, 지역 관련서, 잡지 과월호까지 갖추었다. 면적이 넓어 보통 중고서점보다 종류가 훨씬 다양하다는 느낌이 들었다. 중고서점에서 자주 볼 수 있는 전집류는 비닐 끈으로 묶여 있고, 나츠메 소세키夏目漱石 전집 34권 세트와 이와나미문고판 같은 것에는 매직으로 쓴 황색 종이가 끼워져 있었다. 출판사가 복간하거나 주문형 출판이 보급되면서 근년에는 전집이 저렴하게 팔린다는 말을 어느 중고서점 주인에게 들은 적이 있었다. 그런데 이곳은 전체적으로 가격이 비싸게 매겨진 느낌이었다.

지하에는 손님이 없었다. 서가와 서가 사이 통로에 책 묶음이 다발째 던져진 듯 놓여 있어서 피해 다녀야 했다. 그렇게 굴러다니는 책 묶음에 수만 엔이나 하는 고가의 미술 전집도 섞여 있었다. 매장을 연출하는 방법의 하나인지는 몰라도, 눈에 들어오는 책은 모두 비싸서 중고도서를 저렴하게 판매하는 중고서점의 이미지와는 어울리지 않는 듯했다.

그런데 신서판이 진열된 곳에는《국가의 품격國家の品格》이 열 권 넘게 꽂혀 있었다. 한 권을 뽑아보니 값이 85엔으로 매겨져 있었다. 비교적 오래되지 않은 밀리언셀러에 일부러 100엔 이하의 낮은 가격을 붙인 것은 어떤 의도인지 궁금해졌다.《국가의 품격》옆에는 베스트셀러였던《버리는 기술捨てる技術》도 열 권 가까이 있었다. 확인하려고 가격 표시를 보니 250엔이다. 어떤 기준인지는 모르지만 무언가 메시지를 담으려는 서점임에는 분명했다.

시간이 지나도 지하로 내려오는 손님은 없었다. 나는 방범 카메라에 신경 쓰지 않기로 마음먹고 눈에 띄는 책을 몇 권 집어 의자에 앉아 읽기 시작했다. 피곤해지면 체조를 하거나 멍하니 매장을 둘러보았다. 1시간 반쯤이나 서가를 샅샅이 살펴봤더니, 나중에는 사고 싶은 책이 무엇인지도 기억이 나지 않았다. 세로로 긴 체재와 물색의 케이스가 인상적인 고쿠쇼칸코카이國書刊行會의 '바벨 도서관' 시리즈 등을 집어들고 1층으로 올라가 계산대 앞에 섰다. 카운터의 여성 직원이 의심스러운 눈초리를 보내지는 않았다. "마일리지 카드를 만들어드릴까요?" 나는 기념 삼아 만들기로 했다.

다른 곳을 들르는 바람에 목적했던 서점으로 가는 시간이 지체되었다. 신간이 전문인 이 서점은 특히 지역 관련서를 여러 곳에 정성스럽게 진열한 곳이었다.

오사카로 출발할 시간이 되었다. 몇 분 달렸는데 또 서점이 보여 차를 세웠다. 그다지 특성이 없어서 금방 나왔다. 조금 서둘러야 할 것 같아 속도를 올렸는데, 또 '책本' 간판이 보여 다시 차를 세웠다. 차에서 내리려는 순간 간판의 불이 꺼지더니 종업원인 듯한 젊은 남자가 청소도구를 들고 밖으로 나왔다. 청소도구를 가게 옆에 기대어놓고 입구로 가서 자동문의 스위치를 눌렀다. 그러고는 종업원인 듯한 여성에게 뭐라고 말하면서 건물 안으로 사라졌다. 이윽고 가게 안의 불도 꺼지는 것을 눈으로 확인하고, 이제 옆길로 새지 말고 오사카로 달리기로 했다.

일본은 서점이 많다. 그 이유는 일본이 세계적으로 책 읽는 사람이 많은 나라이기 때문만이 아니라, 고도 경제성장기를 거쳐 거품경제가 꺼진 이후에도 서점을 확장시키려는 힘이 서점계에 작용했기 때문이다. 단지 '책을 전시하고 판매하는 장소'가 서점이라면, 그런 곳들은 지금도 많다.

이와 같은 상황에서 '얼굴이 보이지 않는 서점'에 근무하면서도 '책'을 전하려는 '서점'을 영위하고자 하는 개인은 각자의 환경에서 크고 작은 저항을 계속하는 수밖에 없다. 결코 무모한 일만은 아닐 것이다. 서점 일을 하는 사람은 "서점의 주력 상품은 그것을 읽는 사람의 인생을 바꿀지도 모르는 '책'이다", "우리는 다른 상품이 아닌 '책'을 판매한다"고 다시금 목소리를 크게 냈으면 좋겠다. 만약 자신이 다니는 서점이 그런 것을 추구하지 않더라도 어떻게든 잘되도록 헤쳐나가기를 바란다.

나라 도시유키가 화두로 내건 '독립적인 자영서점이 아닌, 대형서점 매장 담당자로서의 서점에 대한 욕망'에 대해 나는 생각했다. 경영자는 어떻게든 시곗바늘을 한 방향으로만 돌리려 한다. 매장 담당자에 지나지 않는 서점원은 그 시곗바늘을 반대로 돌려야 할 역할이 있다. 한 명의 서점원이 '책'을 전하는 행위는 때로는 한 회사의 부침浮沈보다 더 무겁다.

지쿠사쇼분칸
후루타 가즈하루의 식견

오사카 우메다梅田 근처의 나카자키쵸中崎町로 향했다. 도심으로 들어서자 정체 구간이 많아지면서, 차로 이동하는 것이 불리하다는 생각이 들었다. 오후 1시가 조금 안 돼 겨우 주차를 하긴 했지만 내가 찾는 서점은 보이지 않았다. 사람들에게 길을 물어가며 같은 골목을 뒤지면서 허둥지둥했다.

'책은 인생의 간식입니다本は人生のおやつです!!' 한 번 들으면 잊을 수 없는 이름의 서점인데, 근처에 이 서점을 알고 있는 사람이 없었다. 이하라 하트숍의 이하라 마미코가 먼저 도착했을 터였다.

지난여름 와카야마의 이하라 하트숍에 찾아가 그녀를 만난 뒤 때때로 전화나 문자 메시지를 주고받고, 삿포로와 도쿄에서 만나기도 했다.

삿포로에는 그녀의 강연회에 맞춰서 갔다. 이하라가 쓴 《굉장한 책

방!)을 읽고 그녀의 서점을 찾았던 경영 컨설턴트의 의뢰로 삿포로상공
회의소가 주최한 강연회에 연사로 선다는 말을 들었기 때문이다. 강사는
이하라와, 삿포로 구스미쇼보くすみ書房 주인인 구스미 구니하루久住邦晴,
이렇게 두 명이었다. 작은 서점을 운영하는 그들이 다른 업종의 경영자들
이 모인 자리에서 어떤 이야기를 할지 궁금했다.

　강연회 전날 삿포로에 도착해 구스미쇼보가 운영하는 고토니琴似의 중
고서점 겸 북카페 '소크라테스 카페' 그리고 오야치大谷地에 있는 구스미쇼
보에 가보았다. 두 곳 모두 편안한 분위기에 '책'이 많았다. 구스미쇼보도
동네 서점으로 주목받아온 곳이다. 특히 "중학생은 이걸 읽어라! 책방 아
저씨의 잔소리"라고 써붙인 기획전이 많이 알려졌는데, 규슈나 도카이東海
지역 서점조합 등에서도 이에 자극을 받아 똑같은 판매기획전을 열었다.

　그런데 구스미쇼보의 경영은 결코 순조로워 보이지만은 않았다. 갑자
기 찾아갔는데도 시간을 내어 카페와 서점에서 만나준 구스미 구니하루
는 서점의 과제는 낮은 마진율을 어떻게 올릴 것인지에 달려 있다고 강조
했다.

　"저도 이제 쉰아홉이라서…… 앞으로 열심히 해도 한 십 년 정도겠죠.
앞으로 어떻게 할까 고민입니다."

　구스미는 조용한 목소리로 말했다.

　"후계자는…… 딸이 하나 있는데요. 저는 그 애에게 물려줄 생각이 없
습니다. 전혀 다른 일을 하고 있어요……. 근데 이런 아이가 있어요…….
'중학생은 이걸 읽어라!' 기획전을 계속해왔는데, 초등학교 4학년 때부터
열심히 참여해온 아이예요. 지금 고등학교 1학년이 되었고, 작년에 부모
님과 함께 저를 찾아왔더군요. 서점원이 되고 싶다는 거예요. 갈 곳은 구

스미쇼보밖에 없으니 받아달라는 겁니다. 그게 중3 때였죠. 말문이 좀 막혔습니다. 뭐라고 해야 좋을지 말이지요. 그래서 어떻든 대학에 진학하고, 그다음에도 마음이 변하지 않으면 반드시 직원으로 뽑겠다고 약속했습니다. 사실은 믿음직합니다. 그 아이는 매달 열 권 안팎의 책을 읽는데, 읽은 책에 대한 감상문 같은 걸 나에게 보내줍니다. 그 아이가 보낸 것을 보거나 내가 읽은 책에 대해 이야기하거나 하는 식으로 소통을 계속하고 있습니다. 연간 백수십 권의 책을 계속 읽고 있는 거지요. 얼마 전에는 서점에 찾아와 대학 진학에 대해서도 말을 하더군요. 서점을 하려면 어느 학과에 진학하는 것이 좋을지 조언해달라고 해서, 경영자가 되려면 아무래도 경제학과나 경영학과가 좋지 않겠느냐고 말해줬습니다.

즐겁습니다, 정말로. 이 아이가 나타나기 전까지만 해도…… 보통 고민이 아니었습니다.

지금이야 어디든 다 마찬가지겠지만, 우리 집도 언제 문을 닫을지 알 수 없습니다. 거래처에 지불할 돈이 밀리는 경우도 있습니다. 정말 힘듭니다. 괜찮다, 반드시 잘될 것이다, 라고 주변에 계속 말합니다. 물론 자신감은 있습니다. 아직 제가 감당해야 할 것들이 있으니 끝낼 처지도 아닙니다. 절대로.

이토 기요히코 씨가 서점 현장을 떠난 것에 대해서는 저도 마음에 걸렸습니다. 저도 경영자이므로, 사와야서점 사장에게 무슨 사정이 꼭 있었을 거라고 생각합니다. 그렇지만 경험이 풍부하고 실적 있는 직원은 서점의 보물이고, 앞으로 서점에 들어올 사람들에게도 도움이 될 겁니다. 삿포로에 있는 서점들에서도 요즘 베테랑 점원이 잇따라 떠나고 있습니다. 모두가 힘을 모아 그들이 서점에 돌아오도록 해야 합니다. 그러려면 서점 경영 상태를 좋게 만드는 게 전제 조건입니다. 역시 마진율이 문제입니다. 다만 몇 퍼센트라도 올려서, 어떻게든 25퍼센트는 되어야 한다고 봅니다.

그리고 다른 수입원도 있어야 합니다. 지금까지 여러 문화교실을 운영해왔지만, 수강자를 확보하기가 어려웠습니다. 거래처 매입, 잡화, 문구, 중고책, 어느 것이나 어렵기는 마찬가지입니다.

그렇지만 무슨 방법이 있을 겁니다. 반드시. 좋은 방법이 있으면 꼭 알려주셔야 합니다."

'합법적인 사기'도 참고한다

도쿄에서 이하라 마미코와 만난 것은 삿포로 강연회로부터 2개월 뒤였다. 입원 중인 지인을 문병하러 도쿄에 가는데, 전부터 찾아가보고 싶었던 서점에 이번에야말로 꼭 가봐야겠다고 했다. 그래서 내가 안내하겠다고 나섰다. 다만 문제가 있다면, 내가 그 서점에 가본 적이 없다는 것, 게다가 그 서점에 대한 인상이 그다지 좋지 않다는 사실이었다. 그 서점의 대표는 텔레비전에도 출연하고 책도 몇 권인가 펴낸 이름난 사람이지만, 서점 안은 '행복을 부르는 기적의 경영', '저절로 손님이 몰려드는 집' 등 경영서와 자기계발 코너 같은 키워드로 도배되어 있는 곳이다. 나는 비즈니스 관련 자기계발서의 대다수는 합법적인 사기라는 고정관념을 갖고 있다.

문병을 마친 이하라와 신쥬쿠新宿 역에서 만나 지하철을 타고 이 서점을 찾아갔다. 환승역을 착각하는 바람에 가장 가까운 역을 지나쳐버렸다. "훌륭한 가이드를 만났네!" 이하라가 웃음을 터뜨리며 농담하는 동안,

어떻든 서점에 도착했다.

매장에 들어서자 아니나 다를까 나는 좀 복잡한 기분에 사로잡혔다. 콘셉트가 있는, 개성적인 서점임에는 분명했다. 그러나 역시 진열된 책들은 '그런 유의 책들'이 중심이었다. 서점 대표가 쓴 책을 펴낸 출판사의 책들이 전면에 진열돼 있었는데, 그 출판사 또한 주로 '그런 유의 책들'을 펴내는 곳이었다. 그런 저자들의 강연을 수록한 CD, DVD도 한 자리를 차지하고 있었다.

그에 비해 소설 등이 진열된 문고 서가로 가보니, 목록이 진부하기 그지없었다. 일본 서점의 실력은 문고에서 결정된다고 했던 이토 기요히코의 말이 생각났다. 문고의 대부분은 단행본을 재발행한 것이다. 즉 내용이나 판매 실적이 검증된 책들이다. 단행본이 나왔을 때 얼마나 읽었는지, 매장에서의 움직임을 얼마나 지켜보았는지가 중요하기 때문에 대개 독서량이 풍부하고 책을 잘 아는 점원이 문고 서가를 담당한다. 문고 서가는 실력이 뛰어난 점원이 담당하며, 그 점원의 실력을 한 방에 보여주는 것이 바로 문고 서가라고 한다.

이하라는 '이렇게도 진열하네', '이 책 재미있네', 작게 사투리로 중얼거리며 매장을 순회했다. 이하라를 위해 온 곳이므로, 서두르지 않고 그녀가 실컷 보고 가도록 할 생각이었다. 잠시 후 점원 한 명이 이하라에게 말을 걸었다. 내점한 고객에게 반드시 말을 거는 것이 이 서점의 특징이라고 어디에선가 읽은 기억이 났다. 그런데 나에게는 다가오지 않았다.

30분쯤 있다가 이하라가 책 몇 권을 산 다음 밖으로 나왔다. 역 방향으로 걸으면서, 이하라는 여러모로 참고가 되었다고 말했다. 그랬냐고 대꾸하면서도, 나는 그다음 이을 말을 찾지 못했다. "당신, 토할 것 같은 표정이던데." 이하라가 웃었다. 만날 장소와 시간을 정하기 위한 전날 통화에서, 나는 왜 그 서점에 가려는 것인지 이유를 물었다. 이하라는 지역 주민 한 사람 한 사람에게 무언가 해주고 싶은 마음을 항상 갖고 있어서, 참고가 될까 싶어 방문하려는 것이라고 했다. 그런데도 나는 납득하기 어려웠다. 좋은 서점은 다른 곳에도 많은데 왜 굳이 그 서점을 선택했을까?

"저한테는 참고가 되었어요." 이하라는 다시 한 번 말했다.

"보통 그런 서점을 볼 기회가 없어요. 도쿄나 오사카에는 매장을 멋지게 차려놓은 서점들이 많은데, 보는 것만으로도 상당한 자극이 되거든요."

그렇구나, 그녀의 말에 기분이 좀 가라앉았다. 웅장한 대자연이 펼쳐진 곳에서, 마을의 유일한 서점 겸 실용품점을 운영하는 이하라에게, 이런 기회가 얼마나 소중할까.

"자기계발서가 어떻다느니, 좋은 책이니 아니니 말하는데, 나는 그렇게는 생각 안 해요. 어떤 책이 어떤 식으로 읽는 사람들에게 전해지는지 아시겠어요?"

그녀의 말이 나의 편협함을 파고든다. 그녀가 만약 책의 좋고 나쁨을 확실히 하는 서점을 운영했다면, 이하라 하트숍이 있는 옛 미야마무라에서 계속 살아남기는 어려웠을지도 모른다.

오사카에서 만나기로 한 '책은 인생의 간식입니다!!'는 그해 여름에 개업한 신규 서점이다. 이하라가 그 서점을 방문하게 된 사연을 듣고는 함께 가겠다고 자청했다.

지금까지 이하라 하트숍을 네 번이나 방문한 남자가 하나 있다. 처음에는 서점원으로서의 임무를 고민하면서, 두 번째는 일하던 서점이 문을 닫아 사실상 해고당하고 실의에 빠졌을 때, 세 번째는 다시 서점에서 일할 결심을 하고 새로운 직장을 찾았을 때, 마지막으로 네 번째는 서점 동료 몇 명을 데려왔다. 인생의 굽이마다 이하라 하트숍을 찾아와 조언을 구하는 듯했다.

이번에는 이하라가 오사카 이바라키茨木 시에 있는, 그가 근무하는 서점을 방문하기로 했다. 그랬더니 그는 자기 서점 근처에 다른 서점이 하나 있는데, 젊은 여성이 혼자 개업해서 열심히 하고 있으니 격려해주면 좋겠다며 이하라에게 부탁했다고 한다. 그곳이 바로 '책은 인생의 간식입니다!!'였다. 이하라가 서점을 비울 수 있는 날은 정기 휴일인 수요일뿐이므로 '책은 인생의 간식입니다!!'에 먼저 들른 다음 이바라키 시로 가기로 했다.

들으면 잊을 수 없는 서점 이름,
'책은 인생의 간식입니다!!'

'책은 인생의 간식입니다!!', 약칭 '책 간식本おや'은 오사카 우메다 역에서 걸어갈 수 있는 나카자키쵸의 스바코 하이츠スバコハイツ라는 자그마한 2층짜리 건물의 1층에 있었다. 거의 단독주택에 가까운데, 공간을 작게 나누어 가게가 3곳이나 입주해 있었다. 마치 새집 같았다.

좀 늦게 도착해서 안으로 들어서니 먼저 온 이하라가 담소를 나누고 있었다. 16.5제곱미터(5평)밖에 안 되는 하라다 마유미의 히구라시문고보다 더 비좁았다. 그러나 들어선 순간 무언가 열기 같은 것이 느껴졌다. 좁은 공간에 사람이 북적거려서가 아니라, 책이 가득 들어차 있었기 때문인 듯했다. 이하라말고도 두 명이 더 와 있었다. 한 명은 잡지 편집장이자 작가로 활약하는 여성으로 나처럼 이하라를 취재하는 중이었고, 또 한 사람은 근처에서 '아라비쿠ㄱㅋㅂ/'라는 중고서점을 경영하는 남자였다.

서점 주인인 사카우에 유키坂上友紀와 인사를 나눴다. 만약 '스바코 하이츠'에 '간식'을 파는 작은 가게 주인으로 누가 좋을지 100명의 사진을 보고 고르라는 앙케트를 한다면, 단연 1등을 차지할 듯한 분위기의 작은 새 같은 여성이었다. JR 계열의 편의서점을 포함해 서점 몇 군데에서 일한 경험이 있고, 그해 8월에 자기 서점을 열었다고 했다.

진열된 책 다수는 중고책이고, 출판사에서 직접 매입한 신간 그리고 우편엽서 같은 잡화도 놓여 있었다. 상품 구성은 히구라시문고와 같았지만, 9.9제곱미터(3평)라고 하니 규모는 절반에 가까웠다.

책이 잔뜩 있다는 인상을 받았던 이유도 차츰 깨달았다. 중앙에 천장에서 내려오는 형태의 서가 하나가 설치되어 있었다. 이 좁은 공간에 매장 한가운데 서가를 세우면 고객이 몸을 움직이기 어렵지만, 머리 위에 붙어 있으면 불편하지 않다. 그리고 매장 어디에 있든 천장에서 내려온 서가와 사방 벽의 서가 양쪽 모두가 시야에 들어오므로 책이 꽉 찬 듯이 보인 것이다. 창의 나무틀까지 서가로 쓰였다. 한편으로 안쪽의 잡화 코너는 약간 여유 있게 진열되어 있어 좁은 공간임에도 변화와 입체감이 느껴졌다.

서가에 붙은 책 광고판도 종이 재질이나 쓰인 문자가 매장을 꾸미는 인테리어 기능을 했다. 무엇보다 신선한 것은 그녀의 복장이었다. 녹색 덩굴나무 같은 무늬의 상의를 걸친 그녀 자신이 움직이는 광고판 역할을 했다.

가장 흥미를 돋운 것은 책의 종류였다. 주로 역사소설과 논픽션 번역물이 눈에 띄었는데, 시각적인 책은 적었다. 고객에게 전하려는 것은 '책'이며, 색채나 공간 이용은 그것을 뒷받침하기 위해 기능하도록 구성되었다.

출판사와 교섭해 매절로 구매했다는 신간 중에는 그녀의 요구를 잘 받아줄 것 같지 않은 대형 출판사의 책도 있었다. 물어보니, 출판사 홈페이지에 적힌 대표전화로 연락해 담당 편집자와 통화해서 자신의 열의를 전하는 것부터 시작했다고 한다. 팔아보고 싶은 신간은 대개 그런 식으로 정면돌파를 하는 듯했다(일본 출판사들은 대부분 위탁판매 조건으로 도매상과 거래하기 때문에 개별 서점, 특히 소형서점의 주문을 직접 받아주는 일은 많지 않다. 도매상 역시 경영 안정성이 낮은 소형서점과의 거래를 기피한다–옮긴이).

'책 간식'처럼 도매상과 거래가 없는 초소형서점이 직접 책을 매입하고자 하는 경우, 출판사마다 대응하는 방식에 차이가 있다. 그러나 반품 불가, 한 번에 최저 몇 권, 얼마라는 엄격한 조건이 붙기는 해도 거래 자체를 거부하는 일은 적은 듯했다.

역사소설 가운데 사와야서점의 다구치 미키토가 발굴하고 전국의 서점에서 판매에 힘을 쏟기 시작한 《1858년의 대탈주》의 중고책이 있었다. "아, 여기도 있네요?" 내가 책을 가리키자 사카우에는 "알고 계셨습니까?" 하며 그 책이 얼마나 재미있는지 말하기 시작했다. 이야기를 듣던 나는 내가 그 책을 가리킨 이유를 설명했다. 다구치가 기획 판매를 위해 했던 일련의 활동에 대해 트위터를 전혀 이용하지 않는 그녀는 전혀 모르고 있었다.

"그렇습니까, 멋지군요. 나는 지독한 아날로그 인간이라서…… 몰랐어요. '책 간식'에도 블로그가 있긴 하지만, 오픈한 지 얼마 안 됐을 때 '몸은 하나고 시간은 24시간입니다'라거나 '나는 여기서 내가 할 수 있는 방법으로'라고 쓰고는 그 뒤로 업데이트를 못 했거든요. 인터넷 홍보 정도는 해야 한다고 친구가 조언해서 얼마간 쓴 게 전부예요."

그녀는 약간 흥분한 듯 즐거운 표정으로 말했다. 이야기의 내용보다 그녀가 발산하는 자연스러운 명랑함에 상대의 마음을 잡아끄는 매력이 있었다.

서가에는 신간과 중고책이 뒤섞인 채 진열되었다. 공간이 좁기 때문인지 아예 그런 건 신경 쓰지 않는 것처럼 보이기도 했다. 어쩌면 고객을 혼란스럽게 만드는 초보적인 진열이라고 해야 할지도 모르겠다. 하지만 나는 부정적으로 보지 않았다. 그녀는 그 나이 치고는 기존 서점에서 일한 기간이 얼마 되지 않았다. 기존의 규칙이나 습관에 속박당한 기간이 짧다는 것이 오히려 그녀에게 장점으로 작용하는 게 아닐까.

서점은 이렇게 시작하는 것일까? 그런 생각이 들도록 하는 다부진 느낌이 9.9제곱미터(3평)의 공간에 넘쳐났다. 물론 이런 미담이 언제까지 이어질지는 알기 어렵다. 개업하고 한동안 '책 간식'의 중고책은 그녀의 장서가 중심이었다고 한다. 그녀가 서점을 계속한다면 사실 고난은 이제부터일 테지만 레이아웃이나 책 진열도 시행착오를 거듭하며 나아질 것이다. 입주해 있는 스바코 하이츠는 건물의 노후화로 개축하거나 철거해야 할 상황이어서 '책 간식'은 다른 곳으로 옮겨야 할지도 모른다.

슬슬 이바라키로 이동해야 할 시간이었다. 그때 이하라는 가방에서 그림책 한 권을 꺼냈다.

책에는 특별한 힘이 있다

"그림책 한 권 읽어드릴게요. 내가 할 수 있는 것은 이것뿐이니까."

《구룬파의 유치원ぐるんぱのようちえん》이라는 그림책이었다. 어려서부터 외톨이에 울보인 코끼리 구룬파가 쫓겨나듯이 여행을 떠나, 여러 일을 하다가 마지막에는 유치원을 만들면서 자기 역할을 발견한다는 내용이다.

사카우에는 당혹감을 드러내지 않고 이하라의 정면에 서서 열중해 들었다. 이야기가 끝나고 이하라가 그림책을 덮자 모두 박수를 쳤다.

한데 어울려 박수를 치며 옆에 서 있던 중고서점 '아라비쿠' 주인 남자에게 어땠냐고 물었다. 그는 직접적으로 감상을 말하지는 않았다. 그 대신 "시골에서 자란 탓인지 어릴 때 그림책 읽어주는 모습을 본 기억이 전혀 없어요"라고 대답했다. 생각해보니 나 역시 마찬가지였다. 옛 미야마무라에서 그림책 읽어주기를 보지 않았더라면, 나 역시 이하라의 행동에 당황했을지도 모를 일이었다.

도로 휴게소나 교정에서 하는 이하라의 그림책 읽어주기를 봤기 때문에 나는 알 수 있었다. 이하라에게 그림책 읽어주기란, 타인에게 주는 최고의 선물이라는 것을. 그녀는 '책'에 특별한 힘이 있다고 믿는다. 아마도 이하라는 자신이 이하라 하트숍을 처음 시작했을 때와 비슷한 나이인 사카우에에게 '말의 영력言靈'이라 해도 좋을 만한 것을 전한 것 같았다.

'책 간식'을 나와, 휴점일인 '아라비쿠' 매장을 잠깐 구경하기로 했다. 이하라와 여성 작가 그리고 나는 이바라키 시로 향했고, 이하라 하트숍을 네 번 방문했다는 남자가 서점에서 기다리고 있었다. 서점 대표는 다른 업종에 있다가 막 서점업에 진출한 신출내기였다. 남자 직원은 미에三重 현에서 일했는데, 신규 개점을 앞두고 직원을 모집한 이 서점에서 활로를 찾기 위해 이사했다고 한다.

귀중한 재회의 시간이었지만 그 남자는 이하라와 이야기를 나눌 여유가 없었다. 계산대를 지키거나, 다른 직원에게 불려가 뒤치다꺼리를 하느라 바빠 보였다. 그가 다가와 사과하자 이하라는 그가 미안해하지 않도록 애썼다. "괜찮아요. 오늘은 당신 일하는 모습을 보러 온 거니까."

같이 온 여성 작가는 일이 있다며 먼저 자리를 떴다. 이하라도 돌아갈 특급열차 시간을 신경 쓰느라 불안해했다. "괜찮으시면 모셔다 드릴게요." 내가 제안했다. "모처럼 시간을 냈으니까……." 이하라는 넓은 매장을 살피며 걷거나, 짬짬이 남자 직원과 선 채로 이야기를 나누었다.

그는 우연히도 나와 동갑이어서 친근감이 느껴졌다. 그는 이사조차 마다하지 않고 서점 일을 계속하는 길을 택했고, 그렇게까지 해서 하고 있는 서점 일의 의의를 찾으려고 지금도 갈등하는 듯이 보였다. 이하라 하트숍은 적어도 100년간 이어져야 한다고 그가 말했다. 자신이 품고 있는 문제의 해답을 이하라 마미코에게서 찾고자 하는 것처럼 보였다.

'어떤 책을 추천하겠느냐'는 물음에 그가 한 대답 때문에 이하라와 나는 얼굴을 마주보고 웃음을 터트렸다. 좀 전에 '책 간식'에서 사카우에의 이야기를 듣고 이하라가 구입한 《1858년의 대탈주》였기 때문이다. "정말 여러 서점이 이 책을 미는군." 이하라가 감탄했다. 그렇지만 나에게는 좀 거슬리는 부분이 있었다. 그가 "저는 아직 못 읽었지만……"이라고 중얼거렸기 때문이다. 이 서점에서 어떤 책을 추천하는지 질문한 것은, 그가 직접 읽고 소중하게 파는 책이 무엇인지를 물은 것이었다. 그는 자신이 담당하는 분야는 학습참고서, 건축, 의학, 컴퓨터 관련서라고 했다. 일반도서 중에서 판매하고 싶은 책이 있는지 물어봤어야 했다는 것을 깨달은 건 그날로부터 한참 지난 뒤였다. 그는 나라 도시유키가 말한 '매장 담당자'였던 것이다. 다시 그를 만날 날은 언제일까?

그와 헤어져 이하라와 함께 고속도로를 타고 와카야마 현 히다카日高 군으로 향했다. 그녀는 차를 역 주차장에 세워두었다. 거기서 작별인사를 하려다가 그녀의 남편인 이하라 가즈요시에게도 인사하는 게 좋을 것 같아 그녀의 차를 따라 산길을 달렸다. 바래다줘 감사하다며 이하라 가즈요시가 여름에 같이 술을 마셨던 술집으로 나를 초대했다.

그날 안에 오사카로 돌아갈 작정이어서 처음에 나는 술을 마시지 않았다. 나라 도시유키가 소개해준 《나의 돗토리》의 저자 기모토 겐지와 다음 날 오사카에서 만나기로 약속을 한 것이다. 그런데 "뭐 어때, 좀 마셔" 하며 이하라 가즈요시가 권하는 바람에 결심이 조금씩 무너져갔다. 그는 그 자리에서 이하라 하트숍 옆의 온천장 아이도쿠소에 전화를 걸었다. 한겨울 평일에는 빈방이 있는지보다 손님 맞을 준비가 되어 있는지가 오히려 문제였다. 아이도쿠소의 주인이 숙박은 가능하지만 물을 아직 데우지 않았다고 말한 모양이다. "상관없어. 내일 아침 탕에 들어갈 수 있으면 되지 뭐." 이하라 가즈요시가 전화를 끊고, 청주 됫병 하나를 더 주문했다.

3개월 반쯤 남은 지역 마라톤 대회에 출전하라고 그가 또 권했다. 나는 이번에도 즉답을 피했지만, 내심으로는 이미 도망치기 어렵다고 직감했다. 이 남자가 권하면 왠지 뿌리치기 어렵다. 뿌리치면 벌 받을 것 같은 느낌이 든다.

다음 날 아침 이하라 부부의 집 앞에서 작별인사를 하고 차에 오르려는데, 이하라 마미코가 잠깐 기다리라며 급히 집 안에 들어갔다 나왔다.

"이 책, 만나면 주려고 했어요."

그녀의 손에는 도쿄에서 함께 방문했던 서점의 주인이 쓴 책이 쥐어져 있었다. 어떤 일이든 무조건 처음부터 거부하면 안 된다는 의미일까? 어리숙한 행동은 돗토리에서도 실컷 한 터라 감사히 받기로 했다. 책 속에 사진이 있었는데, 이하라 하트숍 근처에 핀 꽃을 찍은 것이라고 했다. 철쭉꽃이었다.

갑자기 거센 바람이 불면서 근처 나무에서 낙엽이 잔뜩 떨어져내렸다. 계절은 이미 12월 한겨울로 접어들었다.

책에 대한 경의

4일 뒤 나는 나고야名古屋에 있었다. 처음 들른 곳은 시마우마쇼보シマウマ書房(얼룩말 책방)라는 중고서점이었다. 매장에 들어서는 순간, 여기도 '책'이 많다는 것을 알 수 있었다. 문 왼쪽으로 이와나미신서를 모아놓은 서가가 있고, 오른편 문예물 서가에는 미시아 유키오三島由紀夫 등 오래된 단행본들이 진열되어 있었다. 매장 안에 고객 몇 명이 있었는데, 주인인 듯한 사내가 30대 남성 고객과 이야기를 나누고 있었다. 중간에 끼어들기가 미안해서 잠시 서가를 돌아보기로 했다. 그러면서도 본의 아니게 둘의 대화를 듣고 말았다. "어찌어찌해서 다른 곳에서 서점을 경영하게 됐나봐요. 그 서점에는 남녀노소 가릴 것 없이 손님이 온대요." 주인의 설명에

남성 고객이 대꾸했다. "좋겠네요. 우리는 젊은 여성이 전혀 안 옵니다."

"그래도, 좋은 책이 많군요……. 나는 신간서점을 운영하면서도 신간서점보다 중고서점 찾아다니는 걸 더 좋아해요."

"아, 그 기분 압니다."

"서점 시작할 때 참고한 서점이 있습니까?"

"아니요. 소문난 서점은 가보지 않았어요. 분명 멋지게 잘할 것이고, 그 영향을 받아 흉내 내는 것도 싫었고요. 비슷해지더라도 우연히 비슷해지는 쪽이 좋거든요."

"그렇지만 그런 서점들을 보면서 나는 좀 다른 걸 해보자는 생각을 할 수도 있지 않아요?"

"음……. 그래도 그것 역시 영향을 받는 것이라……."

"뭐 그렇긴 하지만."

"이런 보기 드문 책은 어떤 경로로 매입한 겁니까?" 손님은 거리낌 없이 주인에게 질문을 퍼부었다. 이윽고 그는 "나중에 또 들를지 모르겠습니다" 하며 같이 온 남자와 함께 사라졌다.

매장 안에 감도는 분위기는 생각했던 것과 약간 달랐다. 좀 더 화려하게 연출해놓은 서점일 거라고 상상했는데, 한 권 한 권의 책을 보여주려는 노력보다는 못 했다. 입을 벌린 커다란 여행가방 안에 여행 관련서를 넣어 진열하는 등 노력한 흔적이 보였는데, 전하고자 하는 것은 '책' 자체, 즉 정면돌파하려는 태도가 전체적으로 느껴졌다. 오사카의 '책 간식'도 마찬가지였다. 삿포로에서 젊은 점주가 운영하는 중고서점은 일체의 유행을 배제하고 옛날 방식 그대로의 먼지 쌓인 가게로, 안으로 들어갈수록 고가이면서 전문적인 책을 줄줄이 진열했다. 주인은 보풀이 잔뜩 인 스웨터 차림에 잠버릇이 연상되는 머리 모양새로 나타나, 친근하게 나를 대했다. '화려한 수집가 취향'의 중고서점 시대는 이제 끝나려는지도 모르겠다. 공간 연출이나 세련된 진열로 고객을 끌어들이는 게 아니라 '책' 자체가 지닌 매력에 대한 확신 같은 것이, 이런 서점들에 감돈다. 책에 대한 경의가 느껴지는 것이다.

시마우마쇼보의 점주 스즈키 하지메鈴木創는 1973년생이다. 자유기고가 등 몇 개의 직업을 전전하며 20대를 보내다가 중고서점 아르바이트를 거쳐 2006년 자기 가게를 열었다고 한다. 2008년에 시작된 나고야 지역의 책 축제 '북마크 나고야' 집행위원회의 핵심 멤버이기도 하다.

"최근에는 신간 업계에도 관심을 가져야겠다고 생각하게 되었습니다. 우리 같은 중고서점은 10년 전이나 20년 전에 나온 책들을 많이 다루잖아요? 다시 말해 10년이나 20년 뒤에는 지금 나오는 책들이 이곳에 진열될 거란 말입니다. 지금까지와 마찬가지로 책의 흐름이 이어져야겠습니다만. 당연하게도, 지금 출판사가 어떤 책을 만드는지, 신간서점이 그 책들을 어떻게 팔고 있는지는 우리 같은 사람들의 앞날과 관계된 일이거든요. 관찰해보면 10년, 20년 뒤에 팔아보고 싶은 예감이 드는 책이 많지는 않습니다. 그 책들이 중고서점까지 오려면 시간이 걸리겠지요. 이마이즈미 마사미츠 씨가 쓴 《'이마이즈미 서가'와 리브로의 시대》도 읽었습니다. 공부는 물론 되지만, 중고책 장사를 하는 저 같은 사람하고는 다른 세계인 것 같습니다."

그는 자신의 위치에서 신간서점에 자극을 줄 방법을 모색하는 듯했다. 나고야에도 마루젠이나 대형서점 지점이 다 들어와 있고 앞으로도 여러 변화가 있을 거라 생각한다고 그가 말했다. 중고서점계가 훌륭하다고 말하려는 것이 아니다. 그들 나름의 어려움을 느끼는 것만은 분명했다.

책과 사람의 역사를 다음 세대로

"언젠가 꼭 해보고 싶은 일은 중고서점만의 특성을 살린 서가를 만들어보는 것입니다. 중고서점을 하면서 할 수 있는 가장 중요한 일은 개인 장서를 이어가는 겁니다. 특히 돌아가신 분의 장서를 처분하고 싶다는 연락을 받고 가보면, 딱딱한 책부터 대중서까지 그분이 읽었거나 구입한 장서의 역사가 그대로 보입니다. 그것을 다음 세대로 이어가는 것에 책임감을 느낍니다. 그래서 서가를 그대로 재현할 순 없을까 생각하곤 합니다. 지금 장소는 공간이 부족하니까 다른 장소를 확보해서 K씨의 서가, Y씨의 서가, 이런 식으로 재현해보고 싶은 욕심이 있습니다. 어떻게 보여주느냐에 따라서 정말 매력적인 서가가 만들어질 수도 있을 것 같습니다.

'이것이 우리 집에서 모은 누구누구의 장서'라고 하면 중고서점으로서 또 다른 가치를 갖게 되지 않을까 싶어서요. 책과 사람의 역사를 다음 세대에 계승시키는 중개 역할을 할 수 있다는 점이 중고서점의 재미난 부분입니다."

'책 간식'의 사카우에 유키도 비슷한 말을 했다. 그녀가 중고서점조합에 가입하지 않고 고객들과 직접 사고팔며 중고책 목록을 갖춘다고 했을 때, 고객들이 정말 팔고 싶은 책만 들고 오는 것은 아닐 것이므로, 생각처럼 구색 맞추기가 쉽지 않을 거라는 우려가 들었다. 그러나 그녀는 고객이 들고 오는 책에 따라 서가가 바뀌고, 고객에 의해 서점 색깔이 만들어진다는 점이 중요하다, 오히려 그것을 의식하면서 서점을 해나가고 싶다고 말했다.

스즈키의 화법은 유려하면서도 평이해서, 서점의 매력이나 존재 이유를 정연하게 말할 줄 아는 사람이라는 생각이 들었다. 내일은 지쿠사쇼분칸ちくさ正文館의 후루타 가즈하루古田一晴 점장과 약속이 있다고 말하자 스즈키가 웃는 얼굴로 말했다. "저도 들었습니다." 후루타와는 긴밀한 교류가 있는 듯했다. 지쿠사쇼분칸과 시마우마쇼보는 지하철로 네 정거장 떨어져 있는데 모두 히로코지도오리廣小路通 길을 따라 있다.

"전에 우리 서점에서 토크쇼 이벤트를 할 때, 어느 신간서점 사람이 '나고야에서 서점을 하고 있으면 결국 후루타처럼 되는 것 아닙니까?' 하고 말해서 모두 웃었던 적이 있습니다. 후루타라는 사람의 존재가 그만큼 나고야에서 크다는 뜻입니다. 무엇을 해도 후루타 씨가 예전에 이미 했던 것이기 십상이니까요. 높디높은 벽이지요. 저 같은 아웃사이더에게도 후루타 씨는 매우 상냥하게, 늘 솔직하게 대해주세요. 중고서점을 하고 있으니까 신간서점을 하는 사람보다 오히려 더 쉽게 접근할 수 있는지도 모르겠군요."

나고야의 젊은 서점주들은 '포스트 빌리지 뱅가드'(잡화 판매 서점인 빌리지 뱅가드의 확산에 따른 기존 서점업계 대응 방향—옮긴이) 문제를 안고 있다고 한다. 1986년 1호점을 낸 잡화서점 빌리지 뱅가드는 이제 전국적으로 지점을 거느릴 만큼 성장했다. 서점이라기보다는 독자적인 업태를 구축했다. 눈앞에 버티고 선 뛰어넘기 어려운 '벽'인 후루타 가즈하루와는 다른 의미로, 빌리지 뱅가드는 나고야를 '무엇이나 다 있는' 토양으로 변화시켰다. 그것을 고맙게 이어가되 우리는 자유롭게 해나가자고 동종 업게 사람들과 의견을 나누고 있다고 스즈키가 말했다.

시마우마쇼보에는 사전에 연락 없이 찾아갔다. 나고야를 방문한 가장 큰 목적은 후루타 가즈하루와 만나는 것이었다.

시스템 정비와 효율화가 출판유통의 과제로 제기된 현실을 신간서점이 따라가기에도 급급한 상황에서, 그 시스템에 의존해온 지쿠사쇼분칸은 코웃음을 치는 듯한 분위기가 느껴졌다. 입구부터 사상서, 예술서 같은 책이 당연하다는 듯이 진열되어 있었다. 신간서점이 시대의 흐름과 함께 사라져가는 가운데 그는 꿋꿋하게 의지를 지키고 있다. 20년간 실질적으로 이 서점의 살림살이를 맡아온 사람이 후루타 가즈하루였다.

나고야로 오기 2개월 전에 나는 리브로 직원이던 이마이즈미 마사미츠와 후루타 가즈하루가 사와야서점에서 일했던 이토 기요히코의 집을 방문하는 길에 동행한 적이 있다. 이마이즈미 마사미츠는 나가노 현에 살고 있다. 거리가 먼 나고야 사람과 나가노 사람을 이와테의 이치노세키 시까지 데려간다는 어려운 계획을 실현시킨 사람은 이 세 사람과 모두 친교가 있는 어느 출판사 사람이었다.

이마이즈미와 후루타, 이마이즈미와 이토는 전부터 친분이 있었고, 후루타와 이토는 이번이 첫 만남이었다. 이마이즈미가 1946년생이고, 후루타가 1952년생, 이토가 1954년생이어서 약간씩 나이 차가 있다. 그러나 가장 연장자인 이마이즈미가 나이를 방패로 삼지 않기 때문인지 분위기는 편하고 화기애애했다. 서점론을 중심으로 한 담론은 한밤중까지 이어졌는데, 주제가 책과 관련된 지식인 경우에는 이해하기 어려운 이야기들도 많았다. 놀라운 실적을 올린 사람만이 가질 만한 자부심이 세 사람에게서 공통적으로 느껴졌다. 그것은 책에 대해 모르는 것이 있으면 부끄럽게 느낀다는 것, 모르면 배우려 하고 곧바로 알려고 한다는 것이었다.

이토는 이마이즈미가 "괴물이라서 대적할 수 없다"며 존경해마지 않았다. 1980년대부터 1990년대까지 매출을 높여 리브로를 유명 서점으로 만들었기 때문만은 아니었다. 그런 과정에서 무엇을 했는지 계속 교류하며 이야기로 들었기 때문이다.

"서점은 예를 들어, 원하는 책의 재고를 어떻게 확보할 것인가 하는 문제를 일상적으로 안고 있습니다. 나는 인맥을 이용해 출판사 창고에 직접 전화까지 했습니다. 창고에는 재고가 없는 것으로 알려진 책의 실제 상황을 잘 알고 있는 사람이 있습니다. 그 사람은 다른 서점에서 언제 반품이 들어올 예정인지도 알고 있습니다.

그래서 창고 사람들과 친해지려 했습니다. 그런데 이마이즈미 씨는 리브로 시절에 창고에 직접 찾아가기까지 했다고 합니다. 있는지 없는지 보여달라고 했다는 겁니다. 그렇게까지 해서 책을 받아왔다더군요. 창고 사람들과 얼굴을 부대끼면서 재고를 확보했습니다.

휴일에도 전혀 쉬지 않았던 모양입니다. 저자와 만나고, 담당 분야를 이해하기 위해 전문가를 찾아가 공부도 했답니다. 그리고 매출 슬립을 집에까지 들고 가서 분류한 다음 분석했다지요. 아마도 엄청난 분량이었을 텐데요. 그런 이야기를 들을 때마다 내가 그 정도까지 할 수 있을까 자문했습니다."

대적할 수 없는 괴물, 압도적인 노력의 양

이토가 이마이즈미를 존경하는 이유는 '행위의 양'에 있었다. 순수한 노력과 정열을 이기는 것은 없다는 매우 단순한 교훈이 거기에 있었다.

그런 이토와 또 다른 관점을 가진 이가 후루타였다. 물론 후루타도 이마이즈미를 존경하는 마음이 없지는 않았지만 태도가 약간 달랐다.

이마이즈미 마사미츠는 일단 시작하면 끊이지 않고 말을 계속하는 사람으로, 모임은 때때로 그의 강연회처럼 변했다. 이에 비해 후루타 가즈하루는 말이 많지 않았다. 두 사람이 마주 앉으면 실제로 말하는 비율은 20 대 1 정도였다. 그러나 그 '1'에 후루타는 간과해선 안 될 말을 했다. 리브로에서 실천했던 서가를 매개로 한 고객과의 커뮤니케이션에 대해 이마이즈미가 말하는 도중에 후루타가 한마디를 툭 던졌다.

"나는 그걸 지금도 하고 있어요."

1980년대에 아사다 아키라淺田彰가 쓴 《구조와 힘構造と力》(게이소쇼보 勁草書房, 1983년)이 폭발적으로 붐을 일으켰을 때, 포스트모더니즘 등의 키워드를 내걸고 관련된 인문서가 잘 팔리던 시절의 서점 서가는 나에게 이미 전설 같은 것이었다. 왜냐하면 현재 서점의 서가에서는 그 계보를 보기 어렵기 때문이다. 계승할 필요가 없어 단절된 것인지, 아니면 거기에 중대한 결함이 있었기 때문인지는 알기 어렵다. 이토가 이마이즈미에 대해 품은 경의는 한 서점원의 '압도적인 노력의 양'이라는 보편성 때문에 오늘날에도 통할 수 있는 것이다.

인문서와 같은 특정 분야로만 국한하지 않더라도 현재의 신간서점 대부분은 어떤 책이 어떤 역사적 배경에서 나왔다는 맥락이나 흐름을 보여주지 못한 채, 방대한 양의 책이 출간되고 사라지는 데만 대응하는 곳으로 바뀌었다. 중점적으로 밀고 싶은 책을 한 권이라고 내세우는 서점원은 현실에서 자기 발언을 하는 것이지만, 이것도 책의 계보를 보여주는 것과는 거리가 멀다. '모든 책은 과거에 나온 책의 도움으로 영감을 받아 나오는 것'이라는 '책'의 기본조건이 매장에 표현되어 있지 않다. 중고서점에 내가 관심이 커지는 것도, 다 그런 이유 때문인지 모른다.

후루타 가즈하루는 그걸 지금도 하고 있다는 것이다. 책의 계보는 지금도 살아 있어서 과거와 현재는 단절되어 있지 않다고 말한다. 후루타는 지쿠사쇼분칸서점에서 젊은 층을 비롯한 고객들에게 이런 것을 선보인다는 것이다.

구체적으로 어떤 것일까? 이 질문이 나고야로 향하게 만들었다. 전화를 걸어보니 출장으로 서점을 비우는 날이 있다고 해서 바로 다음 날 만나기로 약속했다. 후루타가 매장에 없는 날에 일반 고객의 입장으로 방문하고자 하는 의도도 있었다.

지쿠사쇼분칸은 인문서만 판매하는 서점이 아니다. 매장에는 점성술 책 코너까지 있다. 그렇지만 역시 주역은 인문서, 예술서, 문예물이라기보다 문학이었다.

"계보를 이해할 수 있도록 좀 지난 책을 일부러 진열하기도 합니다. 그러면, 여기가 중고서점이냐고 묻는 고객도 있습니다."

이치노세키 시에서 후루타는 그렇게 말했다. 그냥 보기에도 띠지나 표지가 변색된 책들이 여기저기 있었다.

어떤 책들이 놓여 있는지에 주안점을 두고 서가를 둘러보고 나서 든 생각은, 이 서점은 어떤 책을 비치하지 말아야 할지가 명확하다는 것이었다. 한 장르에서 강조될 만한 책, 과거의 지혜를 집대성해서 그 분야의 새로운 기둥이 된 책, 그런 기둥이 될 만한 책부터 시작해서 지금 읽으면 좋을 책, 서가는 그렇게 만드는 거라고 후루타가 말했다. 서가 옆을 걷기만 해도 모두 알 수 있다고 장담할 자신은 없지만, 어느 분야에서든 일시적으로 팔기 위해 나온 책은 신간이라 해도 서가에 꽂지 않는다는 것을 알 수 있었다. 그래서 다른 서점이라면 으레 있을 만한 책들이 상당수 보이지 않았다.

주위를 돌아보니 고객 모두 진지한 얼굴로 서가를 바라보고 있었다. 맥빠지지 않는 서점이라는 것은 분명해 보였다.

다음 날도 시마우마쇼보에서 하루를 시작했다. 중고서점 하나를 연이어 보면 재미있는 것이, 서가 진열이 전날과 달라진 것을 확인할 수 있기 때문이다. 당연한 말이지만, 중고서점은 재고가 대개 한 권씩이므로 그 책이 팔려서 생긴 공간에 다른 책이 들어간다. 그러면 그 양쪽에 놓인 책뿐만 아니라 서가 전체가 전날과는 다른 느낌을 준다.

후쿠시마의 미나미소마 시립중앙도서관과 어제 본 지쿠사쇼분칸을 나온 뒤에 백화점 안에 있던 신간서점이 떠올랐다. 미나미소마 시립중앙도서관에서는 서가에서 빠져나간 책이 다시 돌아올 때까지 그 공간을 비워두었는데, 이처럼 빈 공간을 어떻게 활용하느냐에 따라서 도서관 서가가 역동적으로 바뀐다.

도서관이나 중고서점에 비하면 신간서점이 불리하다는 생각을 지우기가 어렵다. 신간서점은 도매상이나 출판사 사정을 서가 진열에 반영하는 경우가 많다. 도매상이나 출판사에 재고가 없는 책은 진열할 수 없고, 반대로 도매상이나 출판사가 요청한 책들로 평대 진열대가 채워지는 경우도 많다. 고객이 어떤 책을 고르는가에 따라 서가가 바뀌는 특성을 원래부터 지니고 있는 중고서점이나 도서관과 달리, 어지간히 신경 쓰지 않으면 신간서점의 매장은 고객과 괴리될 가능성이 크다.

이를테면 데이유도서점처럼 신간서점이면서 항상 고객의 움직임에 따라 서가가 변화하는 서점에 감탄하면서, 어딘지 모르게 그것이 당연한 것인 양 받아들이고 있는 건지도 모르겠다. 의지가 있는 서점이 주체성을 갖고 더 엄격하게 규율을 지키려고 노력하는 것에 대해 많은 사람들이 이해하지 못하는 것 같다.

니체 초역, 어디에 진열하는 게 좋은가

시마우마쇼보말고도 몇 개 서점을 더 돌다가 해질 무렵 지쿠사쇼분칸을 다시 찾았다. 약속도 하지 않고 나타났는데도 후루타는 나를 맞이하여 찻집으로 데려갔다. '서점' 사람은 누가 언제 오더라도 기다렸다는 듯이 맞아준다. 직접 고객을 상대하는 장사이므로 당연한 건지도 모르지만, 나는 그때마다 감동을 받곤 한다.

서점의 서가가 과거와 현재를 어떻게 이을 것인지 알고 싶다고 내가 운을 뗐다.

"먼저 말해둘 것은, 금방 사라지는 책이라 하더라도 할 일은 한다는 겁니다. 오늘 나온 연예인 책만 해도 내가 나서서 자료와 데이터를 종업원에게 넘겨주고 제대로 관리하도록 했거든요. 물론 그런 책으로는 이어지는 게 아무것도 없지요. 농담이 아니라 사실입니다. 그런데 다들 그렇게 하지만, 니체를 알기 쉽게 초역超譯한 책 같은 걸 인문서 코너에 꽂으면 안 됩니다. 서점 문을 열자마자 눈에 딱 보이도록 하거나, 아니면 출입구에 둬야 합니다. 그런 책은 별도로 취급해서 구매를 유도해야 해요. 단품 취급해서 많이 팔고 끝내야 하는 책이거든요. 그편이 누구에게나 이익입니다."

그럼 입구에 놓일 책은 무엇일까? 이에 대해 후루타는 《도쿄대학의 앨버트 에일러─도쿄대 재즈 강의록東京大學のアルバート・アイラー─東大ジャズ講義錄》(기쿠치 나루요시菊地成孔・오타니 요시오大谷能生 지음, 분슌분코文春文庫)을 예로 들었다.

"저자인 오타니는 무라오 리쿠오村尾陸男가 쓴 《재즈 시전집ジャズ詩全集》을 재료로 삼았죠. 그는 참 열심입니다. 재즈의 기본이 탄탄하고, 또 공부도 엄청 합니다. 그것이 대전제이지요. 그리고 젊은 사람들에게, 재즈가 뭔지 전혀 모르는 아이들도 알아들을 수 있도록 설명하는 것에 뛰어납니다. 처음에는 재즈를 전혀 모르는 채로 들어도 좋다고 말합니다. 반드시 거기에 반응하는 아이가 있으면 조금씩 앞으로 나아갑니다. 듣는 아이들은 열심히 듣습니다. 이 아이들에게 그다음에는 무엇을 소개해야겠습니까? 이건 서점으로서 충분히 할 가치가 있는 일이지요.
어느 시대에나 그렇지만, 근래 좋은 책이 안 나온다고 말하는 사람들이 있는데, 그건 아니지요. 오타니 같은 사람이 항상 나오거든요. 숫자만 봐도 지금이 더 많습니다. 1990년대 전반에는 그런 바람이 불지 않았어요.

그 시절에도 초기의 QJ(《퀵 재팬》, 오타슛판太田出版) 같은 게 재미있었거든요. 뭐든 다 있는 시대일수록 그런 사람이 안 나오는지도 모르겠지만요. 아무것도 없는 지금이야말로 오히려 재미난 것들이 많이 나옵니다. 재미있다고 생각하는 것만 하니까 말이지요.

오타니와 만난 건 한참 전인데, '이건 물건이다'라는 생각이 들었습니다. 뭐냐면, 열심히 한다는 겁니다. 정말 여러 가지를 공부하는 거예요. 그렇게 토대가 될 만한 사람을 잘 관리하면 그를 통해 무언가가 넓혀지고 이어지는 게 보이기 시작합니다. 인터넷 검색이든 뭐든 마찬가지입니다. 공부해서 제대로 알지 못하면 말만 많지 쓸데가 없거든요.

서점도 그처럼 토대가 될 만한 사람들과 하나가 되어 제대로만 하면 서점을 찾는 사람들이 늘어납니다. 실제로 다른 서점에서 전혀 팔리지 않는 책이 우리 서점에서는 베스트셀러처럼 팔리거든요. 재미있는 책만 비치하고 비치할 책만 비치하는데도 전혀 팔리지 않는다고 불평하는 사람은 서가를 만들 생각이 없는 사람입니다."

후루타의 이야기를 듣고 있으면, 마치 서점에 위기 따위는 없을 것 같은 착각이 든다. 다른 서점과는 다른 책을 판다고 자신만만하지만, 지쿠사쇼분칸 역시 현재의 신간 유통 시스템 안에 있는 일개 서점이라는 사실은 마찬가지이다. 지쿠사쇼분칸이 그런 물량주의의 파도에 먹힐 것 같은 때는 없는지에 대해 물어보았다.

"마이클 샌델Michael Sandel의 《정의란 무엇인가,Justice》가 화제가 되기 전에, 팔리겠구나 하고 느꼈습니다. 도매상에서는 그런 정보를 원합니다. 늘 저는 '이건 신경 쓰는 게 좋겠다'고 말해줍니다. 이 책도 앞서 말한 것과 같거든요. 한 방에 팔고 끝입니다. 실제로도 텔레비전에서 재방송

될 무렵에는 우리 서점에서는 더 이상 팔지 않았어요.

그런 정보를 계속 보내면서, 우리에게 이거 해라 저거 해라 하는 소리는 하지 말라고 합니다. 남들보다 먼저 잘될 것 같은 책을 알려주고 이쪽은 일찍 끝냅니다. 우리 같은 서점에는 도매상이라 해도 어떻게 영업해봐라, 하는 말을 못합니다. 솔직히 상대가 안 되죠."

남은 일 좀 끝내고 올 테니 기다리라는 말을 남기고 그가 사라졌다.

후루타가 찻집을 나가고 나서 나는 그가 한 말을 반추해보았다. 그의 말이 사실이라면 그다지 참고가 안 될 듯했다. 물론 오랜 시간의 독서로 얻은 지식과 축적된 경험이 토대가 되었을 테지만, 왠지 모르게 그에게서 천부적인 재능 같은 게 느껴졌기 때문이다.

후루타가 정한 시간에 다시 서점으로 갔다.《도쿄대학의 앨버트 에일러―도쿄대 재즈 강의록》을 중심으로 한 음악·예술 관련 코너 등을 돌아보며 시간을 보내고 있는데, 후루타가 그날의 매출 슬립 묶음을 들고 왔다. 눈앞에서 슬립을 구분했다. 재주문할 책, 매절할 책, 신경 쓰이는 책 등으로 나누더니, 중얼대며 줄줄이 분류해나갔다. "이것은 한 번 돌리고, 이건 저쪽에 쌓고, 이건 아무래도 좋은 거고, 이건 오늘 오전에 두 권 판매됐고……." 수천 엔짜리 매출 슬립이 천 엔짜리 정도의 일반서가 팔린 것처럼 같은 다발에 묶여 있고, 만 엔을 넘는 고가의 책 슬립도 거기에 섞여 있었다. 대형서점이라면 이런 비싼 책의 매출이 보통이겠지만, 지쿠사쇼분칸서점은 330제곱미터(100평)에 지나지 않는다.

뒤를 돌아보니, 요즘 인문계열 출판사들과 공동으로 전국 서점에서 일제히 여는 북페어를 그다지 눈에 띄지 않는 장소에서 개최 중이었다. "저런 건 쓸데없는 일이야, 빨리 끝내는 게 좋아." 후루타가 중얼거렸다. "독

자도 이미 다 아는데 말이야, 얼마 전에 전시 판매 했던 것을 옷조차 갈아
입히지도 않고 또 전시하라니…… 한심하지."

슬슬 서점을 나서려는데 어젯밤에 만난 체인서점 점장이 들어왔다. 그
역시 후루타로부터 무언가를 훔쳐내고 싶은 것일 게다. 셋이서 후루타의
단골집으로 이동했다.

그 사람이 합석한 김에 나는 서점 현장에서 점장이라는 중간관리자가
겪는 어려움을 화제로 올렸다. 체인서점 점장은 당연히 그런 고민이 많았
다. 호방한 후루타 가즈하루도 회사의 피고용인일 뿐이다.

"실은 굉장히 기쁜 일이 있었거든요." 후루타가 이야기를 시작했다.

후루타는 1996년 《책의 잡지本の雜誌》 20주년을 기념해 시이나 마코토
椎名誠, 메구로 고지目黑考二, 사와노 히토시澤野ひとし, 기무라 신스케木村
晋介, 이렇게 네 명 모두 모이는 호화로운 사인회를 연 적이 있다. 대형서
점도 아닌 데다 《책의 잡지》 2호부터 취급하기 시작한 지쿠사쇼분칸이
행사를 개최한다는 사실도 주목받아, 사인회를 찾아온 팬의 행렬이 서점
건물을 몇 바퀴나 빙빙 돌았을 만큼 성황이었다고 한다.

그런데 이 행사를 앞두고 후루타는 당시 사장이었던 지쿠사쇼분칸의
창업자 다니구치 노부히로谷口暢宏로부터 불벼락을 맞았다고 한다.

'서점이 힘들다'는 말은 이제 그만

"저쪽과 이야기가 돼서 나 혼자 멋대로 정한 것이었거든요. 사장님과
상의할 시간이 없었다고 할 수도 있지만, 준비 절차까지 모두 정한 다음

에 보고했어요. 그랬더니 불같이 화를 내시더라고요. 왜 화를 냈냐면, '유행을 쫓아서는 안 된다'는 겁니다. 당시 시이나 마코토는 큰 인기를 누리고 있었고, 나도 그런 예감이 들어 연락부터 하고 본 것이거든요. '우리가 그따위 일을 해야 하나, 인정 못 해!' 그러면서 무척 노여워하셨어요. '이미 정해진 일이므로 하겠습니다' 하고 나는 막 나갔지요.

그런데 솔직히 기뻤습니다. 딱딱한 문학밖에 인정하지 않는 분이었어요. 그분이 단가短歌의 대가인 츠카모토 구니오塚本邦雄의 인맥이에요. 유행 따라 하지 말라고 질책하는 사장님 말에 나는 오히려 기뻤던 겁니다. 그래서 싸움으로 가지 않았고, 사장님도 인정해준 것 같습니다. 나중에는 그들이 정말 올 거면 광고 정도는 해라, 당일 음식 대접은 이렇게 해라, 적자가 나도 잘해보라고 하셨습니다.

지금은 대표가 바뀌어 그런 장면을 보기 어려워졌지만요. 현장을 담당하는 사람으로서 나는 자잘한 것을 포함해 전부 보고하거나 상담합니다. 판매기획전 하나까지도요. 이해받는 것은 중요한 일이니까. 서점의 앞날에 대해 말하는 일도 많아졌습니다. 오늘 나온 연예인 책만 해도, 그런 책에 의지하지 않아도 해나갈 수 있는 서점을 유지해야 한다고 말할 정도로는 공유하고 있습니다."

지금 일선에서 활약하는 작가나 평론가, 음악가, 영상 작가 들의 신인 시절을 후루타는 줄줄 꿰고 있었다. 그래서인지 그는 대단한 능력을 가진 젊은 친구들, 지역의 음악 및 영상 관계자들과의 인맥을 살려서 그들이 작품을 발표할 수 있는 기회를 늘리기 위해 활동하고 있다. 그가 늘 그런 원석을 찾고 지원하려는 노력을 아끼지 않기 때문에 상담하러 찾아오는 사람도 많다고 한다. 그처럼 촘촘하게 넓혀진 나고야 문화권 속에 지쿠사쇼분칸이 있다. 나중에 일선에 설 그들이 자신을 기억하느냐 아니냐는 상관없다고 그는 말했다. 언제나 신인은 나오고, 그것을 프로듀스하는 것이 자신의 역할이라고 생각하기 때문이다.

"책은, 사람들이 생각하는 것 이상으로 다양합니다. 다른 곳에서 하지 않는 기획판매만 하면 됩니다. 열심히 조사해서 진열하면 됩니다. 그러면 전문가들이 반드시 보러 와서 반응을 보입니다. 그러다보면 자연스럽게 다음 할 일도 보입니다. 북마크 직원들에게도 어떻든 책 정보를 계속 노출하라고, 그것만큼은 강조합니다.

사람들이 손대지 않는 것을 찾는 게 중요합니다. 그것이 씨앗이 되어 언젠가 좋은 결과가 따르게 마련이지요. 그래서 매일 긴장하라고 말합니다."

'마실 때는 먹지 않는다'고 후루타가 말했다. 실제로 젓가락을 손에 쥔 것은 단 한 번뿐이었다.

지금까지의 계보를 이을 새로운 재능을 항상 발굴하고 발탁하는 것, 그것을 매장에서 항상 유지하도록 하는 것이 중요하다는 말을 되새겼다. 다음 날, 지쿠사쇼분칸에서 후루타가 가집歌集 한 권(《목덜미 한 가닥くびすじの欠片》, 노구치 아야코野口あや子)과 시집 한 권(《소중한 것はこいり》, 미스미 미즈키三角みづ紀)을 권했다.

"팔리는 책보다는 팔고 싶은 책이 중요합니다. 항상 그걸 봅니다. 그다음은 어찌 되든 상관없어요."

"지쿠사쇼분칸은 틈새 산업이라고들 해요. 정말 그래요. 그렇지만 책에서 틈새란 없습니다."

"서점끼리 연계하는 것은 이제 안 했으면 합니다. 다른 분야 사람들과 어울려야 우리를 넓힐 수 있습니다. 그리고 서점 일이 힘들다는 이야기도 이제 좀 안 했으면 좋겠어요. 노동은 힘들수록 의미가 있습니다. 또한 힘든 노동을 통해서만 제대로 얻을 수 있는 법입니다."

인상적인 말 몇 가지가 귀에 남았다. 독특한 말투의 후루타가 태어나 자란 곳이 나고야이지만 나에게 말할 때는 나고야 사투리를 쓰지 않았다. "대화 상대에 따라 말투가 달라져요. 오사카 사람 만나면 오사카 사투리를 써요. 서점은 접객업이니까." 그가 말했다.

시마우마쇼보의 스즈키 하지메는 중고서점 하나가 폐업할 때 도와주고, 그곳 재고를 사서 자기 점포를 열었다. 후루타는 폐점한 중고서점 주인과 친분이 있어서, 어느 날 개업 인사차 방문한 스즈키에게 인연을 느꼈다고 한다.

규정상 정년이 다가온 후루타지만, 회사측이 고용 연장을 원해서 지금처럼 점장을 계속할 예정이다. 그 말을 들은 나는, '아 언젠가는 이 사람도 서점 현장에서 사라지는 것인가' 하고 쓸쓸한 생각이 들었다.

응원하고 싶은 출판사가 있다

지쿠사쇼분칸을 나와 걸어서 10분 거리에 있는 '메르헨 하우스メルヘン

ハウス'로 향했다. 1973년에 창업한 일본 최초의 어린이책 전문서점이다. 서점은 어린이를 데려온 주부들로 북적였다. 제목을 잊은 책을 찾고 있자, "책 찾으세요?" 하며 직원이 말을 걸었다. 내용을 약간 이야기해주자, "이 책 맞지요?" 하며 책을 내밀었다. 내가 찾던 책이 확실했다.

메르헨 하우스를 나와 차를 몰고 교외로 향했다. 도중에 서점 간판이 보이면 차를 세웠다. 도요하시豊橋까지 고속도로를 달리다가 일반도로로 들어서 나고야로 돌아왔다. 시간이 맞지 않아 들르지 못한 서점도 있었다. 돗토리에서 오사카로 향할 때와 마찬가지였다. 가보고 싶은 곳은 가기 힘든 위치에 있는 경우가 많고, 접근하기 쉬운 간선도로변에는 전국 체인점이나 지역 체인점 간판이 있었다. 때때로 마음이 가는 서점도 만났다. 밤에 도요하시 시내의 상점가를 지날 때는 이미 가게들 모두 문을 닫았는데 유일하게 문을 연 자그마한 서점이 있었다. 들어가보니 점주는 한 남성 고객의 자동차에 관한 상담 때문에 웃으며 이야기를 나누고 있었다. '봄 여름 가을 겨울 총서'라는 글씨체가 독특한 표지의 시리즈가 눈에 띄는 곳에 진열되어 있었다. "멋진 책이네요." 내가 말을 걸자 "좋지요? 이 지역 출판사에서 펴냈는데 응원하고 싶어서요" 하고 점주가 응답했다.

아이치愛知 현에 본사를 두고 도쿄에도 커다란 지점을 낸 체인서점에도 들어가보았다. 990제곱미터(300평)가 넘어 보이는 매장에는 손님이 몇 명 없었다. 계산대에서 아르바이트 직원으로 보이는 남자 두 명이 웃으며 잡담을 나누고 있었다. 피곤했는지 한 명이 털썩 주저앉았다. 나도 학생 시절에는 그랬던 것 같다.

서가로 가는데 점장 아니면 점장급 사원처럼 보이는 사람이 매출 슬립 뭉치를 들고 얼굴을 찡그리며 서가를 살폈다. 그 표정이 신경 쓰여 나는 조금 떨어져서 그를 지켜보았다. 이윽고 무언가가 생각났는지 그는 가슴에 달린 주머니에서 볼펜을 꺼내들었다. 답답하다는 듯이 바지 주머니를 뒤졌지만 쓸 것이 없었는지 매출 슬립에 뭔가를 적었다. 서점 자체는 매력이 없지만 열심히 일하는 서점원을 보게 될 때가 종종 있다. 서점보다도 그들의 존재가 '책'에는 필요한 것이다.

나고야로 돌아와 츠루마이鶴舞에 있는 고서점가를 돌아봤다. 그러고는 지쿠사쇼분칸에 다시 들러 후루타를 만났다. 돌아본 곳들에 대한 설명을 끝내자 그가 웃으며 말했다. "볼 것 없지요?"

인상에 남은 서점이나 사람에 대해 말하자, "흠 어디요?"라고 물으며 아주 진지한 표정이 되었다. 역시나 그는 언제나 긴장하고 있었다.

나고야를 떠나기 전에 들러보고 싶은 신간서점과 중고서점이 한 곳씩 남아 있었다. 신간서점에 갈까 말까 망설이다가 마지막에 가보기로 했다.

어떤 서점원에게 들어서 이 서점의 점장을 알고 있었다. 만난 적은 없지만 젊고 열심히 일하는 사람인 듯했다. 그렇다고 특별히 기대한 것은 아니었다. 사카에榮에서 차로 20분쯤 걸렸다. 주택이 밀집한 도로에 서점이 갑자기 나타났다. 차를 세우고 247제곱미터(75평) 규모의 매장으로 들어갔다.

처음에는 별 특징 없이 여러 장르를 골고루 구비한 서점으로 보였다. 나는 안도했다. 시간이 별로 없었기 때문이다. 중고서점까지 다녀오려면 짧은 시간에 보고 나가야 했다.

그런데 안쪽으로 들어가면서 인상이 바뀌었다. 그리 크지 않은 매장에 어떤 책을 비치할지 신중하게 결정했다는 것을 알 수 있었다. 문고 서가는 출판사 시리즈별로 나누지 않고 저자별, 주제별로 진열되어 있었다. 입구 근처의 문학 서가로 돌아왔다. 모든 작가의 책이 두세 종씩 놓여 있었다. 베스트셀러를 쓴 적이 없는 소설가의 몇 년 전 작품이나 인기 작가를 동등하게 진열하고 있었다. '다른 곳과는 다른 서점'이라고 주장하려는 것은 아니었다. 평대가 별로 없는 매장이었지만, 서가에 진열된 한 권한 권의 책등이 제대로 눈에 들어왔다.

나는 중고서점에 가는 것을 단념했다. 나고야 여행은 여기서 책을 사는 것으로 끝내자고 마음먹었다.

서가에 진열된 순서대로 책등을 보다가, 이따금 책을 빼내 살폈다. 그러고는 그만 한 남자의 행동을 눈으로 좇게 되었다. 직원은 그 사람 하나뿐이고, 아마도 그가 점장인 것 같았다. 종이 상자를 구석으로 옮기고 거기서 책을 빼내 재빠르게 움직이며 해당 서가에 집어넣었다. 진열에 몰두해도 시야가 좁아지진 않은 모양으로, 계산대로 향하는 손님이 있으면 소리도 없이 카운터로 갔다. 고객에게 싹싹한 얼굴도 아니고, 목소리도 거의 들리지 않았다. 책표지를 입힌 다음 지폐를 받고 잔돈을 거슬러주는 움직임에는 필요없는 동작이 없었다. 이렇게 혼자서 서점을 지키는 일에 익숙한 듯했다. 어쩌면 지금까지 그가 고독하게 일해왔다는 증거일지도 모른다.

나도 책 몇 권을 들고 계산대로 갔다. 그는 이번에도 어느 사이엔가 조용히 와서 바코드를 읽는 핸디 터미널을 신속하게 움직였다. "책표지를 싸시겠습니까?"라고 묻는데, 나는 한 권만 부탁했다. 내 뒤로 손님들이 줄을 서 있었다.

"고맙습니다." 머리 숙여 하는 그의 인사를 받으며 나는 계산대를 떠났다. 왠지 섭섭함이 밀려와 입구 옆에 있는 신간 및 화제작 코너에서 잠시 돌아본 다음 자동문 쪽으로 향했다.

차를 몰면서, 나는 그가 지쿠사쇼분칸을 본 적이 있을까 하는 생각이 들었다. 어쩌면 몇 번이나 찾아가서 서가의 진열을 곰곰이 바라봤을지도 모르겠다고, 그의 모습을 상상해보았다.

그녀가 전하고자 하는 것은 무엇인가?

하라다 마유미가 히구라시문고를 개업한 지 1년이 지났다.

서점에 찾아가 근황을 듣고, 그동안 만난 서점 사람들 이야기도 나누었다. 그녀로부터 결정적인 말을 들었다고 여겨질 때는 별로 없었고, 오히려 이야기가 서로 맞물리지 않는 경우가 많았다. 개업한 지 얼마 안 된 작은 서점의 점주에게 도움이 될 만한 정보는 무엇일까. 나로서는 알 수가 없다. 굳이 알려고 하지 않았던 측면도 있다. 서점을 운영해본 적이 없는 내가 하라다 마유미의 조언자가 되기는 어려웠다. 무언가 말할 수 있다면, 그건 고객 입장에서일 것이다.

서점, 해보지 않으면 모른다

서가 이야기를 해달라고 부탁한 적이 있었다.

그녀가 개점 전부터 개설한 블로그는 주로 새로 매입한 책이나 잡화를 소개하는 것이 주였다. 때로는 작가를 언급하면서 하나하나 친절하게 설명했다. 그러나 그 책 한 권을 사기 위해 하라다 마유미의 서점까지 갈 고객이 얼마나 될까. 차라리 소개한 새 책 옆에 무엇이 있는지를 알려주는 것이 흥미를 불러일으킬 것 같다고 말했다. 각지의 서점을 돌아다니면서, 고객은 서가의 책 진열 방식을 그다지 생각하지 않는다는 게 마음에 걸렸다. 그렇지만 내공이 있는 서점은 서가에 의미를 부여한다. 그래서 서가를 매개로 한 고객과의 소통은 앞으로 서점에서 생명줄 같은 역할을 할 것이다. 히구라시문고에 가면 서가를 꾸미는 점주의 마음을 알 수 있으므로 재미난 특징이 되리라고 생각했다.

"우리 서점은 '입구'가 되고 싶다"고 하라다 마유미가 말한 적 있다. 좀 더 많은 책을 보고 싶은 사람은 이케부쿠로에 있는 준쿠도나 리브로에 가면 되는데, 그 계기를 만드는 서점을 하겠다는 것이다. 그렇다면 서가를 즐기는 방법에서도 그런 역할을 하면 어떨까. 고객이 히구라시문고에서 서가 보는 법, 서가 즐기는 법을 알게 되면 다음에 다른 서점에 가서도 서가를 보는 시각이 달라질 것이다.

이윽고 그녀는 서가를 주제로 한 글을 블로그에 4회에 걸쳐 올렸다. 그러나 글은 내가 기대했던 내용과 약간 달랐다. 글을 읽은 사람이 히구라시문고에 가고 싶은 마음이 생기도록 해주었으면 했는데, 그녀는 파르코 북센터와 리브로에서 했던 서점 서가 만드는 법에 대해 기본적인 설명을 하고 있었다. 재미있게 읽을 사람도 있겠지만, 솔직히 말하면 마치 그녀가 예전에 다니던 직장에서 신입사원을 대상으로 쓴 글 같았다.

비가 내리던 어느 날 해질 무렵, 나는 히구라시문고에서 하라다와 그 글에 대해 이야기를 나눴다. 그때 한 여성이 들어왔다. 십대처럼 어려 보이는 얼굴에 정장을 차려입어서 입사 1년차 신입사원처럼 보였다. 그녀는 하라다와 내가 이야기하는 동안 서가 앞에 서서 서가를 들여다봤다.

하라다가 블로그에 '사람의 시선은 왼쪽에서 오른쪽으로 움직인다', '그 도중에 시선을 잡아끌 포인트가 될 만한 책을 둔다'라고 쓴 걸 문득 떠올린 나는 서가 앞에서 하라다에게 물었다.

— 이 서가는 어떻게 진열한 건가요?

하라다가 가까이 다가와 서가 한 단을 가리키고 있는 내 옆에 서서 손가락을 좌우로 움직였다.

"보통 여기서부터 보기 시작하는데, 이것이 포인트가 되는 책이에요."

— 의도적으로 크기가 큰 이 책이 튀어나오도록 진열했다는 건가요?

"네, 그래요."

"그럼 이쪽은?" 같은 질문을 반복하면서 나는 손님에게 말을 걸 기회를 찾고 있었다. 웅크리고 앉아 서가 아래쪽 단을 보고 있던 그녀가 얼굴을 든 순간 내가 말을 걸었다.

— 알고 계셨습니까?

"네?"

— 서점 책장에 책을 진열할 때는 고객의 시선이 움직이는 방향을 고려한다는 사실을 알고 계셨냐고요.

"그렇습니까?"

그녀가 당황스러워한다는 것을 알 수 있었다. 하라다는 부끄러운 듯이 웃으며 말했다. "미안합니다. 별것 아닙니다." 손님이 그 말을 받았다.

"네, 알겠습니다. 그런 것이었군요. 이 서가라면……."

"이 《쥬오센 드롭스中央線ドロップス》라는 만화가 지금 주목받고 있으니까 그 주변에 이어서 볼 수 있는 책들을 비치한 겁니다. 하지만 신경 쓰지는 마세요. 찾으시는 책이 있습니까?"

"아니요. 얼마 전에 잡지에서 이 서점 기사를 보고 한번 들어와봤어요."

"고맙습니다. 그냥 자그마한 서점이에요. 대단할 것은 없고요."

"무슨 말씀이세요. 제가 《하치쿠로ハチクロ》(만화)를 좋아해서요. 아, 이런 책도 있구나, 생각했어요."

"정말 재미있지요, 그런 책들이. 저도 좋아해요."

"저기……. 그럼, 또 올게요."

"꼭 오세요. 언제든 들러주세요."

가볍게 인사하며 핑크빛 우산을 펴들고 그녀가 사라지자마자 나는 하라다에게 용서를 구했다.

서가 진열에 대해 고객에게 물으면 어떤 반응을 보일까 궁금해서 그런 건데, 그런 실험정신이 결과적으로 실례를 범한 꼴이 되어버린 것 같았기 때문이다. 물론 내심으로는 손님에게 말을 붙여서 몇 권 구입하도록 돕고 싶었다. 그렇지만 생각해보니 쓸데없는 짓을 한 셈이었다. 이상한 남자도 있으니 오늘은 일단 돌아가자고 생각했음에 틀림없었다.

사지 않고 그냥 가는 손님이 많으니까 신경 쓸 것 없다, 방금 전의 그녀는 다시 올 것 같다며 하라다가 나를 배려해주었다.

"다만, 말을 건네도 좋은 고객과 그렇지 않은 고객이 있어요. 그녀는 확실히 후자예요. 어떤 책에 주목하는지를 보면 대개 알 수 있어요. 그녀처럼 저쪽 코너의 만화 서가를 보는 사람은 그냥 놔두는 게 나을 때가 대부분이에요."

— 그렇습니까?

"서점은 기본적으로 어떤 고객이 오는가에 따라 달라져요. 손님들 반응을 보고 서가를 바꾸기도 하고 손님이 말하기를 좋아하면 거기에 맞춰주지만, 반대로 이쪽에서 먼저 말을 걸지는 않아요. 사람에 따라 사고방식의 차이도 있겠지만요. '이렇게 서가를 만들었으니 봐라'라고 이쪽에서 먼저 말하는 것은 불가능하다고 봐요. 맞지 않는 생각이지요."

그녀의 말대로다. 지금까지 서점원들로부터 수도 없이 들은 말이다. 그녀에게 주눅이 들어 한동안 발길이 멀어질 것 같다는 생각을 하는 나에게, 다음 날 하라다로부터 문자 메시지가 왔다.

"저에게는 소중한 고객이십니다. 앞으로도 부담 없이 들러주세요."

그녀의 배려와 동시에, 내 마음속의 미묘한 반발심이 느껴졌다. 그런데도 그녀가 말한 대로였다. 나 역시 히구라시문고를 찾는 한 명의 손님일 뿐이다.

나는 지금까지 서점과의 거리감에 대해 의식하는 편이었다.

잊히지 않는 말이 있다. 10년 전쯤 《나는 책방 아저씨》의 저자 하야카와 요시오 씨와 만났다. 20년 만의 새 책 《영혼의 장소たましいの場所》(쇼분샤) 출간을 기념하는 인터뷰 자리에서, 이미 폐업하고 시간이 한참 지났지만 하야카와서점 점주이던 시절에 대해 이야기해달라고 그에게 부탁했다. 서점계를 떠나 가수로 복귀한 하야카와 요시오의 이야기는 한마디 한마디가 진중하고 아름다웠다. 나에게도 가장 기억에 남을 만한 인터뷰

를 끝낸 그가, 마지막으로 이런 말을 남겼다.

"서점을 해보지 않은 사람은 절대로 서점에 대해 알 수 없어요. 당신도 마찬가지입니다. 제 말을 잘 듣고 이해했다고 생각합니다. 그러나 알 수는 없을 겁니다."

종이책이 없으면 서점도 없다

그날부터 취재를 마치고 돌아오는 길에는 그의 말이 습관처럼 떠올랐다. 서점만이 아니라 사람은 경험해보지 않은 것을 알기 어렵다. 그러나 '이해할 수는 있어도 알기는 어렵다'는 서점주의 한마디는 계속 가슴에 남았다. 상대방이 이야기를 잘해줄수록 '나는 알지 못하는 것일 수도 있다'는 생각이 들곤 했다. 이해조차 제대로 못했음을 나중에야 깨닫는 경우도 많았는데, 그걸 자각하는 일에 익숙해졌다. 그러나 히구라시문고에 대해서는 약간 다른 심경이었던 것 같다.

정열을 버리지 못하고 시작하는 작은 서점.
이런 서점이 전국에 1천 곳만 있어도 세상은 달라질 것이다.

1년 전 하라다 마유미가 제시한 이상이다. 그녀처럼 서점 현장에서 열심히 일하고 일련의 경험을 오랫동안 쌓은 사람들이 어떤 실망감 때문에 '책'의 세계를 떠나거나 회사 사정으로 목이 날아가는 사태가 지금 동시다발로 일어나고 있다. 그런 가운데 히구라시문고와 같은 생존 방식이 나타나고, 다른 곳에서도 다양한 사례가 생기고 있다는 사실을 아는 게 중요하다. 또한 많은 서점원들에게 희망을 주기 위해서라도 히구라시문고가 궤도에 올라가기를 진심으로 바랐다. 그러면 무엇이 필요하거나 부족한지, 언제나 그런 것들을 생각하며 그녀와 만났다.

개업하고 1년 6개월. 다시 하라다 마유미를 인터뷰했다. 계기는 그녀가 보낸 문자 메시지였다.

"약간의 실마리를 찾았습니다. 다만, 지금 이것을 어떻게 전해야 좋을지 몰라서 생각 중입니다."

"그 실마리라는 것이 정답이라고 확신하세요?"

"그건, 책의 평가 방법을 바꾸자는 것입니다."

글로만 보아서는 이해하기가 어려웠지만, 무언가를 깨달았다고 그녀는 확신하는 듯했다.

"향후 서점의 기본자세에 대해 계속 생각했어요. 이것을 제대로 확립하지 않으면 언젠가 반드시 힘들어질 거라고 생각했으니까요.

제가 말하는 책의 평가 방법이란, '책'을 서점이 어떻게 다룰 것인가 하는 겁니다. 물론 중고책의 가격 매기기와는 다릅니다. '책'에 대해 말하는 방식을 제대로 정해두지 않으면 안 된다는 것입니다.

서점 사람들은 모두 '이 책은 재미있어요!'라고 이야기하잖아요? 인터넷에서도 모두가 그렇게 말하고, 추천하는 책이 무어냐고 잡지 같은 곳에서 물을 때도 그렇고요. 이런 어법을 계속하는 한 서점에서 책을 팔아야 하는 이유는 점점 약해질 거예요.

따라서 외형을 포함해 책에 대해 말하는 것을 의식하지 않으면 안 된다

맺는 글

는 생각이 들었어요. 종이를 묶고, 문자의 아름다움과 표지 디자인의 아름다움이 있고, 감촉이나 무게를 느낄 수 있는, 그렇게 제본된 물건으로 책을 소개해야 한다는 것이지요. 훌륭한 문장도 물론 중요하지만, 제본된 상태의 책을 하나의 종합예술로 소개해야 해요. 특히 우리 같은 서점들은요.

내용만으로 족하다고 생각하는 사람들이 앞으로 점점 더 늘어날 겁니다. 오히려 책을 많이 읽는 사람일수록 전자책으로 읽을 만한 것이 무엇인지, 자기 나름의 기준을 만들어갈 거예요. 예를 들어 상권上卷을 거의 다 읽을 무렵에 하권도 가방에 넣어갈지 고민스럽잖아요. 하권을 들고 나갔는데 읽을 시간이 없어서 못 읽는 경우도 있을 거고요. 그런 경험이 쌓이면, 아이패드 같은 기기가 편리하다고 생각할 겁니다. 아이패드뿐 아니라 앞으로는 더욱 진화해가겠지요.

그렇지만 종이로 만들어 제본한 책도 절대적으로 필요하거든요. 특히 평소에 그리 많은 책을 읽지 않는 사람들에게는 촉감과 볼륨이 느껴지는 제본된 책이 작품의 이미지를 얻어내는 데도 좋아요. 그것들을 통틀어 책이라고 한다는 것을 서점이 의도적으로 말해야 한다고 생각해요.

종이책이 없어질 리는 없겠지만, 종이책이 지금처럼 영향력을 갖고 살아남으리라고 장담하기 어려워졌어요. 그런 위기감은 역시 서점 사람들이 가장 강하게 느낄 거예요. 이런 점에서 저는 출판사들을 믿지 않아요. 저자나 출판사 입장에서 포기할 수 없는 것은, 쓴 것을 발표하고 돈으로 바꾸는 거예요. 전자책이 주류가 되면 그쪽으로 옮겨가는 것이 자연스럽겠지요.

제본된 종이책이 아니면 존재 의의를 뿌리째 잃어버리는 것은 서점밖에 없습니다. 서점 사람들은 이제 내용만 가지고 책을 설명하는 것을 의식적으로 그만두지 않으면 안 될 위기에 처해 있어요. 그렇게 해서 오히려 저자나 출판사를 끌고 가지 않으면 안 됩니다. 종합예술이라고 하기 가당찮은 물건이 아니라, 일상적으로 사용하는 물건의 아름다움 같은 것이지요. 지금까지와 마찬가지로, 어디에나 널려 있어서 입수하기는 쉬워도 그것이 눈앞에 실재하는 것이 얼마나 의미가 있는지 공감하도록 하자는 겁니다.

단지 하드웨어라는 이유로 사라져버린 것들이 지금까지 얼마나 많았습니까? 제본한 책이 필요한 이유를 설명하지 못한다면, 서점은 앞으로 정말 몇 집밖에 살아남지 못할 테고, 남아야 할 필요조차 없어질 거라고 생각해요.

그래서 책의 외형에 관한 이야기를 제대로 하자는 거예요. 그런데 책의 외형 이야기를 하자고 할 때, 그게 잘못 전달되는 것이 무섭네요. '이 책 장정이 멋지지요'라고 해서는 안 되는 거예요. 향수에 젖은 표현은 오히려 후퇴하는 겁니다. 문고나 신서는 디자인과 조형에 신경을 덜 쓴 것이니까 안 된다거나 하는 식의 이야기도 안 되고요. 대량으로 널리 저렴하게 배포하기 위해서는 그런 책이 좋다는 의의가 사라질지 모르겠지만, 간단한 디자인으로 휴대하기 좋게 묶은 책이라는 외형을 포함해서 장점과 의의가 크다는 말을 해야 합니다. 제가 말하는 뜻…… 잘 아시겠지요?"

― 왜 '외형ㄲㄱ'이라는 표현을 씁니까?
"더 좋은 표현이 떠오르지 않아서라고나 할까요. 지금은 그게 어울리는 말 같아서요."
― 내가 볼 때는, 하라다 씨의 논리가 아직 미숙해 보입니다만…….

맺는 글

"그런가요?"

— 다만 한 가지 말할 수 있는 것은, 하라다 씨가 책 한 권, 잡화 한 개를 가게나 블로그에서 정성스럽게 소개하는 것도 그 일환으로 보입니다만. 본래부터 그것을 하고 싶었던 거죠?

"그래요. 처음부터 쭉 그걸 생각했어요. 그것을 좀 더 알기 쉽게 보급한다고나 할까요? 누군가 해준다면 기쁘겠지만, 하는 사람이 없더군요. 나는 그런 가게가 1천 개 정도 있으면 좋겠다고 생각해왔어요."

책을 사람의 손에서 손으로

'1천 개'라는 말이 하라다 마유미 입에서 오래간만에 나왔다. '그녀를 개업으로 이끈 것은 무엇인가' 하는 내 안의 질문이 다시 떠올랐다.

정열을 버리지 못해서 시작하는 작은 서점이 전국에 1천 개 정도 있으면 좋겠다는 그녀의 생각. 나는 그것을 오늘날의 출판유통 시스템에 대한 안티테제로서의 1천 개 서점, 나아가서는 세상을 바꿀 1천 개의 서점이라는 시점에서 보려는 경향이 있었다. 하라다 마유미는 기존 서점 현장에서 고민하다가 그 시스템에서 벗어나더라도 서점을 계속할 수 있다는 것을 증명하기 위해 히구라시문고를 만들었다. 물론 그런 측면도 분명히 있을 것이다. 그녀는 권위나 권력에 대한 반항정신이 명확해서, 아마도 그 때문에 때로는 손해를 보기도 했겠지만, 서점원으로서 책을 고르고 기획판매를 하는 데 도움도 받았을 것이다.

그러나 그녀가 마음 깊은 곳에서 생각해온 것은, 그녀가 지금껏 판매자의 입장에서 함께해온 '책'을 바람직한 방식으로 사람의 손에서 손으로 계속 전달해나가려면 어떻게 하는 것이 좋을까 하는 것이었다. 리브로를 떠나 히구라시문고를 만든 것도 그런 생각을 거듭한 끝에 도착한 지점이라고 보는 편이 맞을 것이다. 원래 그녀는 열심히 일하는 서점원이었을 뿐이다.

— 다음 세대에도 그렇게 전해지면 좋을 텐데요.

"그래요. 현재의 사람들과도 다음 세대와도 공유하고 싶어요. 그것을 하는 사람의 소속이나 업종, 규모의 차이 등이야 어떻든 상관없어요. 어떤 방식으로든 1천 개 정도의 의식 있는 서점이 있으면 어떻게든 해나갈 수 있을 것 같아요. 저 같은 방식이 서점원들이 독립해 개업하는 데 힌트가 되느냐에는 관심이 없어요. 성공 스토리나 비즈니스 모델 등에도 전혀 흥미 없어요."

— 블로그에서 책을 소개할 때 논픽션의 두께를 강조하기도 하지만 서평 쓰기 같은 것은 없는데요. 그건 의도적인 것입니까?

"원래 책의 외형에 대한 이야기를 좋아하기도 하고, 전에 서평을 쓸 때는 제 글쓰기 방식이 너무 얄팍하다는 게 콤플렉스였거든요. 서평 쓰는 프로가 있으니까 당연한 것이겠죠. 서점이기 때문에 가능한 것이 무엇일지 생각해왔습니다. 문제는 이런 생각들이 제대로 전달되지 못하고 있다는 거예요."

그녀의 말은 서점의 존재 이유를 호소하는 방편의 하나가 될 테지만, 그렇게 된다고 해도 서점이 태평성대를 구가할 정도는 아닐 것이다. 책의 외형이라는 표현도 '그 책 멋있다'는 수준과 차이를 보여주기는 힘들다.

맺는 글

무엇보다도 그것을 서점에서, 어떤 형태로 할 것인지가 아직은 보이지 않는다.

그녀가 찾고 있는 답을 나 역시 계속 생각해보려고 한다. 서점이 선두에 서서 종이책의 중요성을 말해야 한다고 그녀는 강조했다. 거기에는 서점이 지켜야 할 주체성에 대한 의식이 있다. 내가 만나왔던 '서점'들 또한 그랬다. 그들은 저자가 쓰고 출판사가 만들고 유통업자가 수송한 책을 그냥 비치하거나 진열하는 수동적인 존재가 아니었다. 자신을 둘러싼 시스템이나 거래 상대방이 아닌 고객 곁으로 가기 위해 주체적으로 '책'과 마주하며 '책'을 전달하고자 분발했다.

그녀는 시행착오 2년차를 보내고 있다. 데이유도서점의 나라 도시유키가 지내온 30년의 2년차, 그간 만난 많은 '서점'들의 2년차를 그녀도 걷고 있다. 그녀의 존재는 하루하루 분투하는 서점이 지금도 새로 생겨난다는 증거이다. 그리고 전국에 1천 개의 서점이라고 밝힌 그녀의 이상은, 어쩌면 이미 시작된 것인지도 모른다.

후기

이 책은 '서점'에 대한 극히 개인적인 견문록이다.

책 첫머리에 소개한 하라다 마유미 씨가 '히구라시문고'를 개업한 것은 2010년 1월이다. 그 직전인 2009년 말까지 나는 출판업계 전문지인 《신분카新文化》에서 편집기자로 일했다. 《신분카》에서의 경험과 인간관계, 다루었던 주제들이 이 책의 밑바탕이 되었다.

'앞으로 서점은 어떻게 될까'에 항상 관심이 있었다. 책이 없으면 서점도 영위할 수 없는데, 나는 '책'의 미래보다는 '서점'의 미래에 관심이 많았다. 여기서 말하는 '서점'이란 소매업의 한 형태인 서점업 전반을 가리키는 것이 아니다. '책'을 독자에게 전달하기 위해 고민하며 분투하는 사람, 마치 그걸 위해 태어난 것처럼 보이는 사람, 즉 이 책에 등장하는 사람들이 운영하는 서점을 말한다.

왜 그들에게 끌리는지 제대로 설명하기 어렵지만, 상당히 오래전부터 나는 서점인들에게 끌렸다.

《신분카》에 입사하기 전에 나는 작은 출판사(유히샤悠飛社)에서 서점 영업을 했다.

"이 책 옆에 왜 이 책을 두는지 알아?"

"음……. 모르겠습니다."

"이건 말이야……."

'멋진 직업이구나, 말이 많은 사람이나 성가신 사람도 많지만…….' 일을 시작한 지 얼마 안 된 나는 곧잘 그런 생각을 했다. 서점을 둘러싼 상황을 알게 된 것은 서점을 영업처가 아니라 취재 대상으로 접하기 시작하면서부터였다. 물론 모든 서점주나 서점원이 멋졌던 것은 아니다. 그들을 통해 나는 '책' 세계의 아름다움과 추함을 알게 되었다.

전문지를 떠나 프리랜서가 되어 다시 서점을 돌면서 나는 의식적으로 '책'과 '출판', '서점' 상황을 일종의 조감도처럼 다루는 것을 최소한으로 줄이려 했다. 지금까지의 경험에서 벗어나 어떤 입장도 갖지 않고, 매체에 글을 쓰기 위해서가 아니라 그냥 한 사람의 개인으로서 서점을 방문해 보고 듣고 느끼는 것에 집중하고자 했다. 그 결과 방문하는 서점이 한정되거나, 서점론을 쓸 때 반드시 언급해야 할 주제에서 벗어나거나, 좁은 시야를 보여주는 장면들도 있었을 것이다. 그러나 입장이나 시각을 바꿈으로써 '앞으로도 서점은 계속된다', '서점이야말로 다음 세대에 책을 전하는 원동력이 될 것이다', '서점은 더욱 중요한 존재가 될 것이다'라는 확신이 생겼다.

본문에는 책에 소개된 서점주나 서점원들이 가르쳐준 '책'이 다수 등장한다. 그 가운데 특히 인상에 남는 것이 두 가지 있다. 하나는 5장에서 인용한 미야자와 겐지의 말로 "함께 섞여 빛나는 우주의 먼지가 되어 끝없는 하늘로 흩어지다", 또 하나는 데이유도서점에서 펴낸 《전하고 싶은 것》에 나오는 "더욱 후세의 현명함을 기대한다"는 말이다. 《전하고 싶은 것》을 읽고 나서 나는 이 책의 '여는 글'에 쓴 "그녀를 내쫓은 것은 무엇인가"라는 질문의 답이 "후세의 현명함後哲"이라는 말에 있지 않을까 생각하게 되었다. 작지만 후세의 현명함에 도움이 될 만한 역할을 하고 싶다. 이것이 '책'과 관계된 사람 모두가 바라는 소망이 아닐까 생각한다.

하지만 이것을 결론으로 삼으려고는 하지 않겠다. 이 책에서 소개한 것은 극히 일부의 '서점'이다. 뜻과 철학을 가지고 책을 전달하려는 사람은 많이 있다. 그들이 여는 '서점'의 미래, 이 책 이후 이어지는 그들을 계속 지켜보고자 한다.

'그'나 '어떤 점장'으로 등장한 많은 분들께 감사드린다. 그 외에도 감사드려야 할 분들은 사방팔방 선조님들까지 올라갈 만큼 많지만, 여기서 꼭 언급할 이름으로 신쵸샤 출판부 논픽션 편집부에서 이 책의 담당 편집을 맡아 수고해준 아키야마 히로야(秋山洋也)를 기록으로 남겨둔다. 편집자 없이 책이 태어날 수 없다는 말은 자주 쓰지만, 첫 책을 펴내면서 이 말을 실감했다.

서점의 정체성과 미래상을 찾아서

일본 출판유통의 이해

책의 문화나 산업 측면에서 우리와 가장 닮은꼴의 외국은 일본이다. 지리·문화·언어의 인접성, 이식된 근대화, 중역重譯과 모방출판 등에 의해 한국과 일본의 책 생태계에는 비슷한 것들이 매우 많다. 그러나 이질성이 큰 서양이나 다른 나라와의 비교에서는 상대적으로 비슷하지만, 그 유사성은 점점 줄어들고 있다.

일본 출판의 특징 중 하나는 잡지시장이 도서시장보다 큰 잡고서저雜高書低 구조이다. 그래서 보통 서점들의 분야별 매출 비중을 보아도 잡지(17.1%) 〉문고(14.7%) 〉만화 단행본(14.4%) 〉실용서(11.4%) 〉 문학(9.2%) 〉 아

동서(6.7%) 및 학습참고서·사전(6.7%) 〉전문서(6.2%) 〉경제·경영서(3.6%) 〉
지도·여행서(3.0%) 순이다(도매상 도한의《서점 경영 실태》2011년 판 참조). 즉
일본 서점들은 '잡지, 문고, 만화'라는 3대 오락 콘텐츠가 경영의 기반이다.
한국 서점들의 학습참고서 과다 의존 현상과 대비된다.

　이뿐만이 아니다. 일본 출판유통에서는 각각 5천 개 정도씩의 서점을
거느린 '도한'과 '닛판'이라는 대형 도매상이 출판시장의 약 80% 가까이
차지하며, 출판사와 서점을 이어주는 중심적인 역할을 맡고 있다. 대형서
점이나 인터넷서점과는 대체로 직거래하는 우리와 달리, 일본의 모든 서
점들은 도매상을 통해 대부분의 책을 공급받는다. 서점들은 양대 도매상
가운데 한 곳과 거래하는 식으로 영업상의 계열화가 이루어져 있다. 양대
도매상과 거래하는 서점들의 평균 면적도 도한 계열 약 340제곱미터(103
평), 닛판 계열 약 436제곱미터(132평)로 큰 편이다. 도매상들은 서점의 신
설부터 교육, 판매·마케팅 지원, 융자, 경영 컨설팅에 이르기까지 모든
것을 관장하며 서점과의 공생 관계를 모색한다. 서점의 매출 향상이 곧
자사의 이익이기 때문이다.

　또한 일본에는 수백 개의 점포를 거느린 전국 체인 서점과 수십 개 점
포를 둔 지역(대개는 광역권) 서점들이 즐비하다. 반면에 개인 경영 서점들
은 수적으로나 판매 실적 측면에서 열악하고, 갈수록 감소 추세이다. 일
본 정부(경제통산성)가 5년 단위로 집계한 상업통계를 보면, 1997년에 2만
5,673개이던 출판 소매업 사업장은 2007년에 1만 7,363개로 대폭 줄었으
나, 매장 면적은 같은 기간 총 315만 제곱미터(약 95만 평)에서 375만 제곱
미터(약 114만 평)로 19%나 증가했다. 또한 서점 수를 전문적으로 집계하
는 아루미디어사의 통계에 따르면, 2011년까지의 5년간 매년 평균 약 1천

개의 서점이 사라지고 334개의 서점이 신설되어, 매년 약 21만 제곱미터 (6만 3천 평)의 서점이 사라지고 23만 제곱미터(6만 9천 평)의 서점이 생겼다고 한다. 다시 말해, 다수의 소형서점이 사라진 대신 중형 또는 대형서점들이 늘면서 서점 매장은 오히려 증가했다는 뜻이다. 이처럼 대형 도매상이 주도하는 출판유통 환경에서, 팔리는 책과 물량 위주의 '얼굴(개성) 없는 서점'에 대해 이 책은 의문을 제기한다.

이 외에도 한국보다 출판시장 규모가 5배(도서시장 기준) 내지 10배(잡지 포함) 이상 큰 '책의 나라' 일본에는 다양한 책의 유통 방식이 존재한다. 주식 시장에 상장한 전국 단위의 중고서점 체인점, 전문서 위주의 고서점, 잡화점 겸업 체인서점 등은 단적인 사례이다.

제도적인 측면에서는 굳건한 도매상 시스템을 기반으로 도서정가제 (재판매가격 유지 제도)가 철저하게 지켜진다. 대부분의 책은 위탁판매 계약을 맺고 3개월 기한 등을 두고 서점에 공급된다. 도서정가제가 제대로 자리 잡지 못한 가운데, 무기한 위탁판매 제도로 유통질서가 무너진 한국과는 큰 차이가 있다.

분투하는 서점, 서점인에 대한 헌사

이 책은 일본의 출판·서점계 종사자들이 필독하는 출판시장 전문 주간신문《신분카新文化》편집장 출신인 저자가 일본 각지의 '개인 경영 서점'을 순회한 르포이다. 저자가 만난 서점인(서점주 또는 서점원)들은 다양한 배경을 갖고 있지만, 공통적으로 일본 출판유통과 서점 운영이 지나치게 팔리는 책 위주의 매출 지상주의로 치닫는 현실을 비판하는 이들이다.

그들은 독자가 원하는 한 권의 책을 전달하는 서점의 위상과 소중함을 몸으로 보여준다. 책이라는 상품을 판매하기 위해 수만 권의 책을 읽고 해당 분야의 계보를 꿰는 해박한 상품지식, 구체적인 삶의 현장인 지역사회와 함께 호흡하며 소통하는 서점의 현재와 미래에 대해 그들은 고민한다. 그래서 '책'이란, '서점'이란, '서점인'이란 무엇인가에 대해 물으며, 현실의 질곡과 위기 속에서도 서점의 본원적 가치와 미래에 대해 함께 생각하도록 촉구한다. 이를 통해 서점이 단지 책을 판매하는 장사꾼들의 세계가 아니라, 책이라는 불가해한 힘을 가진 공공재 상품을 다루는 장인들의 무대임을 보여준다. 일본 서점인들이 역경에 맞서는 노력은 이 책에 소개된 '카리스마 서점원들'의 추천서 기획판매나 개인적인 열정에 그치지 않는다. 이를테면 2004년부터 시작된 '서점 대상本屋大賞'은 서점원들의 집단적 노력의 산물이다. 매년 수상작 발표 때 수십만 부의 판매량을 기록하는데, 이는 유명 문학상을 능가하는 영향력을 보여준다. 서점원들이 직접 읽고 추천한 신간 도서 가운데 서점인들이 직접 수상작을 뽑는 이 제도는 일본 서점인들의 사회적 위상과 자존심, 열정을 상징한다.

'생존' 너머 '이상'을 향한 노력

이 책을 우리말로 옮기던 지난겨울 내내 머리를 떠나지 않은 생각은 일본의 서점 장인들과 비교되는 한국 서점인들의 가슴 아픈 현실이었다. 대다수 서점들이 학습참고서와 베스트셀러 판매에 절대적으로 의존하고,

사문화된 도서정가제 관련법의 개정을 외치는 우리 서점의 현실을 어떻게든 바꿔야 하는 것 아닌가 하는 비원悲願이 대비되었다. 우리나라 서점 수는 1994년 5,683개에서 2011년 1,752개로 무려 70% 가까이 줄었다. 최근에는 서점 멸종 지역까지 등장하고 있다. 동해를 사이에 둔 양국 서점 인들의 고민은 겉으로는 비슷해 보일지 몰라도 '생존'과 '이상' 사이의 간극은 매우 크다.

이 책의 원제는 '책방은 죽지 않는다本屋は死なない'이다. 번역자가 과문한 탓인지, 서점과 서점인에 관한 이만한 헌사를 일찍이 본 적이 없다. 지은이는 서점과 서점인들에 대한 무한한 애정과 신뢰를 바탕으로, 역경에도 굴하지 않고 분투하는 서점인들에 의해 책과 서점 문화의 미래가 결코 어둡지 않을 것이라고 전망한다. 특히 서점인의 장인정신에 대한 일깨움은 이 책의 큰 미덕이다.

번역자의 어설픈 오역들을 뛰어넘어, 책과 서점의 중요성, 서점인의 역할과 사명을 공감하고 소통하는 책으로 널리 읽혀진다면 번역자로서는 더 이상의 영광이 없을 것이다. 서점이 살아야 한국 출판과 독서 생태계가 보다 울창해질 것이라는 절절한 소망을 담아 후기에 갈음한다. 4월 23일 '세계 책과 저작권의 날'에 기댄 바람이다.

오랜 지기인 저자, 한국어판 발행처인 시대의창, 건투하는 우리 서점인 모두에게 감사를 드린다.